Ensino de língua e vivência de linguagem
Temas em confronto

Conselho Acadêmico
Ataliba Teixeira de Castilho
Carlos Eduardo Lins da Silva
Carlos Fico
Jaime Cordeiro
José Luiz Fiorin
Magda Soares
Tania Regina de Luca

Proibida a reprodução total ou parcial em qualquer mídia
sem a autorização escrita da editora.
Os infratores estão sujeitos às penas da lei.

A Editora não é responsável pelo conteúdo deste livro.
A Autora conhece os fatos narrados, pelos quais é responsável,
assim como se responsabiliza pelos juízos emitidos.

Consulte nosso catálogo completo e últimos lançamentos em **www.editoracontexto.com.br**.

Maria Helena de Moura Neves

Ensino de língua e vivência de linguagem
Temas em confronto

Copyright © 2010 da Autora

Todos os direitos desta edição reservados à
Editora Contexto (Editora Pinsky Ltda.)

Montagem de capa
Gustavo S. Vilas Boas

Diagramação
Gapp Design

Preparação de textos
Da autora

Revisão
Evandro Lisboa Freire

Dados Internacionais de Catalogação na Publicação (CIP)
(Câmara Brasileira do Livro, SP, Brasil)

Neves, Maria Helena de Moura
Ensino de língua e vivência de linguagem : temas em confronto /
Maria Helena de Moura Neves. – São Paulo : Contexto, 2021.

ISBN 978-85-7244-476-7

1. Gramática – Estudo e ensino 2. Língua e linguagem
3. Linguística 4. Português – Gramática – Estudo e ensino
I. Título.

10-04181   CDD-410.7

Índice para catálogo sistemático:
1. Língua e linguagem : Linguística 410.7

2021

Editora Contexto
Diretor editorial: *Jaime Pinsky*

Rua Dr. José Elias, 520 – Alto da Lapa
05083-030 – São Paulo – SP
PABX: (11) 3832 5838
contexto@editoracontexto.com.br
www.editoracontexto.com.br

Sumário

Apresentação 9

PARTE I
A visão da linguagem e a realidade da língua 17
    Língua e identidade linguística. O espaço da lusofonia 19
    Vivência linguística e visão de linguagem.
    A visão da norma pelos cultores da palavra 39
    Poética e gramática. A invenção do poeta na gramática
    da língua 57
    Texto e contexto. Uma visão funcional da linguagem
    em (con)texto 73
    Linguagem e gênero discursivo. A determinação do
    gênero sobre a produção linguística 87
    Analogia e anomalia. Alguma coisa das relações
    entre a forma e o sentido 101
    Sistema e uso. A busca histórica das relações entre
    forma e sentido na linguagem 119
    Categorização e indeterminação na linguagem.
    Uma visão da fluidez das fronteiras categoriais 129
    Língua falada e língua escrita. Uma busca da gramática
    que rege as formulações 151

PARTE II
A realidade da linguagem e o estudo da língua 169
    Linguagem e ação escolar. Alguns aspectos da
    gramática de usos na escola. 171

Tradição e vivência. Uma reflexão sobre o empenho
em normas de conduta nas lições de gramática, com
foco na regência verbal 197

Diretrizes oficiais e ação efetiva. Reflexões sobre
propostas oficiais de trabalho escolar com a língua
portuguesa no Brasil e sobre o quadro das ações efetivas 225

A incorporação de estrangeirismos no português e o
contexto das contendas sobre o tema. Uma reflexão
sobre a controvérsia, apoiada em análise de dados 249

Bibliografia.. 269

Obras analisadas referenciadas por siglas............................ 284

A autora... 287

Apresentação

Este livro se destina a todos os que se interessam por uma proposta escolar de tratamento da gramática que não se isole da vivência da linguagem, ou seja, que ponha em estudo, realmente, a gramática da língua em função. Entendo que, se em sala de aula se coloca institucionalmente o aluno em situação de estudar a gramática de sua língua, há de ser necessário que sejam dadas a ele condições de reconhecer, nessa tarefa, de fato, aquela língua que ele fala, que ele lê, que ele escreve.

Essa visão representa olhar reflexivamente a língua que se manifesta pela ativação da linguagem. Representa olhar a língua em uso, em contexto de situação e em contexto de cultura, em inter-relações e em interfaceamentos. Obviamente, essa proposta teórico-metodológica de análise traz um grande desafio, porque esbarra na dificuldade de deslindar as múltiplas implicações da língua em função, mas esse aparente obstáculo nada mais representa do que comprovar e fazer compreender a complexidade das relações, resultante da própria indeterminação da linguagem, fonte e sustentáculo de seu poder.

A proposta é fugir da absurda visão de que a gramática constitui um conjunto de esquemas isolado e autônomo, a que o aluno tem de simplesmente ser apresentado, para irrefletidamente se entregar à sua catalogação. O que se pretende, com as reflexões que aqui se apresentam é, pelo contrário, fazer ver a gramática da língua como a responsável pela produção de sentido na linguagem, como a responsável pelo entrelaçamento discursivo-textual das relações que se estabelecem na sociocomunicação, sustentadas pela cognição.

Apoiando-me mais diretamente em propostas teórico-metodológicas funcionalistas, coloco a gramática na conjunção das relações sintáticas, semânticas e pragmáticas, sempre na concepção de que esses componentes se entredeterminam na direção de ativar o processo de interação verbal, com vista ao efeito pretendido pelos interagentes. Fazer o estudante mergulhar nessa ativação dos processos de constituição dos enunciados é o que cabe à escola, se, de fato, ela quer fazê-lo chegar ao domínio da gramática da língua.

Na Parte I do livro, a visão da linguagem é confrontada com a realidade da língua. Inicia-se a indicação de tais implicações pela própria inserção da linguagem no contexto de cultura, ou seja, pela interface entre gramática e política (linguística), o que abre espaço para a consideração da identidade linguística. Sobre isso, registro este trecho do primeiro capítulo do livro: "no imaginário de composição de um perfil identitário coletivo, pesa mais a comunidade de tradição que a de moeda, mais a sintaxe que a economia, mais a história do que a geografia".

Estabeleço a interface entre gramática e política linguística (não necessariamente política de Estado) como configuração de território para a observação das demais interfaces, como ponto de partida das reflexões sobre as demais implicações. Nesse veio surgem questões como a definição de língua, a definição de padrões linguísticos, a defesa de unicidade linguística, e, afinal, a unificação da língua (na sua pluralidade).

Nesse território, oferecem-se a exame os diversos campos simbólicos que assim enumero (segundo capítulo): "o da política, com o controle; o da história, com o devir; o da arte, com o gênio; o da prática, com o próprio viver". Por aí vou às concepções de língua, de linguagem e de gramática que privilegiados manejadores da nossa língua nos deixaram entregues, e que merecem nossa reflexão. Um breve percurso sobre manifestações encontradas em textos literários de representativos escritores nos oferece visões da vivência linguística e da norma linguística que desnudam tensões e complicações desse confronto.

Essas reflexões desembocam na interface entre gramática e poética (terceiro capítulo), num modo de ver que acentua o fato de que a invenção do poeta (em prosa ou em verso) se faz na gramática da língua, e de que, com ela, na capa da poesia, ele obtém escancarar o poder da construção linguística na invenção de mundos e de vidas. O poeta se submete consentidamente às palavras, mas, ao mesmo tempo, apanhando-as a seu lado e governando com inspiração e arte o seu arranjo e amarramento, ele determina de modo singular as relações entre conteúdo e forma.

Mas não apenas de arte se fala quando se está no domínio da palavra. A ciência há de dar suporte a visões que se queiram menos viciadas e preconcebidas. São diversas as correntes de pensamento que têm organizado teorias de sustentação para descrever e explicar as línguas naturais. No caso específico de uma visão de gramática na língua em uso, movo-me numa proposta funcionalista que parte da indissociabilidade entre o texto e as implicações do contexto de uso (quarto capítulo), colocando foco nas funções da linguagem e nos componentes do contexto. A proposta se presta também ao direcionamento do trabalho escolar (a ser tratado na Parte II do livro), pelo que representa para a compreensão do funcionamento linguístico e para a apreensão dos processos que nele se acionam.

Fica aberto o diálogo com outras consistentes propostas teóricas, por exemplo a Sociolinguística, e com outros campos de investigação, por exemplo a Linguística do texto. Considerados o contexto de situação (ligação de texto com microtexto) e o contexto de cultura (ligação de texto com macrotexto), chega-se à noção de gêneros como tipos de organização simbólica dos significados ideacionais e interacionais em textos coerentes e relevantes operacionalizados na função textual (quinto capítulo). É nesse sentido que se pode dizer que, assim, e só assim, nasce um texto, e sempre configurado em gênero, em vista de um propósito. A escolha de perspectiva para falar sobre gêneros passa exatamente pela avaliação dos contextos de cultura e de situação em que as diversas incursões teóricas montaram historicamente suas propostas de conceituação e de delimitação dos gêneros. Passa, ainda, pela subsequente necessidade de uma busca de constantes nas diversas propostas de conceituação e de uma busca de confronto e de aproximação nas visões históricas de "gênero".

Quanto às relações entre forma e sentido, capitais no geral da proposta de investigação, também elas merecem uma discussão histórica das pressuposições e direções que levaram a diferentes modos de considerar a regularidade ou a irregularidade das relações gramaticais produtoras de sentido (sexto capítulo). Entra em cena a dicotomia entre analogia e anomalia, para cuja interpretação vou a uma avaliação do percurso histórico da noção de analogia linguística, colocando mais uma vez a noção gramatical nas determinações do contexto de situação e de cultura e na motivação das finalidades que fica implicada. Do mesmo modo como procedi no percurso relativo à questão do gênero (referente a campos simbólicos), também neste caso (referente a relações gramaticais) contraponho e avalio (sem juízo de valor) a pré-ciência e a pós-ciência linguística, para concluir que o que divide o curso das reflexões, no campo dessa dicotomia, é

> a linha epistemológica que se pode traçar entre a "especulação" da filosofia e a "arte" (pré ou pós-ciência) da gramática, ou entre um sistema filosófico, concebido para dar sustentação aos conceitos, e uma sistematização gramatical, que cria fatos e a eles se aplica.

O foco na gramática da língua implica foco na descrição da língua. Trata-se da interface mais pura no conjunto que aqui se propõe, já que sobre ela se exercita a operação metadescritiva de análise e crítica orientada, que confronta e avalia parâmetros de procedimento, na condução das reflexões. Falo, especificamente, de lições gramaticais.

E é ainda na busca histórica das relações entre forma e sentido na linguagem, e ainda no contexto da dicotomia entre analogia e anomalia, que chego exatamente às relações entre sistema e uso e às orientações dos manuais de gramática (sétimo capítulo). Ponho sob observação a descrição da "lingoagem portuguesa" que o primeiro gramático português, Fernão de Oliveira, nos legou, entendendo-a como uma "arte da gramática" de moldes originais. Nos idos do século XVI ele se empenha em dar conta dos usos, tratando-os como tais, e não como erros a corrigir, e colocando-os como mecanismo produtor de formas novas, que ele registra, observa e discute. Em resumo, na pré-ciência, ele coloca claramente fatos linguísticos como objeto das análises, erigindo o uso como direcionador das reflexões e das conclusões, e compreendendo o sentido da gramática como produto de uma sociedade.

O tratamento da dicotomia entre analogia e anomalia, nos dois capítulos anteriores, conduz à visão sincrônica da existência de um mecanismo de regularização do sistema e à visão diacrônica da naturalidade dos "desvios" da regra, o que prepara caminho para a compreensão da criação no uso linguístico. Compreendido o desenvolvimento de formas e arranjos gramaticais novos como inerente ao uso linguístico (ilustrado no processo de gramaticalização), fica assentada a noção de que continuamente se acionam as possibilidades existentes no convívio de paradigmas, quebrando-se a viciada noção de que seja estanque a organização das categorias. Parto, aí, para uma explicitação particular da dificuldade de categorização linguística, determinada pela fluidez de fronteiras categoriais, que se liga à indeterminação da linguagem (oitavo capítulo). Escolho um conjunto de zonas particularmente difusas, o das relações adverbiais, e nesse campo defino três focos de análise, segundo três ordens de complexidades a enfrentar: o das relações lógico-semânticas, o das relações sintáticas e o dos modos de expressão. A finalidade é ensaiar as bases funcionalistas que consideram um caráter sempre emergente na gramática (sem desequilíbrio do sistema), reconhecendo uma imprecisão de limites a perturbar as tradicionais categorizações rígidas, com tanta facilidade proclamadas, sem questionamento, na tradição menos refletida.

Essa busca de evidenciar uma gramática que naturalmente sustenta as formulações, deixando espaço para as escolhas dos falantes, propicia atenção às modalidades falada e escrita da língua, para discutir se as evidentes diferenças tocam a essência do sistema ou se, em princípio, considera-se a existência de um sistema único (nono capítulo). É o que defendo, mas também defendo a pertinência de estudos do português falado sob um aparato teórico que contemple suas especificidades, segundo uma visão que transcenda o núcleo duro do sistema. Obviamente, há uma língua única – estruturas e processos têm as mesmas regularidades em qualquer das duas modalidades –, mas as determinações do sistema se resolvem diferentemente nos diferentes enunciados, e isso se liga, em princípio, às condições de uso, ou seja, aos contextos, às finalidades e, muito especificamente, ao suporte de produção.

A Parte II do livro, de cunho mais prático, centra-se na interface entre gramática da língua e ação escolar (o lugar da gramática da língua na escola). Assim como instituí a interface entre gramática e política linguística como a configuração de território para a observação das demais interfaces, instituo a interface entre gramática da língua e ação escolar como configuração de decisões, como o ponto de chegada das reflexões.

Por isso, nessa Parte II faço a recolha de algumas das propostas discutidas nos diversos capítulos da Parte I, no sentido de direcioná-las para a questão do tratamento escolar da gramática, especialmente quanto ao o papel da ação escolar na definição do padrão linguístico da comunidade e quanto à (perigosa) busca de padronização (décimo capítulo). Ponho em discussão o que considero que sejam necessidades do educando que deveriam ser satisfeitas nas aulas de língua materna, para cumprir as posições sustentadas nas propostas discutidas: a de agir refletidamente; a de enfrentar desafios e discutir questões; a de aperceber-se da funcionalidade das escolhas; a de subtrair-se a atividades mecânicas; a de subtrair-se a bloqueios de usos; e, afinal, lembrando tratar-se do caso específico de estudos da linguagem, a de ter contato consentido com os grandes criadores da palavra. Todos são casos que ilustram o modo de ação regido pela visão da língua em uso, ou seja, pela consideração do funcionamento linguístico.

Para ilustração do confronto entre visão tradicional da gramática e visão da gramática na vivência da linguagem, ofereço uma reflexão sobre o empenho em normas de conduta nas lições de gramática, centrando-me no caso do estudo da regência verbal (décimo primeiro capítulo). Renovo a opção por um exame de componentes integrados – e com direção central de uma determinação semântica de implicações discursivas – acentuando a importância do aspecto social da questão e reforçando a hipótese de que a obediência aos padrões instituídos em lições prescritivistas constitui um ajustamento a exigências sociais, e não uma parametrização de base propriamente linguística.

    Naturalmente, a ação escolar no tratamento da língua/linguagem não poderia deixar de ser tratada na sua relação com as propostas oficiais de trabalho escolar com a língua portuguesa no Brasil e com o quadro das ações efetivas dentro dessas diretrizes firmadas (ou tentadas) (décimo segundo capítulo). Novamente recolho reflexões iniciais do livro para relacionar as diretrizes oficiais com a definição de identidade linguística na comunidade e com a definição de padrão linguístico, sempre buscando uma apresentação prática das questões. A uma breve revisão de propostas oficiais de parametrização da ação escolar (em nível Federal e também, em particular, para o estado de São Paulo) acoplo duas amostras de análise da situação verificada no ensino de Língua Portuguesa no estado de São Paulo. Avaliação especial merecem, afinal, os Parâmetros Curriculares Nacionais (PCNs), que vêm em contraponto a noções desenvolvidas em diversas partes anteriores do livro. Esta é a conclusão:

> Se, de um lado, se encontra uma implicação legítima do papel da escola na apresentação, na divulgação e na explicação da norma padrão, de outro lado há uma consideração ilegítima de que essa norma deva ser considerada ideal a alcançar uniformemente em qualquer episódio de uso linguístico. Tal posição configura uma noção de desempenho linguístico que afronta toda a reflexão que a teoria linguística já empreendeu em sua trajetória.

    O livro se encerra (décimo terceiro capítulo) com a amostra prática de avaliação de um fato linguístico cuja interpretação tem sido baralhada, centrando-se em repúdio indiscriminado à incorporação de termos de língua estrangeira, especialmente anglicismos (décimo terceiro capítulo). Tal interpretação desconsidera, por exemplo, que certas incorporações, como as que simplesmente atribuem novo significado a termo já existente na língua (o chamado "neologismo semântico", ou "empréstimo semântico"), representam o que de mais natural o funcionamento linguístico tem: a radiação metafórica do significado. Especialmente na modernidade há de se entender que o contrário, ou seja, uma estagnação total de incorporação de estrangeirismos em algum momento da história da língua é que deveria assustar política e culturalmente, configurando uma nação de léxico engessado, alheio e imune ao influxo de avanços tecnológicos de outras nações.

Afinal, releva a proposta de uma gramática em função que seja apreendida, na escola, na própria vivência da linguagem. Releva, pois, a colocação da gramática – e de seu estudo – no centro da produção de sentido, a cada instância de uso linguístico.

Maria Helena de Moura Neves

PARTE I:
A visão da linguagem e a realidade da língua

Existe uma língua para ser usada de dia, debaixo da luz forte do sentido. Língua suada, ensopada de precisão. Que nós fabricamos especialmente para levar ao escritório, e usar na feira ou ao telefone, e jogar fora no bar, sabendo o estoque longe de se acabar. Língua clara e chã, ocupada com as obrigações do expediente, onde trabalha sob a pressão exata e dicionária, cumprimentando pessoas, conferindo o troco, desfazendo enganos, sendo atenciosamente sem mais para o momento. (...)
Mas no entardecer da linguagem, por volta das quatro e meia em nossa alma, começa a surgir um veio leve de angústia. As coisas puxam uma longa sombra na memória, e a própria palavra tarde fica mais triste e morna, contrastando com o azul fresco e branco da palavra manhã. À tarde a luz da língua migalha. (...)
Pois quando a língua em si mesma anoitece, o escuro espatifa o sentido. O sol, esfacelado, vira pó. E a linguagem se perde dos trilhos de por onde ir. (...)
(André Laurentino)

PARTE I:
A visão da linguagem e a realidade da língua

Língua e identidade linguística.
O espaço da lusofonia*

O termo "Português", que cobre variedades socioletais, dialetais, nacionais que convivem em Portugal e no Brasil, deve ser entendido como importante instrumento de coesão entre povos e como afirmação política e econômica num contexto envolvente transnacional (MATEUS, 2002: 279).

Especialmente nos últimos tempos tem sido bastante comum que nós, falantes de língua portuguesa, nos coloquemos num universo vibrantemente designado como **lusofonia**, com o que nos sentimos irmanados de um modo que representa afastar a ideia de que exista um simples conjunto de espaços geográficos em que o português é língua nacional e/ou oficial partilhada (NEVES, 2008b). Diferenças não são desconhecidas, pelo contrário são afirmadas e avaliadas, e não apenas em relação ao fato de que há uma pluralidade de territórios. Como diz Mateus (2002: 279), a manutenção de variedades linguísticas no enquadramento do que se denomina uma língua é uma opção política. Assim como variedades da língua convivem num mesmo espaço nacional-geográfico, diferentes nações que abrigam variedades desse tipo podem falar a mesma língua, repartir identidade e compartilhar aquela que é a mais relevante forma de vida, a linguagem.

Sobre essa questão, tenho afirmado que, no imaginário de composição de um perfil identitário coletivo, pesa mais a comunidade de tradição que a de moeda,

---

* Este capítulo constitui uma recomposição das ideias discutidas em dois artigos: (i) "O Brasil no contexto da construção de uma Linguística no mundo lusófono", publicado no livro *Estudos em homenagem ao professor doutor Mário Vilela*. v. II, organizado por Graça Maria RIO-TORTO, Olívia Maria FIGUEIREDO e Fátima SILVA. Porto: Faculdade de Letras da Universidade do Porto, (2005b): 643-655. (ii) "A língua portuguesa em questão: uso, padrão e identidade linguística", publicado no livro *Língua portuguesa*: lusofonia – memória e diversidade cultural, organizado por Neusa Maria Barbosa BASTOS. São Paulo: Educ. (2008b): 173-196.

mais a sintaxe que a economia, mais a história do que a geografia. Na comunidade de uma língua, há, pois, para além e por cima das especificidades culturais, um espaço de pensamento, de ação e de criação, um espaço de identificação.

A avaliação das identidades linguísticas

Na avaliação de identidades linguísticas não se pode deixar de fazer intervir categorias como dominação linguística e dominação cultural, que, obviamente, se vertem na linguagem que acompanha a vida político-social da comunidade. Tenho proposto como ótimos exemplos para essa avaliação o estudo da criação literária bem como o discurso sobre ela, e, ainda, os estudos (meta)linguísticos (gramáticas, dicionários, ensaios, tratados), bem como sua análise e crítica, tudo a desembocar no discurso de ação escolar (NEVES, 2007a).

Nesse campo de avaliação, os movimentos se regem diferentemente nos diferentes espaços político-geográficos, em dependência da situação, a qual cria motivações, que por sua vez cria ações. É o caso de confrontar, hoje, Timor Leste e Brasil, aquele, um país em situação de ter de reclamar a defesa de uma identidade política, este, um país em situação de apenas querer defender uma identidade cultural. No caso timorense, existe uma real situação conjuntural, ligada a uma recente situação de dominação estrangeira, e, a partir daí, configurada em um movimento de resistência que mobiliza a nação para ações de afirmação política, de busca de uma marca identitária, situação em que a língua tem papel determinante. No nosso caso, há apenas uma necessidade suposta, com berço em uma histórica mas distante situação de colonização, e, a partir daí, configurada em manifestações localizadas, situação em que a pretensa defesa de identidade linguística pode resumir-se como simples busca de afirmação cultural.

Fomos colonos, sim, mas hoje essa situação de colonizados está em nós apenas pela notícia que dela tivemos em livros de História do Brasil, em manifestações literárias, em estudos especializados, em reconstruções artísticas, e por aí. Nada há, aí, que nos venha de berço e de embalo, que nos marque profundamente como oprimidos em busca de revanche. Nossos colonizadores foram ao mesmo tempo construtores de nossa história e de nossa nacionalidade, e hoje são, para nós, copartícipes de língua pátria: mais somos herdeiros que usurpados, mais parceiros que desafetos, e é com alegria que chamamos "portuguesa" à língua que usamos e temos como brasileira, como absolutamente nossa, na glória de ser "portuguesa".

E, junto com a língua, vamos cultivando espaços comuns de história e de cultura, de sentimento e de vivência. O fato de já se ter proposto uma "língua brasileira" foi arroubo que coloriu romanticamente e patrioticamente nossa história e criou muitos belos textos e muita poesia, mas mais representou enlevo e encantamento do que real insubmissão, ou desagrado da língua em si. Lembre-se, neste ponto, o poema "Língua brasileira", de Menotti del Picchia, que termina com esta invocação: "E assim nasceste, ágil, acrobática, sonora, rica e fidalga, ó minha língua brasileira!" (PICCHIA, 1958: 136).

Na verdade, essa tentativa de denominação "língua brasileira" para a nossa língua surgiu como clamor de afirmação nacionalista, e, mais ainda, como lampejo de genialidade poética, eivada de espírito romântico, libertário[1]. Como afirma Pinto (1980: 27),

> A defesa da língua brasileira avultou, como se sabe, principalmente em dois momentos, correspondentes, *grosso modo*, ao Romantismo e ao Modernismo, em literatura, quando a língua era bandeira de indisciplina em face das rígidas prescrições gramaticais; e de nacionalismo, em face da necessidade de autoafirmação política do país.

Houaiss (1980: 57), por sua vez, refere-se a um "interregno de 'abrasileiramento' do romantismo", no meio da contínua busca de ajuste aos padrões portugueses, sustentado, no Brasil, pela "língua escrita para fins artísticos, e mesmo científicos e universalistas", até pela razão de cultivarmos a consciência de que são os portugueses "os proprietários da língua", "cabendo a eles sós ditar o que fazer com essa coisa sua deles". Se a referência mais frequente no Modernismo é Mário de Andrade, a referência infalível no Romantismo é José de Alencar, que, no prefácio dos *Sonhos d'Ouro*, afirma: "Não alcançarão jamais que eu escreva neste meu Brasil coisa que pareça vinda em conserva lá da outra banda, como fruta que nos mandam em lata". Outros românticos, como diz Leão (1980: 87), o que fizeram foi "incorporar na língua literária traços típicos da língua oral".

Também na ação escolar o que se pode registrar como proposta desse tipo representa apenas medida de alcance superficial, sem fundamento e sem significado, algo semelhante a prescrições que, no campo da língua, costumam ser tentadas de cima para baixo. Trago o depoimento de Antenor Nascentes, que, em texto recolhido em obra recente organizada por Barbadinho Neto

(NASCENTES, 2003: 309-316), transcreve projeto apresentado à Câmara Municipal do Distrito Federal (então o Rio de Janeiro), de 5 de julho de 1935, determinando que livros didáticos, programas de ensino e denominações das "cadeiras de ensino" passassem a referir-se à "língua pátria" como "língua brasileira". Aprovado na Câmara, o projeto foi vetado pelo prefeito Pedro Ernesto em 7 de agosto, em texto que se inicia com a frase "O projeto fere a verdade científica." (p. 310). Entre outros argumentos, ele traz a afirmação: "Reconhecem todos os filólogos ser portuguesa a língua falada no Brasil." (p. 311). O caso repercutiu na imprensa, e o próprio Nascentes deu uma entrevista em 29 de julho (antes do veto, portanto) ao jornal *O Globo*, na qual afirmou: "O mesmo motivo que há para criar uma "língua brasileira" atualmente, haveria para criar uma algarvia, uma paulista, uma paraense." (p. 315). Afinal, o veto foi rejeitado pela Câmara, e o Decreto n. 25, de outubro de 1935, passou a vigorar no Distrito Federal, "embora não nos conste que tenha sido aplicado", diz Nascentes (2003: 315). Em seguida foi apresentado à Câmara dos Deputados "um projeto que ampliava ao Brasil inteiro o que constituía lei no Distrito Federal" (p. 315), e que chegou a ser distribuído a especialista para exame e chegou a receber estudo, mas, com o golpe de estado de novembro de 1937, o processo não teve continuidade.

Acresce que, para além das motivações reais ou supostas que levam a um discurso de resistência como as sugeridas nesses exemplos, estão sempre vivas motivações para uma ação de preservação interna da língua materna em si e por si, uma ação de defesa daquilo que se considera a unidade e o padrão da língua, que se configura, afinal, numa paradoxal defesa da língua contra os próprios falantes. Na verdade, hoje, no Brasil, já ninguém sequer pensa em uma "independência" linguística, e, em geral, os movimentos que se aferram a um conservadorismo radical no plano linguístico apenas repetem uma característica, natural nas sociedades, de manutenção de padrões, de preservação interna da língua, numa ação que já chamei de "paradoxal defesa da língua contra os próprios falantes, contra sua capacidade e liberdade de expressão, singular na diversidade" (NEVES, 2005c).

O campo das investigações e ações, na verificação de como se manifesta a identidade no espaço da lusofonia, extrapola, pois, qualquer espaço geográfico de fala portuguesa que se queira tomar como central, e abrange diversos continentes, em cada um com uma história, entretanto em todos eles alicerçado na ação convergente de uma mesma língua, a revestir comportamentos de atores sociais.

Em geral, quando pensamos em compartilhamento de língua, pensamos em Portugal, mas não se pode esquecer que a sensação de identificação, quando provocada, não vai apenas ao espaço político-geográfico matriz da língua, que, aliás é matriz também de todos os outros espaços que conosco repartem identidade linguística. Naquela voz que fala nossa língua, seja na América, seja na Europa, na África ou na Ásia, teremos sempre a fácil sensação de encontrar aquele espaço de identificação, aquele "contexto envolvente transnacional" (MATEUS, 2002: 279) de que fala nossa epígrafe. É coisa de poeta, mas não podemos deixar de aplaudir a verdade de Caetano em um verso como "minha pátria é minha língua", eco daquela frase de Fernando Pessoa (Bernardo Soares), que ele registrou como expressão de seu "alto sentimento patriótico": "Minha pátria é a língua portuguesa."[2].

É por isso que estas considerações que aqui se trazem partem da vivência linguística brasileira, na sua história e na sua cultura, mas, entrando como uma espécie de dever de casa, ao lado de muitos outros que se vêm elaborando nos diversos pontos do falar português, buscam marcar um ponto no mapa das reflexões sobre o espaço (político-simbólico) lusófono. Trata-se daquela noção de "espaço simbólico e político", investido de valor "performativo", orientado para o comportamento social, ou seja, daquela noção de "espaço enunciativo", "das diferentes feições que o português foi assumindo nos diferentes países em que é falado" (FIORIN, 2006).

A definição da língua no Brasil

Uma visão histórica da definição de uma língua em determinado território se faz, com grande pertinência, com foco no Brasil, que, pela complexidade linguística, bem ilustra o que ocorre na vida das línguas que dividem um mesmo espaço e cuja convivência pode fazer caminhar para uma ou outra direção. No nosso caso, chegou-se a uma unidade linguística que não pode ser posta em dúvida.

Entretanto, nem sempre foi o português a língua do Brasil. No Brasil colônia conviviam a língua geral, dos autóctones[3], a língua portuguesa, dos colonizadores, e o latim, no qual se ministrava o ensino secundário e superior jesuítico.

Embora por motivação política fosse a língua portuguesa a oficial, não era ela a que se falava no intercurso comum, nem mesmo na evangelização jesuítica, que, aliás não se fez por portugueses. Até para efeito de maior penetração da doutrina, a evangelização se fazia na língua geral dos evangelizandos, a mesma que seus filhos adquiriam como língua primeira, a mesma com a qual eles interagiam na sua comunidade e com a qual se relacionavam com a natureza.

Os centros urbanos, em que estavam os órgãos de administração da colônia, centralizavam o domínio da cultura e da língua da metrópole, assumindo a condição de territórios de oferecimento de modelo, bem ao serviço e ao gosto do colonizador. Em natural contraposição ficavam as distantes regiões para as quais a língua portuguesa era levada, nada preservada porque na boca e na voz de colonos, e, além disso, sujeitas a aquisição por africanos e indígenas, que de modo nenhum abandonavam a sua língua materna. Muitos fatores contribuíam, pois, para uma pulverização linguística que, afinal, não se estabeleceu na história subsequente do país: a concentração no litoral[4] dos centros administrativos capazes de oferecer o que seria o modelo linguístico português; a extensão territorial (embora não fosse tal a que hoje temos) em que se distribuíam os pontos a que a língua portuguesa era levada, tão distantes dos centros de colonização; a natureza dos desbravadores portadores da língua, que – fale-se dos portugueses ou dos mamelucos – eram homens de pouca ou nenhuma instrução; o confronto com a diversidade linguística dos autóctones, e, posteriormente, dos africanos.

De há muito os estudiosos têm falado na bipolaridade linguística que se instituiu no Brasil (SILVA NETO, 1951), mas, mais que isso, têm registrado que o que seria um dos polos – a língua do povo mestiço – constituía um conjunto fragmentado e disperso.

Se essa foi a situação da colônia, muito para além desse tempo, até o final do século XIX, persistiu tal bipolaridade[5]. Fica visível uma situação em que, para alguns, a ligação com um padrão genuinamente português significaria adesão ao colonizador, e a liberação dos padrões significaria libertação nacional, enquanto, para a sociedade em geral, a valorização do padrão é sempre uma evidência. Isso explicaria paradoxos como a "contradição entre uma literatura brasileira fundamentada no sentimento nativista e o estabelecimento de um padrão linguístico normativo decalcado do padrão do português europeu moderno" (LUCCHESI, 2002: 79, invocando Pagotto, 1998). Por outro lado, por várias razões históricas, especialmente as ligadas à diversificação das comunidades falantes do português, como a imigração e o deslocamento em direção às regiões urbanas, atenua-se o fosso entre uma fala lusitanizada e uma fala nativa, mas há de permanecer, e também por razões de composição da sociedade, uma barreira constantemente assumida entre fala culta e prestigiada, ou padrão, e fala popular e discriminada.

A constituição do padrão de linguagem

O primeiro papel a ser apontado na constituição do padrão de linguagem em uma nação é seguramente o da literatura. Se a questão da identidade perpassa qualquer produção de falantes das línguas naturais, ela com certeza há de aflorar nas peças literárias, necessariamente produzidas por indivíduos dos mais sensíveis e participantes. É por isso que, em todos os países lusófonos, observa-se a questão da literatura fortemente ligada à questão da nacionalidade.

Referindo-se à nossa literatura em particular, e afirmando que, entre a língua que aqui falamos e a que se fala em Portugal, não há "diferenças fundamentais", Nascentes (2003) destaca o fato de que a "língua literária (...) reflete bem essa unidade" (p. 306). Ninguém como o poeta – e eles nos têm mostrado isso à sobeja – vive as questões cruciais para o espírito humano, e, assim, não há por que não entender que ele há de conseguir expressar as questões viscerais de uma identidade linguística. No espaço da lusofonia são bastante fortes as afirmações literárias de sentimento de nacionalidade, mas aqui me limito ao espaço que reúne Brasil e Portugal.

Lembra Bridi (2002) que as literaturas brasileira e portuguesa, sobretudo no que se refere ao período colonial, são particularmente sensíveis a uma avaliação a partir do conceito de identidade, por razões que, talvez, sejam tão evidentes que dispensariam maiores explicações, podendo-se, entretanto, invocar alguns fatos significativos para tal avaliação. São exemplos a lentidão com que o Brasil colonial se foi constituindo em uma sociedade, deixando de representar um espaço de mera exploração mercantil, e a indefinição quanto à questão de a produção cultural e a literária representarem identidade brasileira ou identidade portuguesa, um fato de longa data estudado, particularmente por brasileiros[6]. No período pós-colonial, mais uma vez é presente a questão da identidade, acirrada com a Independência, que legitimou para os brasileiros a necessidade de buscar afirmação como nação soberana. Como continua a mostrar-nos o estudo, é assim que, respaldados na mais autêntica inspiração Romântica, eles se atiram na busca de um desligamento da referência cultural lusitana, visando à defesa da identidade brasileira, mas, sem referencial próprio, constroem sua cultura e sua literatura sobre um ideário ainda europeu, até mesmo quando se voltam para o que de mais autóctone havia, que era aquele legítimo filho da terra, o indígena. Já no Modernismo, no próprio culto do novo, no próprio vanguardismo, ressaltam questões de construção e legitimação de identidade, ou de identidades (HALL, 2005).

Em 1822 se proclamou nossa independência política, mas não nossa independência literária. Como diz Nascentes (2003), "a nossa cultura até aquela data era toda bebida em fonte portuguesa": "Ensino primário rudimentar, ensino secundário quase nulo, exceto uma ou outra aula avulsa, dada em conventos, ensino superior inexistente." (p. 303). Consequentemente, continua ele, "os nossos poetas e prosadores do primeiro quartel do século XIX e dos primeiros anos do segundo, eram verdadeiros literatos portugueses do século XVIII" (p. 303-304). Quem se dirigia a um estudo superior lá ia para Coimbra, voltando "com tão poderosa influência portuguesa que as produções aqui vindas à luz nada mais representavam que uma continuação das que surgiam além-Atlântico" (NASCENTES, 2003: 303). E acrescenta o filólogo: "A mesma linguagem, as mesmas imagens, alusões mitológicas, processos técnicos, tudo puramente português" (p. 303-304). Assim, prendia-se a língua à forma lusitana, absoluta como padrão.

Um fato histórico peculiar é, pois, que, no Brasil, o processo de constituição de um padrão linguístico no século XIX se pautou pelo padrão de escrita literária portuguesa, mais especificamente o do Romantismo, fixando-se um modelo que não buscou sua base no que se considerasse a fala culta do país – que, na verdade, inexistia – nem no que se considerasse a língua da gente que nos colonizara – que, na verdade, seria extremamente polimórfica.

Essa atitude tem sido vista, em variados estudos, como resultado do desejo da elite de definir-se no padrão de um país branco e europeu, desligando-se da condição multirracial e mestiça do país em que vivia (FARACO, 2002: 43). Em outras palavras, em vez de insurgir-se contra o colonizador, essa elite (que era quem tinha a força para fixar padrão) aferrou-se ao padrão linguístico lusitano, repudiando a "língua de negros boçais e de raças inferiores" (CHRISTINO, apud FARACO, 2002) das senzalas[7].

Lembrando o grande zelo da elite colonial pelos valores europeus, Lucchesi (2002: 77), citando Silva Neto (1951: 76), invoca o testemunho do cronista Pero de Magalhães Gândavo, que, já em 1618, definia o Brasil como uma "academia onde se aprendia o bom falar", e acentua o fato de que o caráter conservador e a influência dos padrões europeus vão perdurar até depois de proclamada a Independência, em 1822. E, na verdade, pode-se falar dessa atitude elitista da época colonial como uma raiz e um nascedouro para a posição normativista que até hoje dirige os olhos do nosso povo no julgamento dos usos.

Se nos encaminharmos para o final do século XIX e começo do XX, no Brasil, há a examinar a manifestação de um ideal Romântico nacionalista, aqui já referido. Melo (1957) fala no surgimento de um

> estilo brasileiro, ou seja, uma expressão linguística reflexo da sensibilidade, do modo de ser e de viver brasileiro, por um lado, e eco, espelho, ressonância da paisagem, da terra e das vicissitudes históricas, das condições sociais, dos acidentes da nossa formação religiosa, humanística, política, econômica, etc., por outro. (p. 175).

Registram-se notáveis episódios de afirmação de uma identidade brasileira para a língua. Pinto (1978) diz que "inicia-se com Gonçalves Dias a fixação dos padrões literários brasileiros em termos de língua" (p. XX), mas indica, por outro lado, que, "por sua relevância como romancista, é Alencar que tem sido tomado com símbolo do pensamento Romântico sobre a língua do Brasil" (p. XXII). A autora alude às indicações de Alencar sobre a transformação operada pelo povo na língua, transformação "irreversível e fatal", "longa e profunda, como a que ocorreu na história da formação do latim, e, a partir deste, na das línguas românicas" (p. XXIII), concluindo: "A ser verdadeiro este paralelo de inspiração evolucionista, ao cabo do processo deveria surgir a língua brasileira – a que Alencar realmente se refere no Plano da obra que pretendia elaborar." (p. XXIII). Ressalva, porém, a autora que, ao mesmo tempo, Alencar falava em "nosso dialeto" (p. XXIII) e em "português americano. (p. XXIV).

Segue-se a reação Parnasiana preciosista e lusitanizante, a qual desemboca numa nova manifestação nacionalista, definida, agora, por uma opção de folclore (nacionalista), vanguarda (modernista) e caos (iconoclasta). Todas essas manifestações literárias vão-se vazando na linguagem que mais fielmente pudesse responder às profissões de fé e de estética, chegando, por exemplo, a ser proposta a existência de uma nova "gramática", o caso específico de Mário de Andrade.

Como lembra Pinto (1978), Alencar já falara em "cisma gramatical" (p. XXII). Quanto ao projeto de Mário de Andrade de elaboração de uma gramática brasileira, duas indicações que se encontram em Pinto (1990) são fundamentais:

(i) A primeira é a de que, realmente, esse projeto existiu:

> À vista da documentação textualmente destinada à *Gramatiquinha*, pode-se afirmar, com segurança, que, pelo menos entre 1924 e 1929, o projeto vigorou (p. 43).
>
> A existência, entre os papéis de Mário de Andrade, de escritos seus, e de outros, textualmente consignados à Gramatiquinha, atesta que durante certo tempo ele realmente cogitou da elaboração da obra. Dessa forma, seus desmentidos, veiculados a partir de 1931, parecem corresponder antes à desistência que à inexistência do projeto (...) (p. 23).

(ii) A segunda é a de que Mário de Andrade falava de língua brasileira pensando em fala brasileira, o que tornava o seu projeto diferente de um projeto canônico de gramática:

> Esse reclamo de sistematização da norma brasileira, se correspondia perfeitamente aos ideais modernistas, não correspondia aos ideais dos gramáticos – ou às suas possibilidades –, o que reforçava a motivação de Mário de Andrade: "Outros é que deviam escrever este livro e tenho consciência de que um dia a gramática da Fala Brasileira será escrito" [sic]. 12-v, Prefácio (p. 44).

Acresce Pinto (1978):

> No entanto, de certo ângulo, sua posição era privilegiada: enquanto um gramático sentiria a responsabilidade, em todas as suas implicações, ele estava em condição de descaracterizar a obra, apresentando-a com feição própria. Não obstante, a *Gramatiquinha* seria, ainda e sempre, um estudo sobre a fala brasileira, e isso significaria incursão num terreno em que uma formação média comum, como a de Mário de Andrade, seria improdutiva (p. 44-45).

Outros tempos são os de hoje, em que, talvez porque iluminados pela difusão de princípios científicos que colocam a questão de padronização linguística num contexto de esclarecimento sociolinguístico, ou talvez, mesmo, porque imbuídos do generalizado sentimento de inserção numa era globalizada, os literatos parecem bastante alheados da tarefa de batalhar num ou noutro sentido, de filiar-se a padrões ou declaradamente investir contra eles. Há redutos de conservadorismo ou de rebelião, mas nada que constitua proclamação de fé a levantar bandeiras, e nem mesmo órgãos legais rigidamente doutrinadores possuímos, a não ser para a ortografia.

Parece que hoje a literatura colocou no limbo a disputa de que aqui se trata, mas, no que diz respeito à linguagem em uso, o que o analista pode ver é que, apesar de todos os esforços dogmatizantes históricos de preservação de um padrão brasileiro próximo ao de Portugal, a sensação geral – e comprovada em estudos (TARALLO, 1993; KATO, 1996; DUARTE, 1996; MATEUS, 2002) – é a de que os padrões brasileiros natural e crescentemente se afastam dos portugueses sem que ninguém, abalizadamente, proponha que se tenha quebrado a identidade linguística.

Outro setor da produção linguística que pode atestar (re)constituição e definição de padrões linguísticos, especialmente porque seus autores são os que dispõem de aparato teórico para lidar com a questão, são os estudos (meta) linguísticos. Signorini (2002) afirma que

> a contribuição dos estudos linguísticos sempre foi e continua sendo crucial para os processos de estabilização, legitimação e controle das línguas nacionais, seja através do recorte e descrição de um *corpus* linguístico de referência para o "nacional" na língua, seja através da elaboração de metalinguagens e teorias que descrevem e explicam o linguístico e seu funcionamento, seja através da elaboração de artefatos que dão visibilidade à língua enquanto objeto, tais como gramáticas, manuais, dicionários e atlas linguísticos, por exemplo" (p. 100-101).

Lembra, a seguir, que essas contribuições são inevitavelmente "atravessadas" por processos sociais e políticos de luta pela inclusão ou exclusão de formas e sentidos, bem como pelos confrontos ideológicos e políticos que envolvem os grupos e instituições que disputam o controle dos processos de definição – ou redefinição – da língua nacional.

Realmente, o que é a língua de um país, o que é uma língua nacional, está nos *corpora* e na sua descrição. Por isso, campos de grande relevância para o exame da relação entre política linguística e padronização de linguagem são o das descrições de usos linguísticos (manuais de gramática e dicionários, que Auroux (1992: 65) considera os "pilares do nosso saber metalinguístico"), bem como o dos estudos sobre essas descrições, exatamente o campo operado por especialistas (obras que, pelo que se supõe, representam o que de conhecimento se produziu acerca da questão.

Se assim é, parece evidente que os textos que fazem especializadamente descrição linguística ou que dela falam – a metalinguística, a metagramática, a metalexicografia –, isto é, os documentos que registram o tratamento da linguagem e da língua pelos especialistas, bem como a análise e a crítica ao tratamento efetuado, provêm elementos altamente reveladores do modo como, em cada espaço e em cada tempo, se vê a construção da identidade nacional por via da língua materna. Não é difícil entender que toda análise que, com finalidade teórica, toma como objeto o ato linguístico não apenas passa a integrar o saber sobre uma língua, sua natureza e seu funcionamento, mas ainda passa a integrar a configuração da imagem e da face identitária de uma nação.

Quanto ao dicionário, lembre-se Alan Rey, que, no Prefácio do *Dictionnaire de la Langue Française Le Petit Robert* (REY, 1990), aponta esse tipo de produção como a memória lexical de uma sociedade, isto é, o acervo e registro das significações que nem a memória individual nem a coletiva são capazes de guardar.

Para os usuários em geral, o dicionário é uma simples ferramenta, mero instrumento de consulta que, num momento de dúvida, lhes responde sobre a legitimidade do uso de uma determinada palavra, seu significado e sua ortografia. Essa é a visão de fora para dentro, do homem apressado em resolver problemas pontuais, porque, na verdade, como aponta Biderman (2005), o dicionário, como produto cultural a que se atribui por excelência o papel de autoridade linguística, constitui o registro da linguagem corrente e aceita numa comunidade de falantes, repositório que é do patrimônio cultural coletivo.

Para Chierchia (2003):

> o trabalho do lexicógrafo serve, por um lado, para explicitar com que objetos (ou classe de objetos, ou relação entre objetos, etc.) uma determinada palavra está associada. Nisto se inclui a identificação de seus usos sociais predominantes e o conhecimento de suas vicissitudes históricas (p. 269).

Diz também o semanticista que "o lexicógrafo, de um lado, reconstitui a cadeia de vicissitudes históricas que levaram a identificar os vários referentes, de outro, oferece elementos para isso nas teorias correntes sobre os vários tipos de objetos" (CHIERCHIA, 2003: 298).

Assim, para compreender a natureza real dos dicionários temos de vê-los no que eles representam como criação. Diz Borba (2003: 308-309) que "um dicionário de língua, como produto cultural e instrumento pedagógico, resulta de um olhar sobre a estrutura e o funcionamento do sistema linguístico num determinado momento da vida de uma comunidade", acrescentando que, "por isso é organizado a partir de uma ideologia". Com efeito, o dicionário de uma língua não é apenas um registro de dados à disposição de consulentes, mas ele é o repositório do saber, do dizer, do pensar e do sentir da comunidade de falantes dessa língua. Por trás da organização em uma estruturação lexicográfica necessariamente estática está a consolidação de uma realidade dinâmica, de um devir e de um partilhar que adquiriu contornos particulares, e está, pois, o espelho de tudo aquilo que, pela vivência em interação, uma comunidade cria e constrói. É como se pode entender a forte vinculação desse tipo de obra com todo um conjunto de ações de política linguística.

Numa sociedade letrada e com antiga tradição escrita, o dicionário constitui um tesouro vocabular que registra uma norma em todos os sentidos, ou seja, quanto à forma, quanto ao significado e quanto à sintaxe, e que, afinal, oferece como um estado aquilo que é uma realidade dinâmica. Biderman (2005) ainda observa que, no caso da língua portuguesa, a variação linguística resultante da diversificação histórico-geográfica das duas principais variedades – o português europeu e o português brasileiro – introduziu uma complexidade maior no registro escrito do léxico por meio de dicionários. Por essa e outras razões, durante séculos o português brasileiro só teve a língua falada como suporte, com todas as consequências linguísticas que esse fato representa relativamente ao patrimônio lexical do português brasileiro. As grandes obras lexicográficas do século XIX abrigavam o português europeu, enquanto os dicionários produzidos no Brasil sobre o léxico do português brasileiro só se tornaram realidade no século XX, lembrando-se que o inaugural *Pequeno dicionário brasileiro da língua portuguesa* é de 1938 (FERREIRA, 1938).

Isso significa que o registro sistemático do nosso léxico só foi feito quatro séculos depois de o português ter sido trazido para o Brasil, de modo que, neste momento, ainda não se passou um século desde que nossa memória social, nossa realidade e a identidade de nosso povo tiveram a legitimação de sua expressão em um léxico ordenado. Tudo isso constitui uma singularidade a ser notada, no que significa de construção identitária em nosso espaço.

Das gramáticas diz Auroux (1998: 12) que "tanto quanto os dicionários modernos, visam fornecer instrumentos que permitam compreender ou produzir os enunciados de uma língua natural". Isso significa que o saber que elas trazem revela forças que estão em jogo no modo de ver a língua, e, por aí, no modo de ver a sociedade, e que, portanto, o que nelas se enuncia é um saber revelador da identidade nacional. Isso significa, ainda, que as gramáticas, segundo sua base teórica, sua natureza prática e o discurso que as instaura, (re)constroem o percurso do imaginário da língua com relação a aspectos de unidade e homogeneidade.

As gramáticas são um verdadeiro testemunho das orientações de análise linguística vigentes num estado de sociedade e num estado teórico-metodológico de visão da língua e da linguagem. Não necessariamente em sucessão, revela-se uma gama de direcionamentos, o filosófico, o doutrinário, o pragmático, o científico, o dedutivo, o indutivo, cada um a compor um corpo de lições específico sobre as peças e a engrenagem do sistema da língua e/ou do funcionamento linguístico. O conteúdo e o modo de expressão das lições, constituindo os modos de ver a língua segundo as forças atuantes naquele espaço, naquele tempo e naquele viés de análise, registram o saber que revela os modos de ver a sociedade, suas vivências, seus valores, afinal, seu perfil identitário[8].

Na historiografia gramatical ficam reveladas as diferentes perspectivas de consideração da língua, relacionadas, por exemplo, a momentos de diferente prevalência de orientação teórica e operacional – como, entre outras, a da Filologia e a da Linguística[9] – ou a tendências de diferente valorização de normas e padrões, entidades cujo próprio conceito é heterogêneo. Vistas na história, pois, as gramáticas e o discurso que as instaura dão o mapa de diferentes perspectivas de consideração da linguagem, às vezes mostrando diferenças em subsequência, às vezes mostrando diferenças em coexistência, tudo levando ao mapeamento das peças que compõem o imaginário social com relação à língua.

Tratando-se dessas obras – dicionários e gramáticas – que constituem o que se considera uma "referência" da linguagem em uso, mas que também constituem o que se considera uma "referência" para o padrão de língua, ressalta, pois, a questão da norma, nas suas duas históricas acepções: uma que aponta para a heterogeneidade e a multiplicidade, mas, ao mesmo tempo, para a aglutinação social, e outra que aponta para a homogeneidade e a unicidade, mas, ao mesmo tempo, para a discriminação social (NEVES, 2005bc). Nada menos do que a construção da identidade linguística da comunidade dos falantes, no espaço simbólico e político em que circulam essas "referências", é o que fica imbricado na tensão.

Nesse sentido, pode-se fazer um parêntese para invocar o que diz Faria (2000) sobre a dificuldade de caracterizar a noção de "prestígio" no final do século XX, "quando as sociedades se reorganizam fora das classes ou estratos bem demarcados", referindo-se, entre outras, à classe dos novos professores, que "com a democratização do ensino, transportaram para os lugares tradicionais de reprodução social das normas padrão as suas variantes menos prestigiadas" (p. 13), à dos jogadores de futebol, à dos cantores com sucesso, bem como "a outros líderes de opinião nos mais diversos quadrantes da vida comunitária" (p. 13). A tensão apontada pode resumir-se nestas duas perguntas da autora: "Serão todos eles simultaneamente desviantes e prestigiantes do ponto de vista da língua?" e "No limiar do século XXI, como definir "prestígio" com a duração e a estabilidade necessárias a sua padronização, como definir padrão com a rigidez que qualquer normatização recruta?" (p. 13).

Não é necessário insistir no fato de que é no próprio uso que está determinantemente a base da construção da identidade linguística num determinado espaço, mas a reflexão sobre o uso bem como a avaliação do padrão são também componentes do perfil identitário da comunidade, pelo que representam de ativação do imaginário coletivo, naquele espaço simbólico. E o dicionário e a gramática, afinal, são tanto a referência do uso linguístico como a referência do padrão social de desempenho linguístico. Tem-se observado que é pouco considerado o papel normatizador do dicionário, a não ser para abonação de ortografia e para legitimação de abrigo no léxico de determinadas palavras. Cito, porém, Aléong (2001: 168), que, após registrar que o manual de gramática inglesa elementar de 1783 de Webster teve mais de 150 reimpressões e vendeu 20 milhões de exemplares, afirmou, em contrajunção: "Mas a maior contribuição de Noah Webster à criação de uma norma americana permanece decerto sua fundação da lexicografia americana."

Resta apontar o papel determinante da ação escolar na definição do padrão linguístico de uma comunidade, tema a que se voltará no primeiro capítulo ("Linguagem e ação escolar") da segunda parte deste livro, com observações sobre o contexto institucional em que se instaurou o ensino da língua no Brasil.

A defesa espontânea de qualidade culta e unicidade na língua

Independentemente de imposições de autoridade ou esquemas institucionais, há, ainda, uma força espontânea que dirige a padronização linguística no sentido de uma elevação. Também de natureza social, a busca do acesso ao que seria a língua das classes consideradas cultas é uma constante nada estranhável nas sociedades em que se atinge uma estratificação que não é apenas baseada em relações de poder pela força.

Já lembrei aqui o fato de que toda língua de uma comunidade apresenta um padrão natural, uma norma em si aglutinadora da heterogeneidade, da multiplicidade, da variação linguística naquele estado de língua. A partir daí, porém, e por via do caráter social da língua, a relação com a norma se encaminha para uma constante busca de qualificação, elevação e prestígio.

Nos Estados modernos ocidentais pesa sobremaneira a mobilidade social das classes, de ativação indiscutivelmente ligada à posse dos padrões linguísticos das classes escolarizadas. Quanto mais o indivíduo adquire consciência de seu papel na sociedade, mais ele busca definir para si o estatuto de usuário da língua prestigiada, e cada vez mais pensa a língua como um meio de afirmar-se e identificar-se valoradamente. É automático o uso da língua para comunicação, mas a avaliação que cada falante faz de seu uso é sempre no sentido de uma busca dos padrões socioculturais que ele é capaz de atingir nos seus enunciados.

Obviamente a escola é a instituição mor no acionamento dessa busca, porque a definição (contínua) do padrão linguístico é naturalmente considerada um forte componente da ação escolar. Nessa ação pesa sobremaneira a história político-cultural, e aí é significativa entre nós a presença de uma força de conservação a tolher o acolhimento de alterações, facilmente tidas como modernidades da filial a conturbar a segurança da matriz, comprometendo uma identidade fixada em padrão mais elevado.

Diz Rey (2001: 125) que "para o falante-ouvinte em seu grupo social, a língua não é sequer concebida como um código de comunicação: ela é antes de tudo uma 'norma' imperativa, um 'uso estabelecido' pela sociedade e que convém seguir". A partir daí compreende-se muito bem que faça parte do imaginário dos usuários de uma língua a posse de uma norma de intrínseco valor, que se há de entender como socialmente prestigiada.

Entretanto – sem negar que a escolarização tenha seu papel nisso –, a sociedade como um todo, nas lides comuns, nas buscas de cada um para assegurar seu espaço de distinção, vai por si, naturalmente, em direção ao que o imaginário coletivo constrói como o melhor, o mais exato, afinal, o "certo" que todos nós conhecemos. Não pode ser minimizada aquela natural busca de identificação, que se configura como uma busca de unificação, e que, pela própria natureza sociocultural do uso da linguagem, vai sempre no sentido daquilo que se considera uma elevação, um padrão distinguido.

De um imaginário mais puro e abstrato, desvinculado de contingências, mítico mesmo – algo semelhante à analogia dos estoicos (NEVES, 2005b: 103-106) –, faz parte outro ideal, o da unicidade linguística: uma língua única e uma língua una.

Quanto ao ideal de (manutenção ou defesa de) uma língua única (ACHARD, 1987), o membro de uma comunidade naturalmente não se vê com muito o que fazer, a não ser nos casos de línguas não afirmadas politicamente ou nacionalmente – como o norueguês e como o francês no Quebec

– ou ameaçadas – como o próprio grego, na época helenística, cuja situação moveu a ações históricas (NEVES, 2005b: 111-123). No casos em que existe a "desejável" correspondência entre "uma nação, uma comunidade etnolinguística e um território" (SIGNORINI, 2002: 99), isto é, em que existe uma língua não apenas majoritária mas reconhecidamente nacional – como é o caso do Brasil e o de grande parte das línguas dos Estados modernos ocidentais – esse ideal, subsumido como atingido, não se apresenta como motor de ações patrulhadoras, de defesa e preservação.

Obviamente temos de definir o processo como dirigido para a unidade, e não para a unicidade. É impossível não ver que a linguagem se faz exatamente de heterogeneidade e multiplicidade, de variação e mudança, e que é do trato dos falantes com esses traços constitutivos que resulta a identidade de uma língua, não importa em que territórios geográficos ela esteja em função.

Por outro lado, entretanto, permanente e alerta, movendo a atitudes protecionistas, está sempre o ideal da língua una, entendida não apenas como garantia de estabilidade mas também como atestado de identidade. Esse é, porém, o real e verdadeiro ideal de mito, nunca alcançável porque contrário à própria natureza da "língua natural", de intercurso e de partilhamento. De fato, é compreensível, sem que seja necessário invocar a força do nacionalismo, que assim se sinta toda e qualquer comunidade que partilhe instituidamente uma língua, pois a regulação é atributo de qualquer sistema em funcionamento[10], o qual deve manter-se em contínuo equilíbrio, mas, especialmente no caso das línguas naturais, reguladas no uso, continuamente oferece mostras de que não é estável.

O que se mostra, afinal

Nestas reflexões sobre o papel da língua portuguesa na construção e na consciência de uma identidade linguística no mundo lusófono buscou-se registrar a convicção de que os discursos de um povo – especificamente aqueles pelos quais se consegue melhor recuperar a trajetória de afirmação e reafirmação da consciência linguística – operam os processos pelos quais as línguas nacionais se estabilizam e se legitimam. Fica por eles evidente que elementos simbólicos sustentam o compartilhamento de língua nos espaços em que se vive e se fala.

No Brasil, temos uma história muito recente de constituição lexical, de registro lexicográfico sistemático e de organização de gramáticas independentes dos padrões formulaicos herdados. Por isso mesmo, parece que o exame do caso brasileiro dentro do contexto da lusofonia serve, particularmente, para que se contemple e se avalie o aparente paradoxo de encontrar a sustentação de uma identidade exatamente no reconhecimento e no cultivo de naturais heterogeneidades.

É evidente que há – oficialmente instituído, e registrado ou não – um conjunto de políticas linguísticas estabelecidas em cada estado nacional lusófono, as quais visam a construir, reforçar ou defender identidades nacionais. Mas, por via desses movimentos aparentemente diferenciadores de espaços geográficos em que se fala a língua portuguesa, o que acaba sendo criado é um supraespaço político simbólico de identidade linguística, o qual nasce de um movimento que tem força especial porque vem do íntimo, qual seja, a consciência da própria identidade pessoal, cultural e social de cada um dos sujeitos que compartilham esse instrumento de formação identitária que é a língua.

O exame da manutenção e da valoração de um padrão unificador do intercurso linguístico das comunidades mostra, afinal, que o estabelecimento desse tipo de norma faz parte da própria composição identitária politicamente válida da língua. Não se trata, então, de política de Estado, pois o poder de unificação da língua comum desconhece não apenas distâncias e fronteiras geográficas mas ainda ditames governamentais. Se se pode esperar apenas de um poeta – nunca, por exemplo, de um governante, a não ser de alguém muito dado a metáforas – que diga, em Portugal, "minha pátria é a língua portuguesa", ou que faça eco, no Brasil, com um "minha pátria é minha língua", entretanto todos e cada um de nós, que nunca soubemos fazer esse verso, sentimos cheiro e sabor de pátria quando ouvimos, em qualquer parte do mundo, um brasileiro, um português, um moçambicano, um timorense (etc.) falar a língua que sabemos pátria[11]. Lembremos Eça de Queiroz, que, em carta a Ramalho Ortigão, de 15 de março de 1878, desabafava sobre sentir-se estranho em meio de povos falantes de outras línguas: "O que eu desejava era subir as escadas da Calçada dos Caetanos, sentar-me ao pé da chaminé, receber a minha chávena de chá, e dizer: Querido Ramalho, ouça lá... – E falar três dias." (BERRINI, 2002: 35).

Notas

1. *Língua brasileira* é o título que consta em uma "caderneta" à qual se refere Pinto (1990), quando relaciona os documentos de que Mário de Andrade se valeu para organizar sua obra sobre a histórica *Gramatiquinha*. A autora fala em "uma *caderneta* intitulada *Língua Brasileira*" (p. 23), composta de "notas escrituradas a lápis e numeradas de 1 a 32" (p. 24). Em outra obra (PINTO, 1978), ela registra que a expressão "idiome brésilien" já está em um texto (de 1824-1825, nas p. 5 a 7) do Visconde de Pedra Branca, "o mais antigo texto conhecido que estuda a diferenciação da língua do Brasil" (p. xv), ressalvando, porém, que essa denominação "não implica compromisso ideológico ou conotação nacionalista" (p. xv).
2. Não está esquecido, aqui, que o contexto em que essa frase ocorre torna menos tranquila a simples remissão a uma declaração de reconhecimento da língua como espaço simbólico de identificação: Bernardo Soares faz tal declaração para acompanhar a manifestação de seu "ódio" a quem escreve mal.
3. Trata-se do que se tem considerado a língua franca da colonização. Não entra em questão aqui a constantemente referida diglossia entre uma variedade do tupi ("antiga", "verdadeira"), usada no catecismo e na gramática, e outra ("corrupta"), usada nos demais domínios de vida das missões.
4. Novamente remeto a Nascentes (2003: 298), texto escrito por solicitação do Ministério das Relações Exteriores, apresentado pela Legação do Brasil em Copenhague, em 1937: "Criavam-se desse modo no litoral núcleos de povoamento, que iriam irradiando a civilização pelo interior das terras até encontrar a barreira do meridiano estabelecido pelo tratado acima referido [Tordesilhas]".
5. Registre-se, entretanto, o fato de, no século xx, poder-se apontar, como o fez Melo (1957: 174), "a relativa unidade de aspecto da fala plebeia brasileira, unidade que contrasta berrantemente com a variedade das linguagens populares de Portugal, tanto mais que aqui se encontra a língua espalhada por imenso território, e lá um idioma apertado em estreita faixa de terra".
6. Bridi (2002) cita: Melo e Sousa (1975); Coutinho (s/d); Sodré (1964); Campos (1989).
7. Aparentemente, deixa de aplicar-se, então, o que preconiza Haugen (2001: 106), para quem, por via do nacionalismo, na língua se verifica "a insistência não só em ter uma língua, mas em ter sua própria língua". Entretanto – observe-se – trata-se de uma definição de padrão operada em condições particulares, nas quais a população em que se manifestaria o nacionalismo não é a que tem a prerrogativa de fixar o padrão.
8. Nesse ângulo, é muito interessante a observação do direcionamento da primeira gramática portuguesa, a de Fernão de Oliveira, tratada no capítulo "Sistema e uso" deste livro.
9. Como mostra Cavaliere (2000: 28), que cita um texto de 1889 de João Ribeiro, já nos últimos anos do século xix era de conhecimento dos estudiosos a diferença entre Linguística e Filologia.
10. Corbeil (2001) fala de dois sentidos em que é usada a expressão "a melhor maneira de usar a língua entre todas as existentes". No sentido mais restrito, ela remete à promoção e à prevalência de um uso em relação a todos os demais: é o fenômeno da "regulação linguística", que tem como resultado "a emergência de uma norma dominante". Vinculada a um discurso ideológico, porém, essa expressão visa a legitimar "em si" esse uso dominante: é o fenômeno do "purismo", que transforma o uso dominante em um objeto dotado de existência própria, e que "gera seu contrário, aquele que tende a negar toda forma de controle sobre a língua e sacralizar o uso, entendido como uma espécie de espontaneísmo linguístico" (p. 200).
11. Em carta a Ramalho Ortigão, de 15 mar 1878, diz Eça: "O que eu desejava era subir as escadas da Calçada dos Caetanos, sentar-me ao pé da chaminé, receber a minha chávena de chá, e dizer: Querido Ramalho, ouça lá... – E falar três dias." (apud BERRINI, 2002: 35).

Vivência linguística e visão de linguagem.
A visão da norma pelos cultores da palavra*

> Estou procurando casa em S. Paulo para voltar. Sinto-me aqui como bicho fora da goiaba. A goiaba é a Língua. Pátria é língua, pura e simplesmente. Fora da língua nativa ficamos como o bicho fora da goiaba. A solidão filológica é pior que a solidão física.
> (Monteiro Lobato)

Este estudo se liga a uma ampla investigação sobre as interfaces da gramática com determinados campos simbólicos que assim posso enumerar: o da política, com o controle; o da história, com o devir; o da arte, com o gênio; o da prática, com o próprio viver. Sua inspiração particular, porém, vem de duas obras: (i) o grande "livrinho" *O escritor enfrenta a língua*, que se preparou na USP (PINTO [org.], 1994: 51-6) em homenagem póstuma a Edith Pimentel Pinto, sem dúvida uma extraordinária investigadora do português do Brasil na sua história; (ii) a grande obra em dois volumes da própria Edith Pimentel Pinto, *O português do Brasil* (São Paulo, Edusp, 1981).

Cabe acrescentar que, em 1992, publiquei, em coautoria com Francisco da Silva Borba uma resenha da obra *A gramatiquinha de Mário de Andrade - Texto e contexto*, da Profª Edith, na qual ela reconstrói "o que poderia ter sido a *Gramatiquinha*, se o plano esboçado tivesse sido mantido" (PINTO, 1990: 13).

---

* Este capítulo constitui uma adaptação do artigo Como reconhecer na escola a nossa língua como "instrumento vivo" (Mário de Andrade) que constitui "a nacionalidade do pensamento" (José de Alencar). In: BASTOS, N.B. (org.) *Língua portuguesa*: Cultura e identidade nacional. São Paulo: EDUC, 2010 (no prelo).

Agora eu pergunto: Por que não foi? E, como preparadora de lições gramaticais que sou, fico tentada a responder que um poeta não desceria tanto... Nessa "aventura" o que, com a sua acuidade, a autora fez foi, como diz nossa resenha, deixar "estabelecidas as concepções de língua, de linguagem e de gramática com que operou Mário de Andrade" (NEVES e BORBA, 1992: 115-118). Quanto a Mário de Andrade, nada mais do que isso haveríamos de cobrar dele... Esse trabalho chão de preparar lições são os que estão no rés do chão que fazem.

Assim, neste estudo venho lembrar a possibilidade de uma discussão que, mediante exame de manifestações em textos literários de representativos escritores, percorra o viés da visão da vivência linguística e da norma linguística, avaliando as tensões e as complicações desse confronto. Por aí se vai, exatamente, às concepções de língua, de linguagem e de gramática que os seus privilegiados manejadores nos entregam e que merecem nossa reflexão.

Parto de um extremado cultor da língua, Lobato, que, nunca fugindo à realidade de que a língua é uso, no entanto valoriza a "ótima forma", sem a qual a "boa expressão duma ideia" é "impossível"[1], sem a qual "a ideia vem embaciada"[2]. No outro extremo está o demolidor Lima Barreto, para quem "todo sujeito de poucas luzes, de horizonte intelectual estreito", "gaba-se de saber português e vinga-se de sua inferioridade"[3]. No percurso entre os dois, encontro: a reação ao purismo, mas com respeito à forma, de Alencar (que declara que "o estilo é também uma arte plástica"[4]); o reconhecimento de várias normas, de Mário de Andrade (que fala do "brasileiro falado" e do "português escrito"[5]); o equilíbrio, tanto de Machado de Assis (que vê a língua pelo viés da literatura e do estilo, mas insiste na sua dinamicidade) como de Graciliano Ramos (que recusa a "idolatria da palavra"[6], considerando "absolutamente impossível no Brasil" um "português certo demais"[7], mas afirma que "é bom que ela [a gramática] nos oriente"[8]).

Por aí se vai, exatamente, às concepções de língua, de linguagem e de gramática que esses seus privilegiados manejadores nos entregaram e que merecem nossa reflexão.

Sugiro, pois, uma discussão do modo de ver os usos linguísticos – especialmente de vê-los à sombra da pressão normativa e da prescrição gramatical – que parta da visão daqueles que fizeram do uso linguístico a sua aplicação de vida, e, por isso, tiveram uma particular relação com a criação linguística, com a mágica invenção da linguagem. Observo que falo em tempo passado porque, neste momento, dedico-me ao exame de autores do passado, o que é apenas um acaso.

Como anunciei, vou de um extremo do cuidado com a língua, em Monteiro Lobato, até o extremo de ataque radical aos cultores da norma, em Lima Barreto, passando: pela reação ao purismo, entretanto com respeito à forma, em Alencar; pelo reconhecimento de várias normas, em Mário de Andrade; pela posição equilibrada, em Machado e em Graciliano Ramos.

Quanto ao tema de que aqui trato, talvez sejam Lobato e Mario de Andrade os nomes mais significativos, pelo fato de que, a par da sua invenção literária, a par da criação de suas obras, revelaram verdadeiros planos de visão da língua em que as vertiam, empunhando, mesmo, bandeiras de propósitos conscientes em relação à língua em si, em relação a seu domínio (este é, especificamente, Lobato), em relação a sua função (este é, especificamente, Mário de Andrade), em relação a sua natureza (estes são ambos). Eu consideraria esses dois autores os mais regradamente e transparentemente metalinguísticos, e, de Lobato, eu diria, mesmo, que foi o mais metagramatical. Mário de Andrade, por sua vez, sempre "brincou" de sociolinguista, enquanto Machado nunca desceu de sua altura de especial representante da condição humana... e de perfeito representante da literatura e da metaliteratura.

Lobato: o "asseio da forma"[9] e o pitoresco das "improvisações e desleixos"[10]

Não seria necessário existir o *Emília no país da gramática* para mostrar a consciência que tinha Lobato do papel da gramática no fazer do texto. Entretanto, há que se ressalvar, já de partida, que o que vem propriamente chamado de "gramática", em Lobato, traduz uma noção bastante idiossincrática, como acontece, aliás, com os demais de que aqui trato, nomeadamente Machado: cada um vê a entidade "gramática" a seu modo.

A consciência a que me refiro explicaria por que é tão fortemente detectável, em Lobato, a constante análise da própria elaboração da linguagem (no nível literário e no nível do uso linguístico em geral), o que se pode definir como uma metódica ingerência do Lobato analista no Lobato literato, a lembrar-lhe, a cada passo, que ao criador cabe labutar pelo domínio da língua. Por tudo isso, quanto à decisão sobre se purista ou libertário, Lobato é, aparentemente, o mais controverso de todos os escritores que citei. Ele é a mesma pessoa que fala em correção da língua como "artificialismo" e da "incorreção" como "o natural", em *Urupês, outros contos e coisas* (p. 593), mas que, em *Urupês* e em *O macaco que se fez homem*, despeja e saboreia apossínclises e regências lusitanas[11].

O domínio da língua era o móvel de seus esforços, como demonstram não apenas suas criações literárias mas também sua produção de cunho pessoal, especificamente sua correspondência. *A barca de Gleyre*, que abriga a correspondência de Lobato com Godofredo Rangel, é o território em que se costuma ir buscar as confissões desse empenho e do modo como Lobato considerava a relação com seus modelos literários de leitura e estudo, particularmente Camilo Castelo Branco. Nessa obra vê-se execrada a "má sintaxe" tanto quanto "as obscuridades e impropriedades", e vê-se exaltada "a boa expressão" "com ótima forma", assim como se vê afirmado que a falta de "limpidez" e "asseio" embacia qualquer ideia (p. 144-145).

Sem pejo, Lobato acentua o labor contínuo de garimpagem que ele opera nas obras dos que seriam os bons escritores, aliás, portugueses na sua maioria, pois, nas primeiras décadas do século xx, brasileiros não havia assim alçados à condição de modelos (exceto, quem sabe, Machado de Assis). Afinal, sem pejo, Lobato dá lição, a desejosos de entrar na carreira literária, no sentido de que "enfileirar palavras portuguesas sem a ordem e a elegância gramatical não produz língua portuguesa"[12].

Mas o libertário grita, do outro lado, a desfavor de uma "meia dúzia de gramaticantes cá de São Paulo"[13] e de "quantos por aí sorvem literaturas inteiras e gramáticas na ânsia de adquirir o estilo"[14]. Para a língua escrita Lobato reserva a pecha de "emperrada, pedante, cheia de 'cofos' e 'choutos'"[15]. Mas, para nossa graça e deleite, como ele cuida dela!

Lobato impinge o rótulo de "macacalidades" à rígida "colocação pronominal" gramaticalmente regrada[16] – seu alvo predileto no ofício de libertário –, e seus elogios vão para aquela narrativa que é feita "por quem nunca aprendeu os pronomes", porque, nessa narrativa, não se "evaporou" "o melhor" da história: " a frescura, o correntio , a ingenuidade"[17]. Ora, *Memórias de um sargento de milícias* é, para Lobato, um livro "cheio de incorreções, com pronomes 'indecentemente' colocados – mas certo", "certo porque agrada a ponto de ser eternamente lido"[18]. O que está defendido, afinal, é a cisão entre o português de lá e o de cá, cisão que Lobato afirma já estar "completa" em seu tempo, de tal modo que "um camponês do Minho não compreende nem é compreendido por um jeca de São Paulo ou um gaúcho do sul"[19].

A chave está no fato de que, como diz Lobato em Gente de fora, no *Emília no país da gramática*: "Uma língua não para nunca. Evolui sempre, isto é, muda sempre. Há certos gramáticos que querem fazer a língua parar num certo ponto, e acham que é erro dizermos de modo diferente do que diziam os clássicos." (p. 100). E com o mais andradiano, ou alencariano, dos diagnósticos (isso veremos), logo mais adiante ele diz: "O que sucede é que uma língua que muda de terra começa a variar muito mais depressa do que se não tivesse mudado. (...) Os costumes são outros, a natureza é outra – as necessidades de expressão tornam-se outras." (p. 101).

Afinal, ensina Lobato:

> Uma língua é um elemento vivo, maleável, que se adapta às necessidades ambientes. Para que serve uma língua? Para exprimir as nossa ideias, os nossos sentimentos, as impressões dos nossos sentidos. A língua lusa era um veículo para que os portugueses residentes em Portugal externassem uns aos outros os sentimentos, as necessidades, as ideias que o ambiente físico e social português lhes suscitava. Está claro que o ambiente geográfico brasileiro era outro[20].

Porém a sua reflexão sobre as "diferenças" não se fixa apenas em diacronia ou evolução, mas assenta-se, muito reflexivamente, no próprio modo de funcionamento linguístico. Na questão da dicotomia entre língua falada e língua escrita, diz Lobato, no Prefácio de *Éramos seis*:

> Há duas línguas, a falada e a escrita. A falada é que é a grande coisa, pois que é o meio de comunicação entre todas as criaturas humanas, afora as mudas. A língua escrita veio depois, e é coisa restritíssima[21].

E, gracilianamente (veremos a semelhança em Graciliano), ele continua: "A arte da língua escrita é a tal '*Inania Verba*' do Bilac, mas quanto mais um escritor escreve como fala, mais é lido e gostado."[22]

Lobato não toca no que vou apontar a seguir, mas acredito que haja algo mais profundo defendido nas indicações que acabo de fazer. Os contrastes que ele faz entre língua falada e língua escrita e entre linguagem do Brasil e linguagem de Portugal ficam no mesmo ângulo de análise. Ora, deixando-se de lado a diferença de vocabulário, gritantemente sugerida aí, mas aqui não tratada, os ditames de colocação pronominal de lá – que os "gramaticantes" querem que sejam respeitados cá – são perfeitos para a fala de lá, em que esses elementos são átonos, mas quebram o ritmo na fala de cá, que os tem tônicos, ou, no mínimo, semitônicos. A rigor, a língua escrita que ele cultiva e defende difere maiormente da de Portugal, e, particularmente para ele, pela diferença de cadência que a tonicidade dos pronomes lhe confere, e que a escrita é levada a refletir (com a sua bênção). E para mais não vai a sua bênção libertária...

Mário de Andrade: "as duas línguas da terra, o brasileiro falado e o português escrito"[23]

Falar de Mário de Andrade é falar de um poeta que transparentemente se despe de poeticidade e se reveste de espírito social para falar de língua, para falar da língua portuguesa com seu direito e dever de, cá, ser brasileira – e não apenas ser "linguagem" brasileira, mas, para além disso, ser "língua" brasileira, ou seja, ser, propriamente, a língua do Brasil. É esse, exatamente, o foco.

Na defesa desse estatuto, comprovação de ciência ele dispensava, que o coração de poeta criava as razões – ou provas – da existência de uma fala / língua brasileira, ao mesmo tempo que o coração de brasileiro levantava a bandeira da existência de uma língua nacional. É o próprio Mário que, a propósito dessa sua defesa da brasilidade da língua, fala dela como "o estandarte mais colorido dessa radicação à pátria"[24].

O acento das propostas é de aberto proselitismo:

> Forcei a nota para chamar a atenção sobre o problema, sempre com a intenção de no futuro, quando o problema estivesse bem em marcha (o que não quer dizer resolvido), voltar a uma menos ofensiva verdade, e a uma mais lógica liberdade de mim[25].

Mas não se trata de uma bandeira empunhada com ignorância da realidade dos fatos, ou desconsideração dessa realidade. Mário de Andrade legitimava a sua missão de "forçar a nota" com o cuidado e o requinte de ir atrás dos fatos da realidade linguística brasileira. Muito acuradamente ele mostrava sua consciência das diferenças funcionais[26], e, debruçando-se realmente sobre os usos, comentava, porque via, as diferenças diatópicas[27], diastráticas[28] — também o entrelaçamento delas[29] — e as diferenças diacrônicas[30].

Mário fala do homem social, aquele que tem um local de nascimento a lhe conferir estatuto, e por isso ele fala do falante brasileiro, que, como tal, tem de falar de "outras coisas" que não aquelas de que os portugueses falam, pois, como diz ele no mais óbvio dos óbvios: " O Brasil é hoje outra coisa que Portugal.". E, sem nenhuma obviedade, ele continua: "Essa outra coisa possui necessariamente uma fala que exprime outras coisas de que ele é feito. É a fala brasileira."[31]. Pelo que se pode ver – e aí já está o poeta –, para ele o Brasil não é apenas "outra" coisa, mas é uma coisa mais rica que Portugal: aquilo que, naquele tempo ainda de nenhuma consciência de princípios científicos sobre o fazer linguístico, poderia ser visto como desleixo, ou, pelo menos, como incongruência, vem com louvação. Referindo-se a uma "curiosidade original deste povo", diz ele: "Ora sabereis que a sua riqueza de expressão intelectual é tão prodigiosa, que falam numa língua e escrevem noutra."[32].

O próprio escrever pode ser numa ou noutra língua, se muda a função:

> (...) numas cartas escritas alegremente para amigos, por brincadeira, com intenção evidentemente pitoresca uso exageros de pândega, pra rir. Isso não quer dizer que vá escrever sempre assim nos meus artigos. Não. Por mais que eu escreva agora direto e simples, ainda faço distinção entre escrever pra público e pra amigos. As cartas que mando pra você são suas. Se eu morrer amanhã não quero que você as publique[33].

E onde, e como, vem vista a língua do poeta, a linguagem literária? Mário de Andrade (em 1935) faz questão de afirmar-se como literato: "É que minha linguagem não é popular, nem mesmo popularesca. É uma linguagem literária, artificial, e que portanto, poderá chagar a ilações, a generalizações de fenômenos particulares."[34]. Que a linguagem literária não é a linguagem "natural" ele ainda afirma quando diz que "o mito de escrever 'naturalmente'" é "o mais feiticeiro dos mitos", pois a língua escrita "é sempre artificial"[35].

Mas, por outro lado, diz ele: "A linguagem culta, especialmente quando artística, é também uma língua viva. É mesmo a única língua viva que congraça em sua entidade todas as linguagens parciais de uma língua. E das outras..."[36]. De novo a diferença faz a diferença, pois a tal "fonte riquíssima" de "linguagens parciais", que é a língua brasileira, constitui o supremo instrumento do artista:

> Além da sua própria sensibilidade, é na fonte riquíssima de todas as linguagens parciais de uma língua, que o artista vai encontrar o termo novo, o modismo, a expressão justa, a sutileza sintática, que lhe permitem fazer da sua linguagem culta um exato instrumento da sua expressão, da sua arte[37].

É bem verdade que nem aí o literário se impõe ao social, pois a língua literária não se desprende da condição de língua de um povo, de um lugar, de um tempo. Essa é a grande mensagem do nosso artista[38].

Machado de Assis: o louvor d'"o patrimônio de Vieira e Camões"[39] e a afirmação de que "cada passo do século renova o anterior"[40]

Mas, para cuidar da linguagem literária, há Machado de Assis, que entra neste ponto do texto na sua paradoxal condição de especial representante do criador literário/ poético (sem receitas, mas com sólidas crenças) e de especial representante do comum dos homens (e sem bandeiras, estandartes ou receitas).

Entra agora Machado, distinto, e particularmente distinto, com requintes de pensador, no que diz respeito à língua literária Basta lembrar seus textos de crítica. Sua busca de "nacionalidade" nas obras, despida de combatividade social, centra-se, indubitavelmente, na própria tarefa de elaboração do texto literário, com todos os seus componentes, o que o faz falar do "escritor" mais do que do falante, do escritor como aquele que, por um "sentimento íntimo", tem de tornar-se "homem do seu tempo e do seu país, ainda quando trate de assuntos remotos no tempo e no espaço"[41].

Ser um homem de seu tempo e de seu país – naquele tempo e no país de Machado – significava desprender-se de Portugal, conscientizar-se de que havia ali, em um novo tempo, em um espaço de "riquezas novas"[42], povoado de outros "assuntos", uma "literatura nascente"[43].

Significava dizer que, como tudo o que nasce, estava o escritor a lidar com uma "nova" entidade... E significava, afinal, estar o escritor Machado – com toda a sua reconhecida reserva – a defender uma identidade para a língua que "nascia" na literatura.

Machado, como metaliterato, é, essencialmente, um doutrinário, e, quando ele fala da entidade "língua", o que está em vista é a língua literária como tal, não a sua própria e específica língua, também não a língua, em si e por si, que o povo use em qualquer lugar e para qualquer função[44]. Claro que havia, mais que tudo, uma "fala" nascente, mas não era esse o seu tema...

Fazer tal afirmação não é impingir alienação a Machado, pelo contrário, é acentuar-lhe uma importância particular naquilo que se pode configurar como o conjunto de ideias sobre língua literária reunido na nossa história da literatura. Quando ele diz que "as línguas se aumentam e alteram com o tempo e as necessidades dos usos e costumes", o que ele vem defender é a legitimidade da alteração de linguagem no devir da literatura, mesmo porque a prova que ele traz vai no sentido de que aqueles "certos modos de dizer, locuções novas" que existem "ganham direito de cidade" porque "entram no domínio do estilo"[45]. O que Machado vem defender, pois, é o afastamento de uma consideração de inalteridade linguística no histórico das criações literárias de seu tempo e de seu lugar, mesmo porque as suas indicações sobre uso se acompanham de indicações sobre a influência dos escritores clássicos e sobre a necessidade de leitura dessas obras no Brasil da época. Referindo-se, por exemplo, a Azurara e a Fernão Mendes, Machado considera que, no seu tempo, escrever como eles seria um "anacronismo insuportável", mas a justificativa é que "cada tempo tem o seu estilo", o que transfere para o "dizer com estilo" o "falar a língua". Afinal, centrado na linguagem literária, ele arremata: "Nem tudo tinham os [escritores] antigos, nem tudo têm os [escritores] modernos; com os haveres de uns e outros é que se enriquece o pecúlio comum."[46].

A gramática, Machado a vê como sistema que os manuais expõem, portanto, ele a vê pela visão da pena dos escritores, os responsáveis pela guarda e defesa da língua. Ele a vê mais como manual de consulta para o obreiro da língua do que como sistema que sustenta o uso. Do povo também ele fala, quando trata da questão relativa ao embate entre conservação e vivificação da língua, mas por onde o povo entra é pelo lado da renovação, como fonte das alterações – decididamente como fonte legítima, ao lado dos escritores –, mas a guarda e defesa (e, portanto, toda a orientação) é reservada a estes. Em primeiro lugar, é neles que se há de buscar essa guarda: "para guardar uma língua, é preciso que ela se guarde também a si mesma, e o melhor dos processos é ainda a composição e conservação de obras clássicas"[47]. Em segundo lugar, são os escritores que, paralelamente à tarefa de criar literariamente a linguagem que merece ser defendida, assumem a tarefa específica de zelar por ela e defendê-la, como representantes dela mesma: "Caber-lhe-á [à Academia] então defendê-la daquilo que não venha das fontes legítimas – o povo e os escritores – não confundindo a moda, que perece, com o moderno, que vivifica"[48]. Ou seja, renovam-se os usos (do povo e dos escritores), mas cabe às Letras instituídas separar, no que vem dos usos, o joio do trigo.

José de Alencar: "a insurreição contra a gramática"[49] e a afirmação da importância da forma

Não toquei os escritores até aqui comentados pelo foco da sua própria linguagem. O que realmente os caracterizou, dentro do tema que me propus, foi a sua visão metalinguística, e especialmente num confronto com a produção literária.

Alencar também falou de língua, da sua língua. No Pós-escrito a *Diva*, de 1865, ele registra textualmente este empenho: "Falemos particularmente da língua portuguesa."[50]. E, na verdade, talvez Alencar seja aquele que a nossa escola mais oferece aos seus alunos como representante da reação à norma que pressiona o uso linguístico (o que, naquela época, era uma reação ao lusitanismo). Esse mesmo texto começa com a afirmação do escritor de que ele "gosta do progresso em tudo, até mesmo na língua que fala" (p. 193). E logo em seguida: "não obstante a força incontestável dos velhos hábitos, a língua rompe as cadeias que lhe querem impor, e vai se enriquecendo, já de novas palavras, já de outros modos diversos de locução" (p. 193). O móvel das reflexões é este, como está no mesmo texto: "A língua é nacionalidade do pensamento como a pátria é a nacionalidade do povo." (p. 194).

Entretanto, com Alencar, não vai por aí a direção mais produtiva das reflexões, porque a sua metalinguagem, pesadamente libertária quanto à relação entre a língua do Brasil e a de Portugal, tem origem documentadamente marcada na críticas que a sua linguagem particular, moldada pelos ideais da estética romântica, suscitou. Por exemplo: se Alencar combativamente afirma que, no estilo clássico, é impossível exprimir "energias de pensamento e cintilações do espírito"[51], é porque, por exemplo, Henriques Leal (1874) diz, de "sua linguagem e estilo", que "são descuidados e, por vezes, desiguais e frouxos" (p. 215); se Alencar defende constantemente o uso de neologismos[52], afirmando, por exemplo, que "o jargão eriçado de termos franceses, ingleses, italianos e agora até alemães" constitui "a língua do progresso"[53], é porque o amplo uso que ele faz de termos novos cai naquilo que se insere num costume bastante criticado, por exemplo por Pinheiro Chagas (1867): o costume dos brasileiros de "tornar o brasileiro uma língua diferente do português por meio de neologismos arrojados e injustificáveis e de insubordinações gramaticais"[54]; e, afinal, se Alencar afirma "poucos darão mais, se não tanta importância à forma do que eu, pois entendo que o estilo é também uma arte plástica"[55], isso responde a fatos tais como: o de Henriques Leal (1874) lamentar que, com tanto talento, ele não se aplicasse "ao estudo da língua com mais interesse e sem prevenções" (p. 214); o de lhe ser impingida a acusação de "insurreição contra a gramática" (COUTINHO, 1965).

A atitude de Alencar é de defesa, mais que de libelo. O Pós-escrito à segunda edição de *Iracema* traz a seguinte declaração: "Minhas opiniões em matéria de gramática têm-me valido a reputação de inovador, quando não é a pecha de escritor incorreto e descuidado." (II, p. 167). E na Introdução de *A literatura brasileira* (apud PINTO, 1978: 145), ele diz: "Bem sentia eu a necessidade dessa defesa: sobretudo porque o aparecimento de algum livro meu provocava sempre reparos a respeito de minha insurreição contra o rigorismo dos clássicos.".

A imagem que fica ao estudioso de todos os libelos linguageiros de José de Alencar – confrontados com as críticas à linguagem de José de Alencar – é a de uma "alma" em litígio, que se sente no bom combate, bem à moda do Romantismo: mais que escritor que configura uma estética literária, ele se põe como um, entre muitos, na situação de uso linguístico no Brasil da época, um entre todos os descendentes dos povoadores do Brasil, "criando um vocabulário novo à proporção das necessidades da vida, tão outra da vida europeia"[56].

Mais uma vez eu sugiro um entrecruzamento de dois conflitos conjunturais, agora no equacionamento do pensar alencariano sobre a língua de seu povo no seu tempo: o "clássico" que se esvai (e que cobram a Alencar) é o mesmo e completo além-mar de que os românticos nacionalistas saltam fora, para garantir existência, presença e valor. E isso, para Alencar – bem na estética romântica – não aparece resolvido ou defendido por uma elite, representada pelos que criam literatura, mas, ao contrário, é questão que envolve o espírito e o gosto da nação: se não, seria de perguntar onde estaria a força das afirmações de Alencar que registro a seguir:

> Que a tendência, não para a forma de uma nova língua, mas para a transformação profunda do idioma de Portugal, existe no Brasil, é fato incontestável. Mas, em vez de atribuir-nos a nós, escritores, essa revolução filológica devia o Sr. Pinheiro Chagas, para ser coerente com sua teoria, buscar o germe dela em seu fomento no espírito popular, no falar do povo, esse "ignorante sublime", como lhe chamou (Pós-escrito à segunda edição de *Iracema* II, p. 170).

Aí, eis o romântico com os pés no chão...

Lima Barreto: "negligência" e "relaxamento"[57], mas "talento"[58]

Talvez seja Lima Barreto aquele que, sem propriamente dar lições, melhor possa servir de lição, no que diz respeito ao conflito entre o uso/a criação linguística e a norma, nesse apanhado que faço. Por essa condição, ele tem rápida – mas significativa – presença aqui, e faz um belo contraponto.

Como escritor, dele diz Lobato (depois de registrar que leu dois contos dele e que soube pelos jornais do triunfo do *Policarpo Quaresma*, com duas edições já esgotadas):

> A ajuizar pelo que li este sujeito me é romancista de deitar sombras em todos os seus colegas coevos e coelhos, inclusive o Neto. Facílimo na língua, engenhoso, fino, dá a impressão de escrever sem torturamento – ao modo das torneiras que fluem uniformemente a sua corda d'água[59].

Reconhecem-lhe um "talento real"; mas invariavelmente contra ele a crítica desanca: "[tem muitas] imperfeições de composição, de linguagem, de estilo e outras (...) mas com todos os seus senões é um livro distinto, revelador, sem engano possível, de talento real"; "[obra] pontilhada de graves defeitos, realizada com deficiências insanáveis, descuidada na forma, por vezes desconexa" (SODRÉ, 1969: 507); "matéria-prima quase em estado bruto" (PROENÇA, 1959: 39).

É de Alfredo Bosi – que tem sido é invocado como quem soube ver de modo certo a linguagem de Lima Barreto (CRUZ, 2000) – a afirmação: "Já se tornou lugar-comum louvar a riqueza de observação desse romance [*Triste fim de Policarpo Quaresma*] para deplorar-lhe, em seguida, o desleixo da linguagem enfeada por solecismos, cacófatos e repetições numerosas." (BOSI, 1970: 359).

E não é pouco dizer, como Domingos Proença:

> A ânsia de clareza, levando à redundância, a vontade de esclarecer, detalhar minuciosamente, presentes em Lima Barreto, a sua abundância de possessivos e de artigos indefinidos, os professores vão encontrar nos meninos que começam a escrever e receiam a incompreensão do leitor (PROENÇA, 1959: 39).

Muita coisa vai na conta de más edições, ou da péssima letra do autor, por culpa da qual, segundo ele próprio, "tem saído cada coisa de se tirar o chapéu"[60]. E ele continua: "Se, às vezes, [a má edição] não me põe mal com a gramática, põe-me em hostilidade com o bom-senso e arrasta-me a dizer coisas descabidas.". Chega ele a dizer a um editor e revisor, Francisco Schettino, em carta de 27 de novembro de 1920: "se você guardou os originais, nós ainda podemos fazer alguma coisa para salvar os contos estropiados que são dos melhores"[61].

Mas Lima Barreto se toca, sim, das inúmeras críticas. Como crítico literário que também foi, ele aproveitou muitas vezes esse ofício para manifestar-se como escritor desapegado das normas e das prescrições de puristas. E nas obras de ficção (seria, ainda, como reação às críticas de que era alvo?), ele ridicularizou constantemente as personagens que se preocupavam com essas questões. Nadólskis (1981: 46) dá exemplos, e não é questão de neles nos determos, mas aqui vão dois deles: Em *Recordações do escrivão Isaías Caminha*, a personagem Lobo é um "tirano gramatical", cujo sofrimento com os erros dos outros o levava ao médico; no conto Nova Califórnia, o mestre-escola Pelino, leitor de gramáticos, fazia da correção dos erros gramaticais dos outros um "apostolado de vernaculismo". Uma manifestação ainda mais relevante é a que está na sátira sobre a literatura de *Bruzundanga*: lá, os escritores considerados "importantes, solenes e respeitados" redigem suas obras em língua diferente da usual, instituindo como verdadeira aquela língua que traz a feição de dois ou três séculos atrás (NADÓLSKIS, 1981: 46). E da crônica "A estação" é este trecho amargo:

> Os senhores devem ter verificado que todo sujeito de poucas luzes, de horizonte intelectual estreito, sem nenhuma faculdade intelectual de primeira ordem seja nesta atividade ou naquela gaba-se de saber português e vinga-se da sua inferioridade notando as negligências e descuidos dos outros[62].

Mas, sobre Lima Barreto, também tem de ser lembrado o que disse Houaiss:

> Lima Barreto poderá ser reputado 'incorreto' do ponto de vista 'gramatical', e de 'mau gosto', do ponto de vista 'estilístico' – afinal de contas, o conceito de correção, na nossa gramática, mandarina e bizantina, pode apresentar tais e tais planos de julgamento, que poucos, pouquíssimos escritores poderão enfrentar todas as sanções de todos os planos; e afinal de contas, ainda, o problema do 'bom gosto' é infinitamente flutuante, no espaço, no tempo, e no mesmo espaço e no mesmo tempo, não parecendo constituir uma questão nodalmente estética (HOUAISS, 1956: 10).

Na verdade, como acentua Houaiss, só "levianamente" ele pode ser considerado "um absenteísta ou um ignorante da problemática da correção e da eficácia estética da linguagem" (HOUAISS, 1956: 11). E nem isso seria necessário para dizer-se que ele tem um papel muito importante no curso destas reflexões.

Graciliano Ramos: a crítica da "idolatria da palavra, vazia embora"[63] e a defesa de uma gramática que "nos oriente"[64]

E chegamos a um artista da palavra que se revela sempre um teórico natural, arguto e firme, sensível tanto aos apelos do uso quanto aos clamores da arte. Um teórico que faz da fala das personagens um material de reflexão sutil sobre a essência da tensão entre o uso linguístico e a pressão da norma: ora, se Fabiano "admirava as palavras compridas e difíceis da gente da cidade" e "tentava reproduzir algumas", ao mesmo tempo ele "sabia que elas eram inúteis e talvez perigosas"[65]; se o que Paulo Honório (narrador-personagem, portanto personagem de estatuto particular) dizia era "simples, direto", se sua linguagem era "resumida, matuta"[66], se ele condenava quem queria "o romance em língua de Camões com períodos de trás para diante", e louvava quem contribuía para o "desenvolvimento das letras nacionais"[67], e, ainda, se Graciliano não aceitava a "gramática pedantesca, cheia de sutilezas que o leitor não compreende"[68], ao mesmo tempo ele assegurava que as suas "infelizes criaturas abandonadas, incompletas, tinham sido quase mudas, talvez por tentarem expressar-se num português certo demais, absolutamente impossível no Brasil"[69].

Fabiano e sua mulher não conseguem entender-se, Paulo Honório e Madalena não conseguem entender-se. Cada caso é um caso, mas ambos os casos tocam a essência da linguagem. No primeiro caso, de *Vidas secas*, o problema de não adequação a qualquer norma de linguagem que sustente interação é de cada uma das personagens em particular, secura resultante da secura, da improdutividade da vida de ambos; no segundo caso, de *São Bernardo*, o problema não é de cada uma das personagens em particular, mas da relação entre as duas, resultante do fato de que, de um modo socialmente sustentado, a consciência da norma que há de reger os usos é diferente em cada uma delas.

Graciliano faz questão de falar a linguagem que se fala – e da linguagem que se fala –, não importa se oral ou escrita. Declaradamente, em Graciliano não é a linguagem literária que está em foco, e, em *São Bernardo*, o narrador (Paulo Honório) afirma, mesmo: "Não pretendo bancar escritor." (p. 9-10).

Mas, por outro lado, é da linguagem literária que ele cuida quando pergunta "Um artista não pode escrever como fala. – Não pode? (....) E por quê?" (p. 7)[70].

Talvez essa seja a maior qualidade da linguagem de Graciliano, e a que faz a leitura de suas obras ser tão prazerosa, pela naturalidade com que, nela, o leitor ao mesmo tempo desliza e mergulha. Com toda a poeticidade de sua criação, nada trai esforço de elaboração, nada é inusual e nada se arrevesa. Alguém poderia levianamente dizer que Graciliano é um escritor que não sai da linguagem comum, aquela de todos os dias, e ele mesmo, figurativamente, diz: "As pessoas que me lerem terão pois a bondade de traduzir isto em linguagem literária, se quiserem."[71]. Mas o caso é que essa é a linguagem literária de Graciliano, e ele sabe disso e quer isso: simples como o matuto, atual como o matuto, natural como o matuto, nacional como o matuto. Tal como na linguagem do matuto, nada nela há de pesado, sofisticado, empolado, arrastado, nada de pretensioso. E, apesar disso – ou por isso mesmo – trata-se de uma linguagem sempre referida como de extremo acerto e "correção".

Quando perguntaram a Graciliano, em entrevista, se ele sabia que era apontado como um dos escritores modernos brasileiros que melhor manejavam o idioma, ele respondeu: "Talvez se houvesse alguma verdade nisso, eu devesse muito aos caboclos do Nordeste, que falam bem. Num caso de sintaxe de regência, por exemplo, entre a linguagem de um doutor e a de um caboclo não tenha dúvida, vá pelo caboclo – e não erra." (SENNA, 1968: 12).

O acerto de seu manejo da língua nunca foi negado pelos críticos, apesar do sabor da terra sempre nela impresso, um sabor que tem amostra numa construção como esta: "*Dou pra isso não, seu Luisinho.*"[72] Ora, alguém ousaria reclamar, aí, uma negação ortodoxa (anteposta), em nome de uma norma abstrata? Ou alguém, por alguma regra preconcebida, iria reclamar, por exemplo, de suas repetições, depois de as ver, aqui e lá, caídas, a serviço da obra, tão literariamente a pipocar nos pontos certos?

O que se mostra, afinal

E a pergunta final decorre da proposta que continuamente faço sobre levar à escola a reflexão sobre a língua em uso, o que inclui necessariamente trabalhar na escola, entre outras modalidades, a linguagem literária. Se se propõe que o aluno, na escola, tenha a sua língua como vivência, por que não essa vivência privilegiada de quem é particular obreiro da linguagem, o criador pela palavra?

Disso trata o sétimo e último tópico do Capítulo "Linguagem e ação escolar" da segunda parte deste livro.

Notas

[1] *A barca de Gleyre*, p. 145.
[2] *A barca de Gleyre*, p. 145.
[3] *Feiras e mafuás*, p. 151.
[4] Pós-escrito à segunda edição de *Iracema* II, p. 167.
[5] *Macunaíma*, cap. x, p. 111.
[6] *Linhas tortas*, p. 61.
[7] *Linhas tortas*, p. 206.
[8] *Linhas tortas*, p. 303.
[9] *A barca de Gleyre*, p. 145.
[10] *Urupês, outros contos e coisas*, p. 593.
[11] Colho os exemplos que vêm a seguir no extraordinário estudo sobre o autor de autoria de Edith Pimentel Pinto (PINTO [org.], 1994: 51-61): em *Urupês* (1918), "Era certo, pois, que se não poderia traçar outro caminho" (p. 33) e "e me não mais aflorava à tona da memória" (p. 54); "Ouvira a tenda ao pai" (p. 71) e "me lembra de o ter lido" (p. 40); e em *O macaco que se fez homem* (1923), " Sou também o que se não interpela" (p. 25), e "para que se não extinguisse a Vida" (p. 2); "tomasse o pulso a um doente" (p. 7) e "derrubaria o queixo a Newton" (p. 8).
[12] *Cartas escolhidas* II, p. 121.
[13] *A barca de Gleyre*, p. 369.
[14] *Urupês*, p. 125.
[15] *Urupês, outros contos e coisas*, p. 593.
[16] *O macaco que se fez homem*, p. 20.
[17] *Urupês*, p. 125.
[18] *Urupês, outros contos e coisas*, p. 59. Lobato reforça, aí, que todos os anos aparecem edições novas do romance de Manoel Antonio de Almeida.
[19] O dicionário brasileiro, p. 184.
[20] Língua brasileira, p. 163.
[21] *Urupês, outros contos e coisas*, p. 592.
[22] *Urupês, outros contos e coisas*, p. 592.
[23] *Macunaíma*, cap. x , p. 111.
[24] O movimento modernista, p. 267
[25] *Cartas de Mário de Andrade a Manoel Bandeira*, p. 294.
[26] "E existem as linguagens dos sentimentos, que fazem um burguesinho ter com a mulher um linguajar amoroso muito especial, ou ter tal linguagem nos momentos de cólera que jamais, como vocabulário e sintaxe, ele empregaria na festa de aniversário da filhinha." (A língua radiofônica, p. 208.). "Está claro que não é a mesma coisa escrever uma comunicação sobre a moléstia de Chagas e uma poesia de amor." (A língua viva II, p. 213).
[27] "Agora você deve ver que pequenas diferenças entre falar duma para outra região brasileira são fatais não só de pronúncia como de sintaxe. Em todos os países grandes se dá e até nos pequenos. Diferenças léxicas e sintáticas." (*Cartas de Mário de Andrade a Manoel Bandeira*, p. 86).
[28] "Toda língua inclui dentro do seu conceito uma infinidade de línguas particulares, está claro. Tem a língua que a gente fala, a mais legítima, terrestremente falando. Mesmo esta se subdivide na língua do ferreiro, na

do marujo, na do professor, na do aluno, na do amante, etc., etc.. E tem a língua literária, mesmo esta divisível em muitas, a dos poetas, a dos pedagogos, a do naturalista, a das cartas, etc., etc." (Carta a Sousa da Silveira, p. 151). Observe-se que esse trecho se segue a esta declaração: "Foi, pois, dentro desta ordem de ideias e sentimentos, que me pus escrevendo 'brasileiro'.".
(Carta a Sousa da Silveira, p. 151).

[29] Observa Mário: "O tempo, os acidentes regionais, as profissões se encarregam de transformar essa língua abstrata numa quantidade de linguagens concretas diversas." (A língua radiofônica, p. 207-208.) Isso Mário de Andrade diz imediatamente após afirmar que a língua é "uma propriedade de todo corpo social que a emprega".

[30] "[A língua] ainda tem a circunstância de ser mudável, permanentemente mudável, viver em perpétuo fiat." (Carta a Sousa da Silveira, p. 151).

[31] *Táxi:* fala brasileira, p. 113.

[32] *Macunaíma*, cap. IX, p. 105.

[33] *Cartas de Mário de Andrade a Manoel Bandeira*, p. 87.

[34] Carta a Sousa da Silveira, p. 156.

[35] O movimento modernista, p. 269.

[36] A língua viva II, p. 215.

[37] A língua viva II, p. 214.

[38] Mário declara textualmente: "A língua literária do artista, si pode tomar em conta aquela qualidade transcendente às contingências, que faz duma língua viva um mecanismo eterno, deve em principal organizar-se de forma a refletir a realidade quase atual da língua." (Carta a Sousa da Silveira, p. 151).

[39] *Crítica*. Obra Completa III, p. 943.

[40] *Crítica*. Obra Completa III, p. 943.

[41] *Crítica*. Obra Completa III, 815.

[42] *Crítica*. Obra Completa III, p. 817.

[43] *Crítica*. Obra Completa III, p. 815.

[44] Não desconheço a afirmação de Machado, a respeito dessas "riquezas novas" que a passagem dos séculos e a transplantação para a América "inseriu" na língua portuguesa de cá: "A este respeito a influência do povo é decisiva. Há, portanto, certos modos de dizer, locuções novas, que de força entram no domínio do estilo e ganham direito de cidade." (*Crítica*. Obra completa III: 817).

[45] *Crítica*. Obra Completa III, p. 817).

[46] *Crítica*. Obra Completa III, p. 822

[47] *Crítica*. Obra Completa III, p. 936.

[48] *Crítica*. Obra Completa III, p. 936.

[49] COUTINHO, 1965.

[50] Pós-escrito a *Diva*, p. 195.

[51] Pós-escrito à segunda edição de *Iracema* III, p. 177.

[52] Não somente os indigenismos, particularmente "nacionais", mas também os galicismos, nacionalistas apenas pela insurreição ao clássico e ao lusitano.

[53] Bênção paterna, p. 15. Registre-se, ainda: "As línguas, como todo instrumento da atividade humana, obedecem à lei providencial do progresso: não podem parar definitivamente." (*O nosso cancioneiro*, Carta V, 1874).

[54] Pós-escrito à segunda edição de *Iracema* II, p.168. Registre-se que as críticas de Pinheiro Chagas a Alencar (às quais Alencar deu resposta) referem-se a fatos de língua e de gramática de pouca relevância quanto à desqualificação de um texto. São eles: os critérios para os registros gráficos *am/ão*; o uso do acento grave, ou não, na representação da crase; o uso (e a economia) do artigo definido; a obrigatoriedade, ou não, do pronome *se* junto de alguns verbos ditos "reflexivos"; o regramento da colocação de pronomes pessoais "átonos"; o uso de estrangeirismos.

[55] Pós-escrito à segunda edição de *Iracema* II, p. 167.

[56] *O nosso cancioneiro*, p. 22.

[57] *Correspondência*, 2º tomo, p. 226.

[58] *Correspondência*, 1º tomo, p. 204.

[59] Carta de 1º out 1916 em *A barca de Gleyre*. Não se esqueça que Lobato foi editor de *Vida e morte de M. J. Gonzaga de Sá*, de Lima Barreto (1919).

[60] *Feiras e mafuás*, p. 292.
[61] *Correspondência*, tomo 2, p. 104.
[62] *Feiras e mafuás*, p. 151.
[63] *Linhas tortas*, p. 62.
[64] *Linhas tortas*, p. 303.
[65] *Vidas secas*, p. 21.
[66] *São Bernardo*, p. 139.
[67] *São Bernardo*, p. 7-9.
[68] *Linhas tortas*, p. 67.
[69] *Linhas tortas*, p. 206.
[70] Lembre-se que Azevedo Gondin lhe responde que não pode.
[71] *São Bernardo*, p. 12.
[72] *Angústia*, p. 160.

Poética e gramática.
A invenção do poeta na gramática da língua*

> Quando li pela primeira vez Guimarães Rosa experimentei uma sensação que já tinha sentido quando escutava os contadores de histórias da minha infância. Perante o texto eu não simplesmente lia: eu ouvia vozes antigas. Os livros de Rosa me atiravam para fora da escrita como se, de repente, eu me tivesse convertido num analfabeto seletivo. Para entrar naqueles textos eu devia fazer uso de um outro ato que não é "ler" mas que pede um verbo que ainda não tem nome
> (Mia Couto)

Partindo do encantamento de Mia Couto como leitor de Guimarães Rosa, caio nesse "Testamento" de Bandeira, que nos vem dizer também esta obviedade: que poesia (verso ou prosa) é criação de vida, com tudo aquilo que lhe dá referência:

Testamento
(...)
Vi terras da minha terra
Por outras terras andei
Mas o que ficou marcado
No meu olhar fatigado
Foram terras que inventei
(...)
(Manuel Bandeira, *Lira dos cinquent'anos*)

---

* Este capítulo constitui uma adaptação do artigo "Poesia e gramática. Ninguém estremeça...", publicado no livro *A fabricação dos sentidos*. Estudos em homenagem a Izidoro Blikstein, organizado por Diana Luz Pessoa de BARROS e José Luís FIORIN. São Paulo: Paulistana/Humanitas, 2008 (2008d): 267-286.

Mia Couto proclama que, escrito, o poema arranca "vozes" da nossa profundeza, e Manuel Bandeira mostra, a quem tiver olhos de ver, que o poeta é capaz de "inventar" terras e de nos levar com ele, na sua poesia, a andar por lá.
E o caminho é este: o da linguagem das palavras.

O poeta e a invenção

Poderíamos de início nos perguntar por que é que o poeta não se põe como quem "cria", mas como quem "inventa", o que é de uma relevância notável.

Quando um poeta diz que "inventa" terras, e nos entrega isso que ele inventa, juntamente com ele pisamos aquele chão, e nos nossos olhos — fatigados ou não — guardamos, juntamente com ele, as suas terras, que também passam a ser nossas.

Multiplicaríamos aqui as declarações de "invenção" que nos dão os poetas, mas apenas quero, ainda, lembrar o poema que vem a seguir, o qual coloca o leitor no mundo de sinestesias e paradoxos que o poeta lhe entrega. E quero lembrá-lo porque ele nos vai introduzir no reino em que se movem estas minhas reflexões: a forte consciência de que a invenção poética é linguística, sejam quais forem os seus móveis:

> **Invenções**
> Invento luares de agosto
> E auroras boreais
> Invento as noites mais frias
> Invento as noites mais quentes
> Invento crisântemos transparentes
> Guirlandas de silêncios boreais
> Invento algas cristalinas
> Cavernas de cristais
> Invento o que só com amor
> Se pode inventar
> O que já foi dito mil vezes
> E que sempre se dirá
> (Roseana Murray, *Fruta no ponto*)

O poeta que aí "inventa" silêncios nos fala, explicitamente, daquele dizer mil vezes a mesma coisa, que é sempre um "inventar", a cada vez, um mundo novo, na construção de um novo poema.

Mas não necessariamente é de modo explícito que o poeta escancara o poder da construção linguística na criação dos mundos. Por exemplo, com um *agora*, que, diferentemente do que se espera, é sempre um passado — ou, mais explicitamente, com um dêitico de tempo presente e um tempo verbal pretérito — Chico Buarque nos abre diante dos olhos a primeira página da história de um mundo de faz de conta em que nos baralhamos tanto quanto as figuras que nele se movem:

João e Maria
Letra: Chico Buarque[1]
Música: Sivuca

Agora eu era o herói
E meu cavalo só falava inglês
A noiva do cowboy
Era você além das outras três
Eu enfrentava os batalhões
Os alemães e os seus canhões
Guardava o meu bodoque
E ensaiava um rock
Para as matinês.
Agora eu era o rei
Era o bedel e era também juiz
E pela minha lei
A gente era obrigada a ser feliz
E você era a princesa
Que eu fiz coroar
Era tão linda de se admirar
Que andava nua pelo meu país
Não, não fuja não
Finja que agora eu era o seu brinquedo
Eu era o seu pião
O seu bicho preferido
Sim, me dê a mão
A gente agora já não tinha medo
No tempo da maldade
Acho que a gente nem tinha nascido
Agora era fatal
Que o faz de conta terminasse assim
Pra lá deste quintal
Era uma noite que não tem mais fim.
Pois você sumiu no mundo
Sem me avisar

E agora eu era um louco a perguntar
O que é que a vida vai fazer de mim.

Entrando nesse mundo sem limites e — como se descobre no final — sem "maldade" do poeta, sentimos a nosso lado as muitas vidas que nele o poeta viveu: a de "herói", que, como "cowboy", no seu cavalo que falava inglês enfrentava com bodoque os batalhões; a de "rei", que coroava a princesa nua, linda de se admirar; a de "juiz", que ordenava que fosse obrigatório ser feliz; a de simples homem, que, numa pausa entre esses devaneios, pede àquela que foi a noiva do "cowboy", e que foi a princesa que o "rei" fez coroar, que não fuja, que simplesmente finja que ele é o seu "brinquedo", e isso num tempo em que ambos talvez nem tenham nascido; e, afinal, a de "louco" (e esse é, realmente, o poeta), que define seu mundo como apenas um "quintal", e daí pergunta à vida o que vai ela fazer dele.

Dizer isso é falar do todo de sentido, que abriga um percurso de temas e um movimento de figuras no poema (FIORIN, 2005: 90-112). Para vestir em texto esse panorama é que vem a expressão do poeta.

Propositadamente, apresentei um poema que conhecemos musicado — *João e Maria* —, mas a existência de poemas do tipo desse não desmente as considerações que farei a seguir, centrando-me, especialmente, na poesia que a nós chega apenas — ou prioritariamente — em papel. Eu diria: magicamente, música em papel.

Silenciosos, preto no branco, os poemas nos entram pelos olhos, mas é pelo ouvido — melodia, harmonia e ritmo — que eles tomam conta de nós — coração e cabeça — e nos carregam.

Quanto ao "inventar" dos poetas, o que domina é a solidão, e também o silêncio do momento da criação. O único "som" é o da própria inspiração, é aquele canto que um dia já se garantiu que fosse a voz das musas, um canto que suborna os ouvidos, uma fala que se ouve mas que não quebra o silêncio, porque o habita, porque faz parte dele, como nos diz o poeta:

> (...)
> Agora ouço o teu nome enfeitiçado
> e me prendo no risco da pergunta
> que se espalha no mar, como este mastro,
> esta fala que habita o meu silêncio
> e vai armando os lances da pronúncia
> nas horas com que teço a tua ausência.
>
> (Gilberto Mendonça Teles, *Sonetos do azul sem tempo*)

Consciente do valor do silêncio na sua "invenção", o poeta solta seus versos para que os recolha aquele que, nesse mundo de posse comum "inventado", lhes dê vida, o que também será feito no som de um silêncio, o silêncio do leitor.

O poeta e a palavra

É explicitamente que "O apanhador de desperdícios", de Manoel de Barros, nos dá a poesia como uma composição de silêncios:

> Uso a palavra para compor meus silêncios
> (Manuel de Barros, *Memórias inventadas: a infância*)

Por aí se chega mais uma vez à submissão incondicional e consentida do poeta à "palavra" que "compõe" a sua "invenção", ou seja, por aí se chega à linguagem em função, que é o amarramento das palavras, cujos sentidos brincam soltos nas nossas cabeças, ao mesmo tempo que se cristalizam, inertes, nos dicionários:

> **Consideração do poema**
> (...)
> As palavras não nascem amarradas,
> elas saltam, se beijam, se dissolvem,
> no céu livre por vezes um desenho,
> são puras, largas, autênticas, indevassáveis.
> (...)
> (Carlos Drummond de Andrade, *A rosa do povo*)

Cecília Meireles, em *Voo*, põe as palavras a saltar, beijar e dissolver-se a nosso lado e sobre nós: "como bando de borboletas multicolores", "como bando azul de andorinhas, bando de gaivotas brancas", "como águias imensas", "como escuros morcegos como negros abutres". Nesse voar, elas nada seriam se não houvesse alguém que — tanto quanto Cecília o fez no poema — recolhesse o seu pousar, como diz ela ao final:

> **Voo**
> Alheias e nossas
> as palavras voam.
> Bando de borboletas multicolores,
> as palavras voam.
> Bando azul de andorinhas,
> bando de gaivotas brancas,

as palavras voam.
Voam as palavras
como águias imensas.
Como escuros morcegos
como negros abutres,
as palavras voam.
Oh! alto e baixo
em círculos e retas
acima de nós, em redor de nós
as palavras voam.
E às vezes pousam

(Cecília Meireles, *Dispersos*)

A propósito desse apanhar das palavras que pousam, vou fazer uma observação que pode causar estranhamento, mas que não é gratuita. O poeta, que tem marcadamente a consciência de que se move no reino das palavras, entra como ninguém naquele domínio que mais alheio à poesia poderia parecer: a gramática da língua, exatamente o governo da linguagem. Com esse domínio é que ele governa as palavras pousadas e as faz poema: com esse domínio é que ele compõe uma melodia, ele arranja uma harmonia, ele cria um ritmo, na sua "invenção". Essa música brotará de qualquer terra que seja a do poeta, que não interessa se de verdade ou de mentira, porque a poesia é, ela própria, a verdade que não se testa e não se discute, que não se circunstancia.

A afirmação da submissão da poesia à criação pela linguagem não é uma banalização da arte e do ofício do poeta. Quando, por exemplo, o mestre Drummond se confessa "à procura da poesia", ele não se coloca simplesmente em busca de inspiração (que inspirado o poeta já seria, por definição), mas ele defende um penetrar surdo no reino da poesia, que se faz por via de um penetrar surdo "no reino das palavras", lá onde já estão, numa "superfície intata" calma e fresca, os poemas "que esperam ser escritos", os poemas com os quais o poeta vai necessariamente conviver, "antes de escrevê-los":

Procura da poesia
(...)
Não recomponhas
tua sepultada e merencória infância.
Não osciles entre o espelho e a
memória em dissipação.
Que se dissipou, não era poesia.
Que se partiu, cristal não era.

Penetra surdamente no reino das palavras.
Lá estão os poemas que esperam ser escritos.
Estão paralisados, mas não há desespero,
há calma e frescura na superfície intata.
Ei-los sós e mudos, em estado de dicionário.
Convive com teus poemas, antes de escrevê-los.
Tem paciência, se obscuros. Calma, se te provocam.
Espera que cada um se realize e consume
com seu poder de palavra
e seu poder de silêncio.
Não forces o poema a desprender-se do limbo.
Não colhas no chão o poema que se perdeu.
Não adules o poema. Aceita-o
como ele aceitará sua forma definitiva e concentrada
no espaço.
Chega mais perto e contempla as palavras.
Cada uma
tem mil faces secretas sob a face neutra
e te pergunta, sem interesse pela resposta,
pobre ou terrível, que lhe deres:
Trouxeste a chave?
Repara:
ermas de melodia e conceito
elas se refugiaram na noite, as palavras.
Ainda úmidas e impregnadas de sono,
rolam num rio difícil e se transformam em desprezo.

(Carlos Drummond de Andrade, *A rosa do povo*)

Aí, Drummond põe o poema à espera da realização e da consumação que se fará com "seu poder de palavra e seu poder de silêncio". Cada poema está à espera da "sua forma definitiva e concentrada no espaço" que lhe será dada pelo poeta, e que ele aceitará. No seu ofício, cabe ao poeta, primeiro, chegar perto das palavras e contemplá-las em suas faces múltiplas, secretas e menos neutras do que parecem. Mas ele tem de ter a chave desse reino onde estão, "ermas de melodia e conceito", as palavras que "se refugiaram na noite" à espera de quem tenha a chave para fazê-las poesia. À espera de quem construa o poema com a linguagem, porque só é poesia o que não "se dissipou".

A poesia é, enfim, o arranjo das palavras, que lá estão no seu reino — em estado de dicionário — à espera daqueles que saberão arranjá-las em poema porque já convivem com o poema antes de escrevê-lo, daqueles que aliam à força da inspiração a arte de uma — aparentemente banal — lexicogramática.

Por isso, a poesia é o terreno das metáforas, que não têm esse nome só porque algum analista, num determinado momento, deixa de simplesmente viver e sentir a força da alternância que nelas está, para tecnicamente examiná-las como processo paradigmático. Gilberto Gil nos dá, no poema que vem adiante, a metáfora ateórica do poeta. Ele fala da palavra na qual o poeta — exatamente porque isso lhe "cabe" — faz caber tudo o que não se imaginaria que coubesse, e fala da palavra com a qual o poeta diz algo muito diferente daquilo que, na superfície sem poesia, se imagina que ele diga:

Metáfora
Letra e Música: Gilberto Gil[2]

Uma lata existe para conter algo
Mas quando o poeta diz: "Lata"
Pode estar querendo dizer o incontível
Uma meta existe para ser um alvo
Mas quando o poeta diz: "Meta"
Pode estar querendo dizer o inatingível
Por isso, não se meta a exigir do poeta
Que determine o conteúdo em sua lata
Na lata do poeta tudonada cabe
Pois ao poeta cabe fazer
Com que na lata venha caber
O incabível
Deixe a meta do poeta, não discuta
Deixe a sua meta fora da disputa

Meta dentro e fora, lata absoluta
Deixe-a simplesmente metáfora

É daí que nasce a metáfora mais impressionante do cancioneiro brasileiro, que coloca num (perdido) palco iluminado a cabrocha que pisa nas estrelas, pisando o próprio brilho que ilumina a nossa leitura do poema, e, do mesmo modo, ilumina a nossa audição da música cantada:

Chão de estrelas
Letra: Orestes Barbosa[3]
Música: Sílvio Caldas

Minha vida era um palco iluminado
Eu vivia vestido de dourado
Palhaço das perdidas ilusões
(....)

A porta do barraco era sem trinco
Mas a lua, furando o nosso zinco
Salpicava de estrelas o nosso chão
Tu pisavas os astros distraída
Sem saber que a ventura desta vida
É a cabrocha, o luar, e o violão

Também pelo arranjo das palavras de quem "tem a chave", a poesia é o terreno das metonímias, essas brincadeiras de arranjo combinatório que alguns se põem a explicar, quando delas saem para avaliá-las tecnicamente no processo dito sintagmático. Por isso, ainda, a poesia é o terreno das antíteses, dos pleonasmos, das hipérboles, todos tirando seu valor e seu encanto daquele universo em que o poeta envolve o leitor, quando o arrasta na lexicogramática de uma música cravada em papel.

O poeta e o fazer da linguagem

Já se disse que nem o próprio poeta pode declamar sua poesia para nós, porque a música soará falsa: o leitor envolvido é que pode dar-lhe, e lhe dará, mesmo em silêncio, som. É mais um sinal de que poesia é enredamento que carrega um universo autoexplicativo, o qual, entretanto, ninguém consegue explicar: cenário de eventos, participantes e circunstantes, esse universo também é um misto de espaços e tempos perdidos, de figuras sem fundo; é a funcionalidade de temas e remas, mas também é o paradoxo de temas sem remas e remas sem temas; é o sereno fluxo de tópicos e focos, mas também é a desconcertante desorganização de relevos (CHAFE, 1980; 1994; HALLIDAY, 1985; PEIRCE, 1987; GARCÍA, 1994; NEVES, 1997).

É, afinal, uma sintaxe que vai a todas as beiras, uma semântica que governa a sintaxe até onde a língua deixaria de ser a língua, e é uma pragmática que precisa mudar de nome para dar conta das intenções do fazer poético.

O poeta, que, como ninguém, tem a chave da linguagem, é quem cumpre, em plenitude, as funções que dizem os analistas que a linguagem tem. Podemos até manter, em relação à obra do poeta, o cansado rótulo "função poética", porque esse é um título que, de fato, implica abolição de circunscrições: a *poesia*[4] é o fazer completo, em que nada falta para o funcionamento linguístico, seja lá qual for o poeta, seja qual for sua época, seja qual for sua escola.

Tomemos um caso extremo, o poema de Olavo Bilac que constitui a — consagradamente — mais explícita receita do modo de fazer poético da escola parnasiana[5]:

A um poeta
Longe do estéril turbilhão da rua,
Beneditino, escreve! No aconchego
Do claustro, na paciência e no sossego,
Trabalha, e teima, e lima, e sofre, e sua!

Mas que na forma se disfarce o emprego
Do esforço; e a trama viva se construa
De tal modo, que a imagem fique nua
Rica mas sóbria, como um templo grego.

Não se mostre na fábrica o suplício
Do mestre. E, natural, o efeito agrade,
Sem lembrar os andaimes do edifício:

Porque a Beleza, gêmea da Verdade,
Arte pura, inimiga do artifício,
É a força e a graça na simplicidade.

(Olavo Bilac, *Antologia de poesia brasileira*)

Recorrendo às metafunções de Halliday (1994) (de algum modo tratadas no capítulo seguinte deste livro), facilmente um analista veria ressaltar, no cuidado do poeta, a prevalência da metafunção textual, e com grande transparência dessa opção: o poeta prioriza o cuidado da forma, o lavor na criação, um esforço na boa composição que vai ao ponto de suor e sofrimento. Para o trabalho do poeta, Bilac preconiza: o "escrever" paciente e solitário de um beneditino; o "disfarce, na forma", de todo o esforço da missão; a busca de modos de "construir a trama" que deixem apenas a "imagem nua", que permitam "não mostrar na fábrica" todo o "suplício" do trabalho e da teima, e que façam que "o efeito agrade", sem deixar as pesadas marcas da construção.

Obviamente não se diria que o poeta só se prende à superfície da linguagem, não se diria que ele desconhece ou minimiza aquelas que seriam a metafunção ideacional e a metafunção interpessoal de Halliday. Exatamente para o serviço delas é que o parnasiano Bilac pede essa forma de "arte pura", com "a força e a graça na simplicidade". Uma imagem que se obtenha assim nua, depurada de interveniências ligadas ao labor da criação, seria exatamente o máximo de obtenção da expressão poética — carregada de conteúdo — e seria o máximo de obtenção da comunhão com o leitor — carregada de interpessoalidade. Greimasianamente falando, estariam aí respectivamente, o objeto de significação e o objeto de comunicação (BARROS, 1990: 7).

No mesmo rumo de refletir sobre a privilegiada consciência das funções da linguagem que tem o poeta, podemos saltar para um grande poeta moderno, Manuel Bandeira, que, fora de uma escola regradora, entretanto também se ocupa do lavor da poesia:

> **O último poema**
> Assim eu quereria o meu último poema.
> Que fosse terno dizendo as coisas mais simples e menos intencionais
> Que fosse ardente como um soluço sem lágrimas
> Que tivesse a beleza das flores quase sem perfume
> A pureza da chama em que se consomem os diamantes mais límpidos
> A paixão dos suicidas que se matam sem explicação.
> (Manuel Bandeira, *Libertinagem & Estrela da Manhã*)

Simulando um querer fazer, Bandeira fala exatamente do que está fazendo: o último poema do livro *Libertinagem*. Como bom poeta, ele reverte o tempo, reverte o curso da ação e de seus efeitos, enfim, reverte a realidade, e nos dá, como aquilo que "quereria" fazer, exatamente a sua criação. Assim, na diretriz de uma época e de uma escola diferentes das de Bilac, afinal ele também nos dá a sua receita do fazer do poeta.

Pode-se dizer, sim, que aí a função textual é minimizada pelo poeta. Explode a massa de conteúdo do poema, definindo-se quais sejam as "coisas" que têm de ser ditas, não a forma como têm de ser ditas. Explode também a carga de interpessoalidade, definindo-se, ao mesmo tempo, qual seja a atitude que o poeta tem de assumir na sua interação com o leitor: necessariamente seu dizer será vazio de intencionalidades, pelo menos das banais.

Ele diz e faz: nesse poema, o valor do conteúdo do dizer poético se acentua no denso conjunto de imagens, com uma série de comparações explícitas ou sugeridas. Passando ao largo de um clamor pelo rigor da forma, ele "quereria" que seu poema fosse, em primeiro lugar, "terno", que dissesse as coisas "mais simples" e "menos intencionais", e que ainda fosse "ardente como um soluço sem lágrimas", belo como as flores quase sem perfume, puro como a chama em que se consomem os diamantes mais límpidos, apaixonado como um suicida que se mata sem explicação.

Assim, na receita de Bandeira, há um turbilhão de qualidades que o poema tem de carregar, no conteúdo. Por outro lado, diz ele, na interação entre poeta e leitor, minimizada a forma, há de haver a ternura do dizer das coisas simples e ditas sem intenções, e há de haver: a ardência do soluço (que se ouve, e que desperta sentimento, mesmo contido, ou seja, "sem lágrimas"); a beleza das flores (que se vê, e que desperta sentimento, mesmo esmaecido, ou seja, "quase sem perfume"); a pureza da chama (que aquece e consome); a paixão dos suicidas (que não se explica). A própria simplicidade que o poeta reclama para a poesia — como Bilac reclamava — já não se refere puramente à forma, mas, mais profundamente, é a simplicidade do que é dito, aquela simplicidade que não está no exterior do dizer, mas na essência das próprias coisas que o poema traz — dizendo-as — a seu leitor, e esperando que ele assim as receba.

Um poeta contemporâneo, Manoel de Barros, declaradamente respeitador apenas das "coisas desimportantes" e dos "seres desimportantes", também nos vem dar a descrição do fazer de seus poemas. Mas o poeta não dá a receita de um poema ideal (como Bilac), também não define seu poema como algo que — já sendo — ele quereria que fosse (como Bandeira), embora suspire, sim, por "uma voz que tivesse um formato de canto". O que ele faz, simplesmente, é apresentar a sua declaração de liberdade em relação a parâmetros, na composição dos poemas. Fincado no pântano, "de barriga no chão" nessa terra cheia de "água", "pedra" e "sapo", Manoel de Barros aparentemente discute apenas aquela linguagem que ele valoriza, que é a que se vale de "restos" e que apanha "desperdícios":

O apanhador de desperdícios
Uso a palavra para compor meus silêncios.
Não gosto das palavras
fatigadas de informar.
Dou mais respeito
às que vivem de barriga no chão
tipo água pedra sapo.
Entendo bem o sotaque das águas.
Dou respeito às coisas desimportantes
e aos seres desimportantes.
Prezo insetos mais que aviões.
Prezo a velocidade
das tartarugas mais que as dos mísseis.
Tenho em mim esse atraso de nascença.

> Eu fui aparelhado
> para gostar de passarinhos.
> Tenho abundância de ser feliz por isso.
> Meu quintal é maior do que o mundo.
> Sou um apanhador de desperdícios:
> Amo os restos
> como as boas moscas.
> Queria que a minha voz tivesse um formato de canto.
> Porque eu não sou da informática:
> eu sou da invencionática.
> Só uso a palavra para compor meus silêncios.
> (Manuel de Barros, *Memórias inventadas: a infância*)

Aparentemente há uma minimização da função textual, ou seja, daquela que operacionaliza as outras em mensagem, pelo declarado desprezo do que é importante e central, e até pela declaração final: Só uso a palavra para compor meus silêncios.

Entretanto, a composição dos silêncios também se faz em função. Trata-se exatamente da linguagem que o poeta diz ser a sua, aquela que despreza as palavras ricas mas cansadas, e que se define como marcadamente criativa, como a linguagem da "invencionática", e isso porque chega a criar – apanhando o pequeno, o lento, o impotente, o atrasado – as palavras que estão no chão. Sem definir conteúdos e sem definir intenções, mas recolhendo bases e ingredientes, ele quer a sua voz no formato de um canto que seja ouvido por alguém que, com ele, apanhe os desperdícios que a sua criação apanhou. Assim a linguagem funciona, assim há poesia compartilhada, convivida.

O que se mostra, afinal

Falei do poeta do quintal (que saboreia o seu pântano), falei do poeta do mundo (que, de pés fincados em Minas, canta o "sentimento do mundo") e falei do poeta que, proclamando a "arte pura", a "arte pela arte", prescinde do mundo. Poderia ter falado do poeta da expansão de sua terra (que sai "por mares nunca dantes navegados"), e de muitos outros, mas qualquer um deles se põe num lugar maior que qualquer mundo, porque anula fronteiras, rompendo, mesmo, a inexistente fronteira do infinito. E até o quintal do poeta — que é o mundo da sua poesia — é maior que o mundo que rodeia o homem sem poesia...

Para concluir, talvez seja significativo nos determos reflexivamente na poesia derramada e aparentemente caótica de "O teatro mágico"[6], uma proposta de expressão artística que destrói os limites entre conteúdo e forma na medida em que mescla o "sinta-se" e a "sintaxe", e que destrói os limites entre conteúdo e interação (os limites das funções!), na medida em que, de seu palco, em performances múltiplas, repetidamente se dirige ao público com um caricato "sem horas e sem dores".

Sintaxe à vontade

Letra e Música: Fernando Anitelli[7]

"Sem horas e sem dores
Respeitável público pagão
Bem vindo ao teatro mágico!
sintaxe a vontade..."
Sem horas e sem dores
Respeitável público pagão
a partir de sempre
toda cura pertence a nós
toda resposta e dúvida
todo sujeito é livre para conjugar o verbo que quiser
todo verbo é livre para ser direto ou indireto
nenhum predicado será prejudicado
nem tampouco a crase, nem a frase, nem a vírgula e ponto final!
afinal, a má gramática da vida nos põe entre pausas, entre vírgulas
e estar entre vírgulas pode ser aposto
e eu aposto o oposto que vou cativar a todos
sendo apenas um sujeito simples
um sujeito e sua oração
sua pressa e sua prece
que a regência da paz sirva a todos nós... cegos ou não
que enxerguemos o fato
de termos acessórios para nossa oração
separados ou adjuntos, nominais ou não
façamos parte do contexto.
Sejamos todas as capas de edição especial
mas, porém, contudo, entretanto, todavia, não obstante
sejamos também a contracapa
porque ser a capa e ser a contracapa
é a beleza da contradição
é negar a si mesmo
e negar a si mesmo
é muitas vezes, encontrar-se com Deus

> com o teu Deus
> sem horas e sem dores
> que nesse momento que cada um se encontra aqui agora
> um possa se encontrar no outro, e o outro no um
> até porque..
> tem horas que a gente se pergunta...
> por que é que não se junta
> tudo numa coisa só?

Nesse cenário de limites difusos entre o arranjo da linguagem e o arranjo das coisas, o poema fala para um "público pagão", mas, entre outras coisas: traz à cena o "sujeito simples" e "sua oração sua pressa e sua prece"; invoca "o fato de termos acessórios para nossa oração", "separados ou adjuntos"; define para todo verbo a liberdade de "ser direto ou indireto"; pede que "a regência da paz sirva a todos nós"; e funde gramática e vida, numa "gramática da vida", infelizmente "má", porque nos põe "entre pausas, entre vírgulas".

Trazendo o poema à vivência pantomímica do palco, o poeta ao final se pergunta por que é que esse seu encontro — cara a cara — com o "leitor" não há de servir para que tudo se junte numa coisa só.

Ou seja, pergunto eu: Por que não assumir uma boa gramática, aquela que não se define como paradigmas de coisa pronta, mas que se revela, a cada momento, como arranjos de criação, aquela que, tirando a todos de "entre vírgulas", e, assim, não deixando ninguém "aposto", poderá, magicamente, fazer "um se encontrar no outro e o outro no um"?

Ou seja, novamente: Por que não entender que isso é a poesia?

Notas

[1] Disponível em http://chicobuarque.uol.com.br/construcao/mestre.asp?pg=jooemari_77.htm. Acesso em: 22 jan 2008.
[2] Disponível em http://www.gilbertogil.com.br/sec_discografia_obra.php?id=268. Acesso em: 23 jan 2008.
[3] Disponível em http://64.233.169.104/search?q=cache:Z7dDhK_kFDQJ:www.mpbnet.com.br/musicos/silvio. caldas/letras/chao_de_estrelas.htm. Acesso em: 23 jan 2008.
[4] Sempre faço lembrar a etimologia de *poesia*, que se liga ao verbo grego *poiéo*: "fazer", "criar" *Poeta* (grego: *poietés*) é, pois, um "fazedor".
[5] Outra "receita" de Bilac está na sua *Profissão de fé* parnasiana: *Quero que a estrofe cristalina, / Dobrada ao jeito / Do ourives, saia da oficina, / Sem um defeito.* (BILAC, Olavo. *Obra reunida*. Rio de Janeiro: Nova Aguilar, 1997).
[6] "O teatro mágico é a ideia de um sarau amplificado onde tudo pode acontecer", explica em seu site, http://www.oteatromagico.mus.br/index2.php, Fernando Anitelli, responsável pela idealização e direção artística do projeto.
[7] Disponível em http://www.oteatromagico.mus.br/index2.php. Acesso em: 24 jan 2008.

Texto e contexto.
Uma visão funcional da linguagem em (con)texto[*]

> Cada texto – isto é, tudo o que se fala ou se escreve – desenvolve-se em um contexto de uso; além disso, foram os usos linguísticos que, por dezenas de milhares de gerações, moldaram o sistema.
> (Michael Halliday)[**]

As reflexões que aqui se apresentam caminham na direção de relacionar a gramática baseada em usos com a direção funcionalista da investigação gramatical, especificamente na linha do que propõe M. A. Halliday sobre a indissociabilidade entre o texto e as implicações do contexto de uso. A base está nos princípios e propostas da gramática sistêmico-funcional (GSF) de Halliday, desenvolvida a partir dos anos 1960 sob inspiração firthiana[1].

Sobre a GSF a informação mais central que se pode dar é que ela se fixa na noção de sistema como um conjunto de escolhas e na noção de estrutura linguística como uma organização em diferentes níveis. São exponenciais duas noções categoriais: a de "traços" (uma categoria paradigmática que, prendendo-se às escolhas significativas, liga o item aos outros itens da língua similares em algum aspecto relevante) e a de "funções" (uma categoria sintagmática, que, especificando a função que cada item assume na ocorrên-

---

[*] Este capítulo organiza as ideias da comunicação "Halliday e a visão sistêmico-funcional das relações entre discurso e gramática" apresentada no dia 17 de julho de 2008, na UNESP - campus São José do Rio Preto, na mesa-redonda "Discurso e gramática em diferentes abordagens Funcionalistas: convergências e divergências", no 56º Seminário do Grupo de Estudos Linguísticos do Estado de São Paulo (GEL).

[**] Tradução do inglês minha. No original: Every text – that is, everything that is said or written – unfolds in some context of use; furthermore, it is the uses of language that, over tens of thousands of generations, have shaped the system.

cia, constitui nada mais do que a manifestação superficial das escolhas). É relevante a proposição do modo como se relacionam essas duas categorias, emergindo noções como: a multifuncionalidade dos itens (a não biunivocidade entre classe e função); a prevalência do eixo paradigmático (o eixo das "escolhas"); a hierarquia das relações (a rede de relações paradigmáticas de cada nível); a simultaneidade das seleções do falante (as seleções nos diversos subsistemas); a existência de um contínuo entre as categorias (a difusão de zonas, que, entretanto, não impede o estabelecimento das categorias). Desta última noção trata especificamente o capítulo "Categorização e indeterminação na linguagem" deste livro. Da necessidade de levar à escola a compreensão de todas essas noções trata o capítulo "Linguagem e ação escolar", da segunda parte deste livro.

Releva, especialmente, a importância atribuída às escolhas na situação de uso (que é exatamente o contexto em que se procede às escolhas). Isso é o que permite responder pela real funcionalidade da linguagem no exame das realizações linguísticas. E é essa noção de contexto (ligada à de texto) que guiará minha exposição, aqui.

Sistema e função

O funcionalismo de Halliday se distingue, afinal, pela união do sistêmico com o funcional, uma configuração que garante a consideração das estruturas linguísticas pelo que elas representam de organização dos meios linguísticos de expressão.

No curso destas reflexões pode ser examinada com proveito essa indicação dupla (sistêmica e funcional) que Halliday deu à sua gramática. Como sistêmica, ela põe como categoria central o sistema, que constitui um conjunto de opções linguísticas disponível num determinado contexto, proposto como uma estrutura (uma rede sistêmica geral e inespecífica) dentro da qual a gramática de qualquer língua natural pode ser descrita. Num sentido lato, a estrutura simplesmente especifica os tipos de informação que uma gramática incluirá e o modo como essas informações se relacionarão. Por outro lado, como funcional, essa gramática tem como categoria central a função, dirigindo-se para o "modo como a língua é usada" (HALLIDAY, 1994: xiii), com relevância para as determinações sociais de toda espécie que levam às escolhas plenas de significado, entre as opções disponíveis para o falante. Já nisso ela se une às gramáticas sistêmicas em geral, cujo modelo possibilita especialmente descobrir o modo como as formas de uma língua, ou de uma variedade de língua, podem ser relacionadas com suas funções sociais.

Aí entra, e bem profundamente, a noção de contexto, ligada à noção de texto.

O texto e sua relação com o contexto

A gramática sistêmico-funcional como uma teoria dirigida para o texto

Começo com a indicação de Bütler (2003, II: 335) de que a grande prioridade da gramática sistêmico-funcional se refere aos recursos para a construção de textos, e de que esse interesse permeia todo o pensamento sistêmico, condicionando fortemente a análise proposta (tanto quanto a adequação tipológica condiciona as propostas da Gramática [discursivo] funcional e da Gramática de papel e referência). Entretanto, diz ele, podemos distinguir algumas áreas em que há uma orientação mais clara para a questão do texto como manifestação do discurso.

Bütler (2003, II) parte do tratamento da coesão textual para depois fixar-se no trabalho da gramática sistêmico-funcional sobre discurso e texto em dois amplos tópicos: (i) discurso e texto em relação às metafunções propostas por Halliday (adiante tratadas); (ii) relações entre discurso, texto e contexto. O autor destaca particularmente três pontos: (i) os tipos de funções de frases reconhecidos (declaração, interrogação, ordem, etc.) são ligados às funções da linguagem estabelecidas no diálogo (e, como se verá adiante, o tratamento hallidayano da categoria de modo é estritamente ligado à construção do texto falado); (ii) os significados das categorias de tema e rema e de dado e novo são claramente subordinados ao funcionamento desses elementos na construção de textos; (iii) o conceito de metáfora gramatical também é fortemente ligado à construção do texto (mencionado pelo estudioso em vários pontos da discussão, mas mais claramente no tratamento da nominalização).

De fato, se o funcionalismo tem a linguagem como instrumento de comunicação, sua gramática não pode limitar-se ao nível da sentença, mas deve dar conta da estrutura e função do todo do discurso em sua produção e recepção. A gramática sistêmico-funcional é, de fato, fortemente orientada para o texto, com raízes no trabalho de Malinowski (1923; 1935) sobre textos em seu ambiente cultural, bem como na insistência de Firth sobre o fato de que os constructos teóricos precisam manter-se sempre em relação com os dados textuais (BÜTLER, 2003, I: 47). É o que se verá a seguir.

Como indica Bütler (2003, I: 47), citando Halliday (1994: XXVII), em geral o tratamento vai mais para o aplicado do que para o puro, mais para o retórico do que para o lógico, mais para o real do que para o ideal, afinal, mais para o funcional do que para o formal e mais para o texto do que para a sentença. A ênfase é na análise do texto como um modo de ação. Bütler (2003, I: 47) afirma que *An Introduction to Functional Grammar* (HALLIDAY, 1994), indubitavelmente a mais ampla obra de Halliday, foi escrita especificamente para as necessidades de analistas do texto. De minha parte, lembro muito particularmente que a obra *Cohesion in English*, de Halliday e Hasan (1976) é absolutamente dirigida como um trabalho com o texto.

Nesse aparato, é fundamental a noção de contexto: a produção (o texto) insere-se necessariamente na situação em que se instaura o discurso (o contexto). Como se registra em Halliday e Hasan (1976: 22), quanto mais especificamente podemos caracterizar o contexto de situação, mais especificamente podemos predizer as propriedades de um texto nessa situação. Assim, a GSF põe grande ênfase no relacionamento da linguagem com seus contextos sociais de uso, haja vista as subteorias de registro e de gênero (adiante tratadas) que desenvolveu, as quais mostram também a grande atenção para os fatores socioculturais e para o uso.

A gramática sistêmico-funcional como uma teoria dirigida para o contexto

A primeira noção de contexto aqui introduzida é a de contexto de situação, que, como definem Halliday e Hasan (1976: 21), constitui o conjunto de todos os fatores externos que afetam as escolhas linguísticas que quem fala ou escreve faz. Essa mesma obra registra que uma interpretação do contexto de situação (mais abstrata do que a malinowskiana e a firthiana, das quais voltarei a falar adiante) foi oferecida por Halliday, McIntosh e Strevens (1964), que propuseram três conceitos bastantes gerais para descrever o modo como esse contexto determina as espécies de significado que são expressas: campo, modo e relação (*tenor*[2]) (p. 21-22).

O campo é o evento total no qual o texto funciona juntamente com a atividade e o propósito de quem fala e/ou escreve, incluindo, portanto, o tema (HALLIDAY e HASAN, 1976: 22). Trata-se da ação social em que o discurso se instaura, bem como da configuração que a linguagem toma para fazer essa representação. Identifica-se pelo conjunto dos objetos, pessoas e eventos e pelo conjunto das circunstâncias. Um exemplo de configuração de campo é o que sugere Eggins (1994) quando aponta a linguagem cotidiana e a linguagem técnica como representantes de atividades sociais situadas em dois extremos.

O modo é a função do texto no contexto, incluindo, portanto, o canal da linguagem (oral e/ou escrito) bem como o seu gênero ou modo retórico (didático, persuasivo, de comunhão fática, etc.) (HALLIDAY e HASAN, 1976: 22). Como indica Halliday (1989:144), o modo se efetiva na seleção de opções no sistema textual, servindo de identificação da organização simbólica do texto. Isso envolve o papel da linguagem e a expectativa que os interlocutores têm a respeito do que a linguagem faz por eles em uma determinada situação. Como diz Halliday, são as formas simbólicas que determinam a informação e os padrões coesivos (referência, substituição, elipse e conjunção). Um exemplo de configuração de modo é o que sugere Eggins (1994) quando aponta, de um lado, a situação espontânea e de proximidade espacial/interpessoal da fala (interação face a face), que configura a linguagem como ação, e, de outro lado, a situação de distanciamento espacial/interpessoal da escrita (com possibilidade de reescrita) que configura a linguagem como reflexão.

A relação refere-se ao tipo de interação de papéis, ao conjunto das relações sociais relevantes, permanentes ou temporárias, entre os participantes envolvidos (HALLIDAY e HASAN, 1976: 22). Falando das três dimensões que Poynton (1985) aponta como caracterizadoras do conceito de "relação" (poder, envolvimento afetivo e contato), Eggins (1994) mostra extremos que podem ser verificados em cada uma delas. Assim: a relação de poder na interação pode ser igual ou desigual, em termos de força, autoridade, estatuto e conhecimento especializado; o envolvimento afetivo pode ser alto ou baixo, em termos de extensão do envolvimento emocional entre os participantes; e o tipo de contato pode ser frequente ou eventual, em termos de convivência. Um exemplo de configuração de relação é o que sugere Eggins (1994) quando aponta a situação formal e a informal como dois tipos de situação em contraste, visível nas variações de uso da língua.

Como diz Halliday (1978: 143-145), campo, modo e relação, "tomados juntos, constituem a situação, ou contexto de situação, de um texto". É o que ele configura como "o ambiente, ou contexto social, da linguagem", que se estrutura, exatamente, como "um *campo* de ação social significativa, uma *relação* de interação entre papéis, e um *modo* de organização simbólica" (HALLIDAY, 1978: 143).

Tudo isso pode ser resumido com a ligação que Halliday (1978: 34) faz da linguagem como a produção de significado e desta com a inserção nos diversos tipos de situação, ou contextos sociais, que a cultura gera. Entra, pois, aí, o conceito de contexto de cultura, que é, como dizem Halliday e Hasan (1976: 23), "outro dos conceitos de Malinowski". O quadro a seguir compara os dois conceitos, com indicações colhidas em Halliday (1976; 1978), em Halliday e Hasan (1976; 1989) e em Eggins (1994):

Contexto de situação	Contexto de cultura
É mais particular e restrito: é a concretização da comunicação em um dado ambiente particular.	É mais abstrato e geral (EGGINS, 1994): constitui parte de um sistema social[3] (HALLIDAY, 1978).
É "real": é o modo como se efetivam as possibilidades na língua.	É "potencial" (HALLIDAY, 1973): constitui as possibilidades de produção de sentido existentes na língua (HALLIDAY, 1978).
É o ambiente em que se faz uma seleção particular dentre as possibilidades de uso.	É o ambiente em que se desenvolvem as diversas possibilidades de uso linguístico disponíveis (HALLIDAY; HASAN, 1989).
Associa-se ao registro: é a ligação entre o texto e seu microcontexto.	Associa-se ao gênero (EGGINS, 1994): é a ligação entre o texto e seu macrocontexto.
AMBOS	
São elementos importantes à observação da linguagem, pois integram a distinção entre o "potencial" (a gama de possibilidades disponíveis na linguagem – contexto de cultura) e o "real" (a escolha entre as possibilidades – contexto de situação) (HALLIDAY, 1973). A análise de ambos os contextos contribui para a compreensão de como os indivíduos usam a linguagem.	
A RELAÇÃO ENTRE ELES	
A chave está na afirmação de Halliday (1978: 34) de que a linguagem é "a habilidade de 'significar' em determinados tipos de situação, ou contextos sociais, que são gerados pela cultura". A cultura constitui, pois, a potencialidade de produção de significados nas situações reais de uso.	

Para exemplo de toda essa configuração trago Halliday e Hasan (1976: 22-23). Diz o texto que, se meramente nomeamos um meio de produção dizemos pouco: poderíamos falar de um "registro de biologia marinha" ou de um "registro de jornal", mas isso dificilmente nos capacitaria a dizer algo de interesse acerca dos tipos de texto em questão. Mas se damos alguma informação acerca das categorias de campo, modo e relação, começamos a ser capazes de fazer observações úteis. Por exemplo, se especificamos um campo tal como "interação pessoal, no fim do dia, para distração com a narrativa de eventos familiares", com o modo "monólogo, imaginativo, narrativo, improvisado" e com a relação "íntima, de mãe com filho de três anos", podemos reconstruir uma grande parte da linguagem desse tipo de história para dormir, especialmente se formos adiante e descrevermos o contexto de cultura que nos dirá entre outras coisas, o que são os eventos familiares na vida de uma criança com dado pano de fundo sociocultural.

As determinações históricas da noção de contexto em Halliday

Para uma consideração do papel que tem o contexto em Halliday é necessário fixar as linhas que dirigem sua proposta teórica, de complexa elaboração, caudatária de algumas outras propostas significativas que marcaram a história da consideração do funcionamento da linguagem. É o que farei neste compartimento, valendo-me, em toda a exposição, de informações colhidas em Kress (1976: VII-XXI), além da consulta às fontes diretas.

Fixemos, pois, inicialmente, a teoria hallidayana na concepção antropológica de Malinowski (1923). Está em Halliday e Hasan (1976: 21-22) que o conceito de situação foi formulado por Malinowski (1923), no texto "The problem of meaning in primitive languages", que constitui suplemento ao *The meaning of meaning* de Ogden e Richards, e que depois foi elaborado por Firth, particularmente no artigo "Personality and language in society", escrito em 1950.

Em trabalho de campo que fez na Polinésia, Malinowski defendeu ser impossível traduzir textos da língua de uma cultura para a língua de outra cultura, e exatamente porque a língua não é uma entidade fechada em si, mas depende inteiramente da sociedade em que é usada. A proposta é que toda língua se constituiu em resposta a demandas específicas de uma dada sociedade, e, assim, ela reflete características específicas dessa sociedade. Além disso, o uso da língua nessa sociedade é absolutamente dependente do contexto. Não se trata simplesmente do contexto (imediato) de enunciado, que Malinowski também contempla, mas que é outro. Trata-se de um contexto de situação (bastante geral), conceito ligado à noção de que o significado não deriva de uma passiva contemplação do mundo, mas de uma análise de suas funções, com referência a uma dada cultura. Para Malinowski, o enunciado e a situação nasceram imbricados um no outro, e é impossível entender as palavras fora do contexto de situação. Daí vem a definição de Halliday de significado como função em contexto (que, aliás, provém da mediação de Firth, de que falarei adiante).

No seu trabalho com a sociedade polinésia, Malinowski identificou funções da linguagem: uma função pragmática (linguagem como forma de ação), uma função mágica (linguagem como meio de controle do ambiente) e uma função narrativa (linguagem como estoque de informação preservada na história).

Essa caracterização de linguagem como multifuncional também está, e prevalentemente, na teoria de Halliday, que, embora faça um recorte diferente para dar conta da multifuncionalidade (já um recorte de linguista), mantém na sua tripartição, como não poderia deixar de ser, alguns traços presentes na tripartição de Malinovski.

Seria possível fixar também o papel que o grande pensador da linguagem Whorf teve na montagem do arcabouço teórico de Halliday, mas essa influência não toca fundamentalmente a questão aqui em foco, que é a relação entre texto e contexto.

Passemos, pois, a Firth (1957), nunca ausente das considerações que se façam das diretrizes teóricas de Halliday, que é sempre referido como ligado à chamada linguística neofirthiana (ROBINS, 1964). Agora falamos de um linguista, e de um linguista teórico, o qual também acentua a relação entre linguagem/ língua e sociedade. O importante é que nele também está presente a noção de Malinovski de "contexto de situação", generalizado no conceito de tipos de situação, condizente com sua visão de significado como função em contexto.

Obviamente, o campo já não é a antropologia, e, além disso, já se está sob a marca impressa por Saussure na história das ideias linguísticas. O que está instituído com Saussure é que existe um "estado de língua", que isso é o que deve ser descrito, e que para isso aí estão os métodos das ciências naturais. Trata-se da descrição de uma entidade abstrata, fechada em si mesma, que é propriedade da comunidade, que é recebida da sociedade pelo indivíduo, que existe e que se configura independentemente do uso que dela se faça. Obviamente são concepções que Firth, fixado na noção de função em contexto, tem de rejeitar. Entretanto, ele necessita de categorias teórico-metodológicas que lhe permitam refletir a própria dependência dos significados em relação ao contexto cultural.

Duas categorias de Saussure entram na história do pensamento sobre língua e linguagem de uma maneira que ultrapassa a visão estruturalista para requerer abrigo em qualquer teoria linguística. Trata-se das categorias sintagma e paradigma, ou seja, trata-se de relações em presença e de relações em ausência, que envolvem dois princípios diferentes para organização das teorias linguísticas em geral, e que caem na medida para o desenvolvimento da concepção firthiana de função em contexto. É o que veremos.

Assim, rejeitando a proposta da visão de língua de Saussure, Firth, entretanto, dentro de seu arcabouço, formaliza a noção de paradigma, com aproveitamento das noções de estrutura e de sintagma (KRESS, 1976: XI). É com o conceito de sistema que ele desenvolve sua teoria dirigida pela noção de função em contexto. Não se trata nem do "sistema" de Saussure (obviamente, e conforme já apontei) nem do "sistema" entendido como termo da linguagem comum. Antes, trata-se de um conjunto especificado para "escolhas" em um determinado contexto. As noções de paradigma e de sintagma permitem entender que cada item terá dois conjuntos de contexto: aquele que prevê outras possíveis escolhas (alternativas) naquele sistema (relações paradigmáticas) e aquele que prevê o contexto de ocorrência daquele sistema (relações sintagmáticas). Assim, num determinado ponto do enunciado, pensa-se num sistema composto dos itens que são possíveis alternativas naquela posição (vai-se ao paradigma) e, nesse mesmo ponto, pensa-se na possibilidade de ocorrência de um sistema composto dos itens que são possíveis (alternativamente) naquela posição (vai-se ao sintagma). Isso significa que é necessária uma descrição do contexto no qual precisamente tais escolhas (em ausência e em presença) são possíveis.

As determinações sistêmico-funcionais da noção de contexto em Halliday

Aí chegamos a Halliday, e temos de voltar a acentuar a presença de uma visão sociolinguística (lembre-se Malinowski) para assentar as duas grandes categorias com que a sua linguística sistêmico-funcional opera: o sistema e o contexto de situação: (i) o sistema, que, numa forma redefinida, tornou-se a categoria formal principal na teoria de Halliday; (ii) o contexto de situação, exatamente a noção que Halliday desenvolveu como "registro": a linguagem é vista como fortemente dependente de tipos gerais de situação que a influenciam.

Cada sistema é um conjunto de opções, de possibilidades, com uma condição de entrada, ligada ao contexto. O conjunto de sistemas inter-relacionados forma a rede: rede semântica, rede gramatical (que abriga a lexicogramática), rede fonológica. Em cada nível há uma rede de alternativas, no sentido sociológico (HALLIDAY, 1978: 40).

Diferentemente de Firth, pois, Halliday constrói uma teoria explícita, que estabelece a relação de umas unidades com as outras em todos os níveis, e que provê o estabelecimento do contexto de todas as unidades linguísticas.

Na exposição que segue, novamente me valho de informações colhidas em Kress (1976: vii-xxi), além da consulta às fontes diretas.

Já em 1961 (*Categories in the theory of grammar*) Halliday usa como categorias primárias a estrutura, a unidade, a classe e o sistema, todas (ainda) de igual estatuto teórico, mas já está implícita a noção de sistema como conceito teórico central. Essas quatro categorias se relacionam mutuamente por três escalas — herarquia, sutileza e expoência — e as descrições linguísticas podem ser feitas em vários graus nessas escalas.

Em 1963 (*Class in relation to the axes of chain and choice in language*) já fica estabelecido claramente que cadeia (sintagma) e escolha (paradigma) representam dois tipos distintos de organização para uma teoria linguística, e, para Halliday, prevalecem aqueles nós governados pelo *ou* (o paradigmático) sobre aqueles nós governados pelo *e* (o sintagmático).

Em 1964, juntamente com A. McIntosh e P. D. Strevens (*The linguistic sciences and language teaching*, p. 24-25), como já apontei, ele estabelece os três componentes do contexto de uso[4]: o campo (o evento social em que ocorre o discurso), a relação (o conjunto de papéis sociais – inclusive de linguagem – que os participantes do evento desempenham) e o modo (a organização simbólica do texto, o que inclui suas funções no contexto e os efeitos "retóricos", isto é, o que a fala obtém, tal como inserida nessa organização).

Em 1966 (*Some notes on 'deep' grammar*) o estatuto de sistema é plenamente estabelecido pela noção de uma gramática profunda que abriga a totalidade dos sistemas da língua e pela noção de que a estrutura é a representação sequencial física das escolhas a que se procede dentro dos sistemas. Assim, toda escolha sistêmica é profunda, toda realização estrutural é superficial, apenas representando uma escolha sistêmica: uma escolha segundo relações em ausência (que provêm do contexto de situação, pela alternância) e uma escolha de relações em presença (que se determinam no contexto do enunciado, pela contiguidade).

Após a forte definição do caráter sistêmico da teoria, em 1967-1968 (*Notes on transitivity and theme in English*), acentua-se o seu caráter funcional. Mais uma vez se destaque o caráter sociocultural da proposta (para isso fui a Malinowski), que, por isso mesmo, se resolve nas seguintes metafunções (todas elas deixando ver esse fundo):

1- interpessoal: estabelecer, manter e especificar relações entre os membros da sociedade;

2- ideacional transmitir ideias e experiências entre os membros da sociedade;

3- textual: prover textualidade, que é a organização do discurso relevante para a situação.

Se só a primeira tem uma denominação que revela esse caráter social (função interpessoal), entretanto, também as outras duas (ideacional e textual, respectivamente) denunciam a inserção social da proposta. Do mesmo modo, são as três funções, conjuntamente, que determinam a estrutura gramatical, que será um composto no qual a própria linha melódica terá sua derivação fincada em cada uma delas. Também os sistemas semânticos da língua derivam das funções: por exemplo, para o inglês, Halliday propõe, como principais sistemas semânticos da oração, o modo (derivado da função interpessoal), a transitividade (derivada da função ideacional) e o tema (derivado da função textual). E para todos os níveis inferiores (grupo nominal, grupo verbal, e para seus constituintes) postula-se uma derivação dessas três funções.

Posteriormente essa inserção social se fortalece ainda mais em Halliday (e um exemplo é *Language as a social semiotic*, 1978), que faz do sistema social um constructo chamado "semiótico". Ele apresenta uma "semiótica social", pela qual a linguagem só pode ser explicada como a realização de significados inerentes ao sistema social, os significados que constituem a cultura.

O sistema linguístico se interpreta em termos das categorias funcionais ideacional, interpessoal e textual (*Meaning of modern English,* versão prévia da obra *Introduction to Functional Grammar*, de 1985). Para o tema específico deste capítulo, cabe acentuar a visão hallidayana de texto como a instanciação do "significado potencial" nos reais contextos de situação. Isso pode ser visto em estudos que Halliday fez da conversação, especialmente valorizada por ele como meio de compreensão do sistema linguístico, como também está evidente em *Cohesion in English*, com R. Hasan, em 1976.

Posteriormente ainda – e isso particularmente toca nosso tema –, Halliday, nessa mesma visão semiótica, retoma a concepção de contexto de situação como algo propriamente "constitutivo do" texto (expressão de Dell Hymes). Trata-se de mostrar uma relação sistemática entre o texto, o sistema linguístico e a situação, interpretando a situação não como ambiente material, mas como estrutura semiótica cujos elementos são significados sociais, e dentro do qual as "coisas" entram como portadoras dos valores sociais.

Os conceitos de campo, relação e modo são retomados em ligação (respectivamente) com as metafunções (ideacional, interpessoal e textual) do sistema.

Registro (contexto de situação) e gênero (contexto de cultura)

Na comparação entre contexto de situação e contexto de cultura que apresentei em 2.2 já está apontada a associação de contexto de situação com registro e de contexto de cultura com gênero. Partindo da proposta de que os gêneros são concretizados pela linguagem, Eggins (1994: 34) afirma que esse processo é mediado pela concretização do registro. Gênero e registro, portanto, se inter-relacionam, o registro manifestando a ligação entre o texto e seu microcontexto, e o gênero manifestando a ligação entre o texto e seu macrocontexto.

E aqui eu chego aos gêneros, bem contemplados na Escola Funcionalista de Sidney, e entendidos como tipos de organização (simbólica) de texto. Especialmente no último componente do contexto de uso (o modo) e na última metafunção (a textual) – que é justamente a que organiza os significados ideacionais e interacionais em textos coerentes e relevantes – está essa consideração. É como se se fizesse esta pergunta: O que se obterá, prioritariamente com tal organização simbólica de texto? Persuasão? Informação? Mudança de comportamento?

O que se mostra, afinal

Com efeito, sempre assim, e só assim, nasce um texto (configurado em um gênero): em vista de um propósito. Nesse contexto teórico funcional, há um propósito social (sem comprometimento com a arte de bem dizer, seja poética seja retórica). Lembre-se que, na Escola Funcionalista de Sidney, o gênero se liga explicitamente a "uma atividade esquematicamente estruturada, organizada e orientada para um propósito" (MARTIN, 1992, apud CIAPUSCIO, 2005: 505), como se verá no próximo capítulo deste livro, que tem o gênero discursivo como tema.

Notas

[1] Quanto à base da teoria hallidayana lembro, já de início, o que está em Neves (1997: 58-59): "A teoria sistêmica à qual se liga a gramática funcional de Halliday baseia-se na teoria de John Rupert Firth (Robins, 1964: 290 lhe chama "neofirthiana"), com inspiração em Malinowski e Whorf (Kress, 1976: viii-xi). Mathiessen (1989) aponta que, na base da teoria de Halliday, estão o funcionalismo etnográfico e o contextualismo desenvolvido por Malinowski nos anos 20, além da linguística firthiana da tradição etnográfica de Boas-Sapir-Whorf e do funcionalismo da Escola de Praga".

[2] Halliday e Hasan (1976) observam que o termo inglês *tenor* foi escolhido por adoção da "terminologia preferida por Spencer e Gregory em Linguística e estilo" (p. 22). Em português a tradução mais frequentemente escolhida para o termo tem sido "relação".

[3] O sistema social compreende "os panos de fundo ideológico e instrucional que dão valor ao texto e restringem seu significado". (HALLIDAY e HASAN, 1989: 49).

[4] E em 1985 (*Introduction to Functional Grammar*) Halliday desenvolve amplamente a proposta.

Linguagem e gênero discursivo.
A determinação do gênero sobre a produção linguística*

> Os gêneros oratórios são em número de três, pois as espécies de ouvintes são nesse número. Três são os elementos a distinguir em um discurso: aquele que fala, aquilo sobre que se fala e aquele a quem se fala, e é a este último, o ouvinte, que se relaciona a finalidade. Necessariamente o ouvinte é ou espectador ou juiz, e o juiz ou se pronuncia sobre o passado ou sobre o futuro. Quem se pronuncia sobre o futuro é o membro da assembleia, quem se pronuncia sobre o passado é o juiz propriamente, e quem se pronuncia sobre a capacidade oratória é o espectador.
> (Aristóteles)

Este capítulo busca discutir a escolha de perspectiva para falar sobre gêneros, e, para isso, opera uma incursão na proposta fundante da retórica e da poética clássicas para ingressar na visão moderna que insiste na noção de que todos os enunciados nascem condicionados pelo gênero em que têm berço. A primeira questão que surge é exatamente essa extensão do interesse a todos os tipos de textos, muito especialmente a inclusão de textos não literários, que são aqueles que tradicionalmente têm ficado fora de consideração quando se pensa numa classificação de gêneros. Entretanto, o que se propõe aqui é que tal desconsideração não pode ser capitalizada para a noção de que as propostas iniciais que se circunscreveram em determinados gêneros (retórico, poético) representem um desconhecimento da natureza e da significação da

---

* Este capítulo é uma reformulação de parte do artigo "Gêneros: ontem, hoje e sempre", publicado no livro *Aprendizagem de língua e literatura:* gêneros e vivências de linguagem, organizado por Leny da Silva GOMES e Neiva Maria Tebaldi GOMES. Porto Alegre: Ed. UniRitter, 2006c, p. 53-82.

própria noção de gênero. Essa é uma interpretação simplista, de quem olha a questão sem circunscrevê-la em seu contexto de cultura e de situação e sem colocar o foco central na questão das finalidades e intenções (ver o capítulo anterior deste livro).

No contexto atual, notadamente revisitado, a primeira questão é, exatamente, compreender na história, que determinou as próprias visões da linguagem, a setorização de interesses e a fixação de finalidades, o que, no caso, aparentemente limitou a um universo restrito a consideração dos gêneros. Seriam perguntas a fazer, sobre o caso: É necessário usar como referência a tradição literária? É necessário fazer abstração dela? Ou o que realmente ocorre é que a tradição literária representa apenas um aproveitamento setorizado das propostas que à época clássica foi pertinente formular?

Charaudeau (2004) se penitencia de, em seu artigo "Les conditions d'une typologie des genres télévisuels d'information" (CHARAUDEAU, 1997), ter-se referido, como outros, à tradição literária como se o problema dos gêneros não pudesse ser tratado senão por referência a isso. Para esse autor, se nos voltamos para a Antiguidade, nos damos conta de que, desde essa época, coexistiram duas problemáticas: uma, procedente da posição do poeta da Grécia pré-arcaica, o qual, inspirado nos deuses, tinha a seu cargo exaltar os heróis e resolver os enigmas (os mitos), o que desembocou na codificação da poesia em um certo número de gêneros, tais como o épico, o lírico e o dramático; outra, gerada da necessidade de administrar a vida da cidade e os conflitos comerciais e políticos, que se originou na Grécia clássica e teve o seu apogeu na Roma ciceroniana, fazendo do discurso público um instrumento de deliberação e de persuasão política[1]. Charaudeau termina optando por essa segunda óptica, e retomando tentativas de definição dos gêneros não literários, na finalidade de equacionar os problemas e tentar fazer propostas.

A necessidade de uma busca de constantes nas visões de "gênero"

Essa é uma perspectiva moderna – a que acabo de chamar "revisitada" –, como não podia deixar de ser, já que está criado pela Linguística todo um aparato de sustentação científica para os estudos de linguagem, ensinando que não cabe privilegiar modalidades de uso. Entretanto, não privilegiar modalidades implica continuar abrigando todas as modalidades, inclusive a literária. Além disso, não se pode, de repente, passar uma borracha em tudo que o gênio humano já pensou, e, nesse caso específico, julgar, por exemplo, que encontrar o gênio pessoal de Bakhtin, que praticamente funda a nova corrente, obriga a mergulhar *tout court* na sua proposta, como se se tratasse de uma superação do homem antigo pelo homem moderno, do homem pré-ciência pelo homem de ciência, e como se se tratasse da resolução definitiva de um problema que o homem carregava e do qual agora se livra. Como nos ensina a própria Linguística, a problemática da classificação em gêneros existe desde que o homem fala, e, tendo consciência de que fala, fala de sua fala. Só que, como também nos ensina a própria Linguística, essa consciência tem de variar com a inserção histórico-social das línguas que se falam e dos discursos que a diversidade de conjunturas histórico-sociais instaura.

O interessante, porém, me parece, não é tratar o caso em termos de superação, de correção, de obtenção de progresso, mas, pelo contrário, é avaliá-lo em termos de busca de explicação e sentido para as diferentes propostas e soluções que se apresentaram em diferentes situações de vivência linguístico-cultural nas sociedades. Por outro lado, não menos importante é avaliar as constantes que nos hão de mostrar que o homem sempre entendeu o que é a linguagem, sempre se empenhou em refletir sobre ela, e que sempre houve aqueles que, mais do que outros, forneceram lições magistrais sobre esse que é um dom da humanidade, a linguagem, mas que, a cada tempo, serve a diferentes situações e a diferentes valores. É exatamente o seu papel, senão a sua sina.

Eu diria que, nessa avaliação que reclamo, necessariamente se vai a Aristóteles (384-322 a. C.). Esse "necessariamente" com certeza não indica busca de filiação, nem tentativa de justificação de posições que hoje se poderiam considerar fora de contexto, nem busca de compensação para desajustes que hoje seriam evidentes, mas simplesmente significa que o confronto há de sugerir alguma coisa essencial que, ao lado de diferenças muito visíveis, mostrará algumas constantes – porque na linguagem há constantes – nos diferentes quadros que as diferentes situações históricas e os diferentes suportes culturais produziram.

As diferentes visões da questão

Ontem: a retórica clássica

Falar de gêneros, hoje, na era da Linguística, é ter como foco a interação pela linguagem, enquanto falar de gênero, em Aristóteles, era falar do objeto "poética" ou do objeto "retórica", tendo como foco o "dizer bem" com a linguagem. Obviamente ele nunca perdia de vista a linguagem como instrumento para, acima de tudo, "dizer verdade", já que o Aristóteles da *Téchnes Rhetorikés* e da *Perì Poietikés* não deixava de ser o filósofo, do século IV, do *Perì hermeneías*, e *Da interpretação*. Para Aristóteles, as coisas que são conformes à verdade são superiores às que são conformes à opinião. Valem mais as coisas das quais se prefere a realidade, e não a aparência, porque essas têm mais relação com a verdade (*Retórica* I 1365b). E a retórica é útil porque o verdadeiro e o justo têm maior força natural que seus contrários, e, assim, se os julgamentos não são do modo como deveriam ser, o insucesso necessariamente ocorre por falha dos oradores (*Retórica* I 1355a). Fica evidente a grande oposição entre a retórica de Aristóteles, de absoluto rigor lógico, e a dos sofistas, para os quais a linguagem apenas conduz a si mesma, sem preocupação de verdade (NEVES, 2005b: 42) e o discurso humano "fica sem referente e não tem outro critério senão o próprio sucesso" (REBOUL, 2000: 9).

Para Aristóteles, afinal, o fim último era obter que a linguagem, o instrumento para dizer a verdade, a dissesse bem segundo sua finalidade, com qualidade, com arte e estilo.

Com efeito, falar de gêneros, em Linguística, pelo menos pretensamente, é fazer ciência, e com Aristóteles era, declaradamente, fazer arte (com a poética e com a retórica), ao mesmo tempo que fazer filosofia (no próprio exercício da dialética).

Em contraponto, eu poderia lembrar (NEVES, 2005b: 86-96) que os estoicos não se preocuparam, como Aristóteles, com o estabelecimento de gêneros, em qualquer campo, fixando-se sempre no objeto da lógica, o *lektón*, "o que é dito", "o que é enunciado com sentido", a que se aplicam as categorias do verdadeiro e do falso. Fizeram, porém, uma classificação dos discursos que se liga à diferença entre o "bem dizer" em discursos em continuidade (a retórica) e o "reto discutir" em discursos divididos em perguntas e respostas (a dialética). Fica implicada uma consideração da diferença entre o dialógico (interacional, mas não necessariamente espontâneo) e o não dialógico, não pela forma em si, mas pela finalidade. Não se pode deixar de observar que isso, afinal, não deixa de ser um reconhecimento de gêneros.

Da distinção de terreno pode-se dizer que, enquanto das premissas lógicas deriva o silogismo dialético, das premissas retóricas (as provas, as verossimilhanças e os sinais) deriva o entimema, que já não possui o mesmo grau de rigor (*Retórica* I 1358a). Embora a dialética trate as questões segundo a opinião, e não, propriamente, segundo a verdade (*Tópicos*, I, 105b), o raciocínio é rigoroso, dentro das rígidas regras da lógica.

Na sua *Poética*[2], Aristóteles estabeleceu três gêneros fundamentais de poesia[3] (portanto, do tipo que chamamos **literário**), o épico, o trágico e o lírico, sendo os dois primeiros considerados os maiores (*Poética* I, 1449a). Definiu cada um deles segundo o modo de expressão e o estilo próprio que deveria adequar-se à sua finalidade estética. O critério para distinguir os gêneros é o "modo de imitação" (*mímesis*), isto é, o modo de aplicação da harmonia e do ritmo à imitação das ações de pessoas nobres (de índole elevada: a epopeia e a tragédia) ou ignóbeis (de baixas inclinações: a comédia) (*Poética* I, 1448a; 1448b; 1449a; 1449b). No drama (tragédia e comédia), o poeta desaparece por trás de suas personagens; na épica (que é uma narrativa mista), o poeta é narrador em primeira pessoa e suas personagens agem e obram diretamente, falando em estilo direto; e, finalmente, na lírica, é a pessoa do próprio poeta que fala (*Poética* I, 1448a).

Os outros dois critérios de distinção são os "objetos" de imitação (por exemplo, os caracteres elevados e os pusilânimes) e os "meios" de imitação (por exemplo, o ritmo, o canto e o metro) (*Poética* I, 1447a; 1447b; 1448a). De todo modo, a base da distinção, para Aristóteles, é a *mímesis*, a "imitação". Para Platão, é a *diégesis*, a "narração".

Na *Retórica* de Aristóteles, a retórica e a dialética se associam racionalmente, sustentadas por uma preocupação, mais do que de persuadir, de ver os meios de persuadir que cada caso comporta, isto é, de descobrir o que é próprio para persuadir (I 1355b). Aristóteles começa, mesmo, o *Téchnes rhetorikés* declarando que a retórica é "uma contraparte da dialética" (I 1354a). Retoma pelo menos mais duas vezes a aproximação, para reafirmar que ela é "uma parte da dialética", "algo como um rebento da dialética" (I 1356a). Para ele, retórica e dialética tratam questões que são da competência comum dos homens, não exigindo nenhuma ciência especial, e, assim, todos participam delas em algum grau: todos, até certo ponto, assumem questionar uma tese, sustentá-la, defender-se, acusar (I 1354a).

Para Aristóteles, a persuasão é produzida pela disposição dos ouvintes, quando o discurso os leva a experimentar um "páthos"[4] (I 1356a), e, portanto, ela é visceralmente vinculada ao auditório. Aristóteles diz que os gêneros oratórios são em número de três, porque são três os tipos de ouvintes (I 1358b), como se lê em nossa epígrafe. Aí ele especifica que o discurso consta de três componentes – quem fala, aquilo de que se fala e aquele a quem se fala –, e liga especialmente a este último componente a finalidade que dirige o discurso (I 1358b). Obviamente, pela própria natureza do discurso que está em pauta (o oratório), o ouvinte não é visto, entretanto, como parceiro em interlocução.

Hoje: visões correntes

Fazendo o confronto, falar de gêneros, em Linguística, é, pois, buscar os aspectos do exercício da linguagem, enquanto em Aristóteles era buscar os fins últimos (exatamente o que faz a filosofia, com centro no "logos", na "proposição"), com atenção para os meios, exatamente onde entra a arte, com centro na *léxis* (a "elocução"), seja com vista para o dizer bem poético, seja com vista para o dizer bem retórico.

Na teoria da literatura, uma definição contemporânea de gênero (literário) pode ser tomada de Wellek e Warren (1956: 282): gênero é a "soma de artifícios estéticos à disposição do escritor e inteligíveis para o leitor". Completam os autores: o bom escritor em parte se acomoda ao gênero, em parte o amolda. Assim, o gênero literário é uma convenção estética que dá forma ao caráter da obra, isto é, um imperativo institucional que se impõe ao escritor e, ao mesmo tempo, é imposto por ele. Visto como convenção ou instituição social, cada gênero literário pode ser descrito em sua especificidade histórica. Visto como instituição estética, o gênero literário é um repertório de recursos expressivos que pode ser descrito por meio do exame dos discursos literários.

Na classificação dos gêneros poéticos segundo Aristóteles, Wellek e Warren (1956) já distinguem categorias a-históricas e categorias históricas e propõem reservar o termo **gênero** para as categorias históricas. A meu ver, aí já há algum ensaio da distinção entre gêneros de discurso (as categorias consideradas históricas: drama, épica e lírica) e gêneros textuais (as categorias consideradas a-históricas: tragédia, comédia, poesia épica, novela, poesia lírica). Em compensação, ainda está bem presente, na interpretação desses autores, aquela noção, que veio de Platão, de que o componente básico do gênero poético (literário, em prosa ou em verso) é a *diégesis*[5], a "narração", ou direta (não mimética) ou por meio do diálogo (mimética), ou, ainda, mista, o que insere na consideração dos gêneros a questão do que modernamente se vem chamando **tipos textuais** (BIBER, 1988). Wellek e Warren (1956) se perguntam, por exemplo, como distinguir uma obra dramática de um conto ou de uma novela, se todos eles misturam diálogo com narração. A distinção é tentada: estas duas últimas entidades (diálogo e narração) são arroladas, ao lado da canção, entre os "generos a-históricos", ou "fundamentais", enquanto os "gêneros históricos" apontados (também três) são a poesia, o drama (ou diálogo representado) e a ficção (ou narração direta e narração dialógica). Entretanto, os autores dizem que um gênero é um conjunto de obras literárias classificadas teoricamente em função da forma exterior (metro ou estrutura específica) e da forma interior (atitude, tom, propósito, ou seja, tema e público) (WELLEK e WARREN, 1956: 278), ou seja, na sua classificação dos gêneros literários os autores fazem intervir tanto a forma exterior como a forma interior. Essa é, afinal, a tônica da tradição de estabelecimento de gêneros literários.

O confronto e a aproximação

Aliás, como sugeri no início, parece que, para uma reflexão sobre as propostas modernas de consideração dos gêneros, é muito mais evidente uma ligação com a preocupação de Aristóteles no campo da retórica do que no campo da poética, que, como vimos, é mais presa ao "produtor", ou seja, ao "poeta". No campo da retórica, o ponto de partida tem de ser estabelecido na noção de que o "dizer bem", visando à persuasão, necessariamente implica foco no auditório, a grande constante nas lições da *Retórica* (e – avancemos – uma constante nas lições modernas da análise do discurso, da linguística do texto e das propostas funcionalistas de consideração da linguagem). Na verdade, no campo da retórica, foi a consideração dessa necessidade de adaptar o discurso (retórico) ao auditório que levou ao estabelecimento de gêneros, pois cada auditório reclama um discurso de diferente natureza. Na proposta aristotélica (*Retórica* I 1358b), o ouvinte do discurso ou é um espectador, sem capacidade de decisão (no discurso epidíctico), ou é alguém que julga, e, nesse caso, a capacidade de decisão ou é sobre coisas passadas (no discurso judiciário) ou é sobre coisas futuras (no discurso deliberativo). Eu diria que, embora todos esses tipos de discurso sejam opinativos, o primeiro é o mais subjetivo, o segundo é o mais dialético e o terceiro é o mais reflexivo. Diria, também, que o primeiro é o mais pessoal, o segundo é o mais interpessoal, e o terceiro é o mais impessoal.

É segundo o auditório – e segundo o bem que atingirá – que cada gênero define sua finalidade e seus valores, fixa seus objetivos, escolhe seus atos e suas classes de argumentos e opera em relação a um tempo. E, na verdade, a finalidade comanda os demais componentes[6], como organizei no seguinte quadro:

GÊNEROS – DISCURSO ORATÓRIO	PÚBLICO	FINALIDADE	ATOS	ARGUMENTO	TEMPO	OBJETO DE DECISÃO	BEM A REALIZAR
epidíctico ou demonstrativo	o espectador	valorizar fatos	elogia ou censura	pela amplificação	presente	a capacidade do orador	o nobre x o vil
judiciário	o juiz ou o tribunal	qualificar e julgar fatos	acusa ou defende	pela (des) qualificação	passado	fatos passados	o justo x o injusto
deliberativo	a assembleia	conjeturar a partir de fatos	aconselha ou desaconselha	pelo exemplo	futuro	projetos	o útil x o nocivo

Cabe indicar que esses ingredientes estão de certo modo presentes em Bakhtin (1953), em seus "gêneros do discurso". Obviamente, o campo discursivo é mais amplo, porque já não se trata de um território interno à retórica, nem também limitado à retórica e à literatura, ou seja, o campo coberto independe de circunscrição social ou literária, e de qualquer valoração. O que está em questão é a comunicação linguística, na forma oral ou escrita e nas várias esferas da atividade humana, a sociointeração. Sendo infinitas as potencialidades das formas de discurso (dos atos de fala), configura-se, pela língua, num sem-número de campos sociais, uma grande diversidade de tipos de "enunciados"[7], que, entretanto, podem ser classificados em tipos relativamente estáveis, elaborados de acordo com cada esfera de troca social, ou seja, com cada esfera de utilização da língua. Já não se classificam apenas o épico, o lírico, o epidíctico, por exemplo, mas também são "gêneros do discurso" a conversação, a carta pessoal, a piada, a receita, a exposição científica, etc. Entretanto, continuam sendo considerados, para cada um deles, a partir dos participantes da interlocução (já não apenas como "auditório", como "público", mas como "parceiro"), dois grandes fatores que constroem um enunciado: o projeto/a intenção (e, pela própria natureza do campo, já não apenas numa visão "finalista") e sua execução (correspondendo, *grosso modo*, às demais colunas do quadro que apresentei).

Outros "modernos" vão pelo mesmo caminho. Schneuwly (1994) retoma a noção de "gênero" (já não especificado com um adjunto do tipo de "do discurso"/"discursivo", aposto por Bakhtin), também apontando que cada esfera de troca social elabora tipos relativamente estáveis (embora mutáveis, flexíveis) de enunciados, que são os gêneros, e que a escolha de um gênero é determinada pela esfera, pelas necessidades da temática, pelo conjunto dos participantes e pela vontade enunciativa ou intenção do locutor. Não faltam aí os ingredientes básicos "finalidade", "destinatários", "conteúdo".

Primordial continua sendo a categoria "finalidade", seja vista como propósito ou objetivo, seja vista como intenção (BAKHTIN, 1953; BIBER, 1988; SWALES, 1990; SCHNEUWLY, 1994).

Se primordial é a finalidade, o propósito, a intenção, necessariamente se vai a um ramo da ciência linguística que em especial se liga à consideração dos gêneros, na base das produções: são as propostas funcionalistas para a visão da linguagem e da análise linguística. Minha avaliação é que o Funcionalismo tem forte vínculo com esse tipo de consideração, e exatamente porque tem base interacionista, que é a base do sociointeracionismo de Bakhtin. Nada além disso, mas um ponto muito importante de encontro e de reforço.

Comecemos com a gramática sistêmico-funcional de Halliday, aliás, nesse sentido, tema de matérias específicas sobre a questão, como Eggins e Martin (2003) e Ciapuscio (2005), às quais recorro em minha apreciação. Na sua proposta, como tratou o capítulo anterior neste livro, Halliday (1994) estabelece três componentes do contexto de uso: o campo (o evento social em que ocorre o discurso), a relação (o conjunto de papéis sociais que os participantes do evento desempenham) e o modo (a organização simbólica do texto, bem como o que a fala obtém, inserida nessa organização). Ele também propõe que os significados se organizam em três componentes principais, que são as metafunções da linguagem: a ideacional (de conteúdo, mais ligada à ação social, isto é, ao campo), a interpessoal (de interação, mais ligada à estrutura de papéis, isto é, às relações) e a textual (mais ligada à organização simbólica, isto é, ao modo). Há, pois, uma relação natural entre as categorias da situação e as do sistema semântico, e elas se combinam: valores da variável "campo" (como "louvar" e "censurar") com valores da variável "relação" (como "professor" e "aluno") e com valores da variável "modo" (como "escrito" e "falado"): pense-se, por exemplo, em um texto em que professor faz uma censura a um aluno por escrito (NEVES, 2006g). Por aí facilmente se entende por que certos textos (certas configurações de significados) pertencem/servem a uma determinada ocasião de uso, outros não, e por que isso é naturalmente reconhecido – e, mesmo, previsto – pelos interlocutores, nas duas pontas.

A visão sistêmico-funcional

Está em Eggins e Martin (2003) que o trabalho com os gêneros, na Austrália, começou exatamente com Hasan (1977, 1984) e Halliday e Hasan (1989)[8]: Hasan introduz a noção de potencial de estrutura genérica para generalizar a gama de possibilidades e sequenciação associadas com um gênero particular. Observe-se que, apesar da filiação de Hasan à análise literária, suas considerações sobre gêneros abrangem tanto contos para crianças como cenas de atendimento a clientes. Eggins e Martin (2003), citando Labov e Waletzky (1967) e Labov (1972), chamam a atenção para o fato de que a perspectiva é comparável, em alguns aspectos, ao enfoque da organização textual desenvolvido pelos teóricos da variação, com especial influência do trabalho com narrativas de experiências pessoais.

Invocando uma base colhida na gramática sistêmico-funcional australiana, Eggins e Martin (2003) afirmam que essa "Escola de Gênero de Sidney" lhes deu instrumento para tratar a linguagem em relação com o propósito social, o que lhes permitiu estabelecer programas de ensino de leitura e de escrita "baseados no gênero". Assim explicam a utilização, no seu trabalho, do conceito estratificado de gênero, registro e linguagem dessa escola, declaradamente de base funcionalista:

> Usamos el género como palanca para volver a centrar la atención en el papel que podría desempeñar el conocimiento acerca del lenguaje en la enseñanza de lectura y escritura, el rol que podría tener la gramática funcional como instrumento para construir significado, la posible función de los profesores en proporcionar un andamiaje para los discursos poco conocidos a alumnos con problemas, el papel que podría desempeñar la crítica en la interpretación de las funciones sociales del alfabetismo, y otros aspectos. Nuestra perspectiva holística del propósito social nos dio una ventaja en la educación lingüística que la teoría tradicional del registro no había entregado; así, nuestros programas de enseñanza de lectura y escritura se conocieron como "programas basados en el género", en concordancia con la renovación teórica que planteamos (p. 190).

No resumo de seu artigo, os autores sintetizam o que é essa análise funcional do gênero: trata-se de uma análise crítica que busca revelar e explicar a forma pela qual os textos servem a propósitos divergentes na construção discursiva da vida social. O texto é visto como a codificação e construção de diferentes níveis/ estratos de contextos nos quais ele é posto em cena. Ele tanto é a realização de tipos de contexto (observo que aí entra o "registro") como é a colocação em cena daquilo que interessa aos membros de uma cultura em situações determinadas (observo que aí entra o "gênero"): "Registro e gênero são os dois planos de realização de uma visão semiótica social do texto, visão que sustenta que os textos não são codificações neutras de uma realidade natural, mas construções semióticas de significados construídos socialmente." (EGGINS e MARTIN, 2003: 203).

A visão funcional em geral e a Linguística do texto

Nesta avaliação horizontal (de percurso histórico) e, ao mesmo tempo, vertical (de busca de bases) da consideração dos gêneros, quero fazer, no estágio atual das propostas, o imbricamento de duas grandes correntes de trabalho com a linguagem: essa teoria da linguagem que acabo de invocar, o Funcionalismo, segundo os traços que destaquei, e a Linguística do texto, uma corrente de estudos que toma o texto como objeto de investigação.

Vou referir-me, nesse particular, especialmente a Ciapuscio (2005), que apresenta um exame crítico da noção de gênero nessas duas orientações linguísticas contemporâneas, centrando-se, quanto ao Funcionalismo, na Linguística sistêmico-funcional, que tem Halliday como fundador e mentor. Citando, de um lado, Halliday (1985) e, de outro, Beaugrande e Dressler (1981) – e ressalvando que a Linguística textual não pode ser considerada uma teoria, como o é o Funcionalismo[9] –, a autora lembra um ponto de contato entre as duas correntes que envolve a questão que aqui nos ocupa: elas teriam como fonte natural e primeira a retórica, e, portanto – assinalo – conservam importantes origens da preocupação histórica da questão. Além disso, elas têm procedência epistemológica partilhada, especialmente quanto à inclusão dos aspectos sociais e culturais como fatores determinantes das teorizações, e quanto à perspectiva teórica, de inspiração funcionalista, de consideração das línguas como repertórios oferecidos a uma constante escolha por parte dos interactantes, características que explicam a relevância que a noção de gênero tem em ambas as correntes. Quanto às diferenças, a Linguística sistêmico-funcional tem como marca que perdura nos aspectos situacionais e culturais o contextualismo britânico e a etnografia[10], enquanto a Linguística do texto guarda notável influência da teoria dos atos de fala e da pragmática linguística, além da sociologia. Segundo Ciapuscio (2005), a Linguística do texto exibe, desde o início, uma preocupação de explicar a natureza dos gêneros – como uma maneira de explicar a natureza dos textos – e construir tipologias, enquanto a Linguística sistêmico-funcional não incorpora desde o início a noção de gênero[11]. Ambas as correntes se aproximam pela ideia de sustentação sociolinguística do repertório linguístico: cada comunidade linguística dispõe de um conjunto de estilos orais e escritos para cada esfera de uso.

Trago, em acréscimo – e insistindo na relação da teoria funcionalista com o estabelecimento de gêneros, exatamente por se ocupar da língua "em função" – algumas indicações de como a Gramática Funcional de Dik (1997: 415-417) também abriga a questão dos gêneros do discurso. Dik afirma que todo discurso se encontra inserido em um evento discursivo, ou evento de fala, dentro do qual o seu conteúdo (ou seja, o discurso no mais restrito sentido) se realiza. Citando Hymes (1972), ele diz que o evento discursivo é um evento social, interpessoal, definido por convenções e instituições que regulam uma série de parâmetros, como os participantes e suas mútuas relações, o tempo e o lugar da fala, os direitos e as dúvidas dos participantes. De tal modo definido o discurso, continua Dik, fica claro que há diferentes tipos que têm de ser distinguidos. Esses são os "gêneros", que se classificam segundo vários parâmetros, dos quais ele destaca o meio (falado x escrito), a participação (monólogo, diálogo, polílogo), a relação participativa (direta, semi-indireta, indireta), a formalidade (grau de institucionalização do evento discursivo, grau de formalidade do estilo de interação), e, como não podia faltar, o propósito comunicativo (de lazer, narrativo, argumentativo, didático, estético). São dados como exemplos de gênero a conversação, a entrevista, a conferência, a chamada telefônica, a carta, o conto de fadas.

O que se mostra, afinal

No fechamento destas reflexões, cabe registrar a necessidade de atenção aos gêneros no tratamento da língua portuguesa nas escolas, questão que será desenvolvida na segunda parte deste livro, comentando o abrigo que o trabalho com os gêneros na escola obteve nos documentos oficiais mais recentes de orientação para ensino da língua materna (capítulo "Diretrizes oficiais e ação efetiva").

Nos dias de hoje, a tônica do documento oficial central de regimento escolar é a lição bakhtiniana do condicionamento da produção e da recepção linguística ao gênero do discurso: é quase como se se repetisse a lição bakhtiniana de que seria muito difícil ao homem falar se não houvesse gêneros que dessem condição de modelação para os enunciados. Na verdade, eu reverteria o raciocínio para fazer uma asserção até banal, insistindo em que são as situações de intercomunicação que necessariamente criam gêneros e que é a própria atividade da linguagem que necessariamente cria gêneros (que passam a existir enquanto forem necessários naquele universo de sociointeração), e nem de longe se pode dar a interpretar que é o gênero que pré-amolda a linguagem de cada um e de todos.

Notas

[1] Entretanto, não se esqueça que, na Grécia, é sempre crucial a relação do homem com a *pólis*. Assim, também a *diégesis*, a "narração" (por exemplo, o teatro), é um instrumento de ação política. Afinal o homem é um "animal político" (*zôon politikón*) (Aristóteles, *Política* I 1253a), e o *lógos* é o instrumento de prática da política, ou seja, da cidadania.

[2] Tem-se considerado como textos fundamentais para a teoria dos gêneros a *Poética*, de Aristóteles, a *Carta aos pisões* (ou *Arte poética*), de Horácio, as *Instituições oratórias*, de Quintiliano e o tratado *Sobre o sublime*, de Longino.

[3] Ligado ao verbo *poiéo*, "fazer", o termo "poesia", para o grego, era mais do que simplesmente "versejar", era "criar", na sua acepção mais forte. Especificamente em Aristóteles (na esteira de Platão) era "vivificar" (pela *mímesis*) os mitos.

[4] O *páthos* grego não se refere a paixão amorosa, mas a tudo aquilo que se experimenta/se sofre profundamente (especialmente, em oposição àquilo que se faz, que se opera). Reboul (2000: 48), dentro do campo em que se move (a retórica), assim define o termo: "conjunto de emoções, paixões e sentimentos que o orador deve suscitar no auditório com seu discurso". No território da afetividade (em contraposição à racionalidade), *páthos* faz par com *éthos*, o "caráter", visto como absolutamente necessário para a conquista da confiança do auditório.

[5] *Diégesis* é a exposição dos fatos, na qual, como diz Reboul (2000: 56), o lógos (o racional) supera o *éthos* e o *páthos*.

[6] Tem sido apontada a base ontológica dos critérios de classificação dos gêneros oratórios em Aristóteles. Ver Meyer (1998: 31).

[7] O termo de Bakhtin (1953) que é traduzido em português como "enunciado" designa uma unidade discursiva, não uma unidade sintática (a oração). Refere-se a uma unidade real da comunicação verbal, criada no momento, única e não reiterável, que tem um autor e é sempre destinada a alguém.

[8] Ruqaiya Hasan é a parceira de Halliday no clássico *Cohesion in English* (HALLIDAY e HASAN, 1976).

[9] Venho defendendo essa opinião (por exemplo, em NEVES, 2004b).

[10] Como lembra Ciapuscio (2005), e como se expõe no capítulo "Texto e contexto" deste livro, a Linguística sistêmico-funcional incorporou na Linguística a noção de contexto de situação, derivada de Firth. Ela também é declaradamente devedora do trabalho de Hymes (1967) sobre etnografia da comunicação, como se vê em Halliday e Hasan (1989).

[11] A autora indica que, no 1º Colóquio de Linguística do texto (em Constância, 1972), cuja finalidade era assentar as bases da nova disciplina, os especialistas reunidos estabeleceram entre os objetivos principais o estabelecimento de uma tipologia que desse conta de todos os textos possíveis.

Analogia e anomalia.
Alguma coisa das relações entre a forma e o sentido*

> A analogia nos ensina, portanto, mais uma vez, a separar a língua da fala (ver p. 36 ss.); ela nos mostra a segunda como dependente da primeira e nos faz colocar o dedo no jogo do mecanismo linguístico, tal como ele é descrito na p. 179.
> (Ferdinand de Saussure)**

Este capítulo discute aspectos da dicotomia entre analogia e anomalia, que, discutida historicamente segundo pressuposições e direções muito diferentes, sempre se revelou determinante para a consideração das relações gramaticais. Incursiono pela questão a partir das considerações com que finalizei a conferência plenária "Reflexions sur l'experience grecque du langage", pronunciada no IX ICHOLS, realizado na Universidade de São Paulo em agosto de 2002 (publicação em NEVES, 2007b). Nessa conferência, parti da poesia do grego clássico para buscar refletir sobre a ligação entre aquela rica experiência de vida da linguagem no mundo grego e a reflexão sobre a língua que então se desenvolveu. Nas considerações finais, fiz, sinteticamente, um retorno histórico, para apontar que a proposição da dicotomia

---

* Este capítulo constitui uma adaptação do artigo "Analogia e anomalia na história das ideias linguísticas", publicado no livro *Entrelaços entre textos*: miscelânea em homenagem a Evanildo Bechara, organizado por Ricardo CAVALIERE. Rio de Janeiro: Nova Fronteira, 2008c. p. 152-170.

**Tradução do francês minha. No original: L'analogie nous apprend donc une fois de plus à séparer la langue de la parole (voir p. 36 sv.); elle nous montre la seconde dépendant de la première et nous fait toucher du doigt le jeu du mécanisme linguistique, tel qu'il est décrit p. 179.

entre analogia e anomalia acompanhou as considerações sobre o fenômeno (etimologicamente, "manifestação") da linguagem.

Na síntese então oferecida, marquei quatro momentos da história do pensamento linguístico para a análise da questão. Parti dos estoicos, ponto em que coloquei a chave de interpretação da dicotomia, e cheguei a Saussure, passando pelos gramáticos alexandrinos e pelos neogramáticos. Neste estudo, detenho-me particularmente nos dois pontos polares: no início, os estoicos, como revelação da tensão que fundou a dicotomia (dentro da lógica, e centrada na linguagem) e, por último, Saussure, como representação de uma visão moderna (dentro da ciência linguística, e centrada na língua), visão que superficialmente estendo até estudos atuais.

Apresento, a seguir (traduzido para o português), o trecho do final da conferência, no qual, fazendo um retorno histórico, a partir da modernidade de Saussure, indico quatro tópicos para a incursão:

1) Em Saussure, quanto à conceituação, analogia se opõe a uso, no sentido de que é mecanismo de criação de formas novas. Quanto ao terreno em que a questão é colocada, trata-se da sincronia. A atitude de análise é não valorativa, simples verificação de simetria na língua. Quanto à finalidade de invocação do conceito, o que está em jogo é a acentuação da dicotomia entre língua e fala.

2) Nos neogramáticos, analogia também se opõe a uso, mas no sentido de que é mecanismo produtor de agrupamentos de formas divergentes em relação às primitivas leis de formação. O terreno é o da gramática diacrônica. A análise também é não valorativa, simples verificação de divergência na cadeia evolutiva. Quanto à finalidade da invocação do conceito, o que se busca é, precipuamente, explicar as "exceções" às "leis" fonéticas.

3) Nos gramáticos alexandrinos analogia se opõe, dicotomicamente, a anomalia, que é considerada como "INconformidade", "IRregularidade" (mas que, no fundo, é ligada também ao uso). O terreno é a sincronia. Entretanto, a atitude de análise é valorativa, já que as formas analógicas são as que se prescrevem como padrão. E quanto à finalidade de invocação do conceito, o que se busca é o estabelecimento de paradigmas.

4) Nos estoicos, afinal – e chega-se de volta à filosofia, nessa regressão – analogia se opõe a anomalia, esta vista como "contrariedade à natureza" (mas detectada no uso). O terreno é claramente o da lógica. A atitude é

marcadamente valorativa, já que as anomalias são apontadas como distanciamento do natural, e, portanto, do verdadeiro. Quanto à finalidade de invocação do conceito, o que se quer provar é exatamente o caráter natural da linguagem.

Como se vê, o que eu propus então – e neste texto passo a desenvolver – é a existência de quatro centros de interesse na controvérsia entre analogia e anomalia: a) a conceituação; b) o terreno de exame; c) a atitude de análise; d) a finalidade da invocação do conceito.

A avaliação do percurso histórico da noção de analogia linguística

A experiência grega de reflexão linguística

Para tratar desses centros de interesse no estudo da dicotomia entre analogia e anomalia, faço, aqui, o percurso histórico de tempo real. Parto do conceito do termo grego *analogía*, o qual, etimologicamente, se opunha a *anomalía*, mas que, interessantemente, não é usado pelos estoicos, os grandes pioneiros da busca e da valorização da não anomalia na linguagem.

Vinha a tradição helênica de um desenvolvimento reflexivo notável das noções sobre linguagem, contando com um veio lógico-filosófico fundante, ao lado do qual se desenvolveu um culto retórico que sustentou a transição do território filosófico para o território propriamente linguístico das reflexões. Avaliada com base no trabalho de uma grande parte de seus cultores (especificamente os sofistas e discípulos), a retórica é lembrada como contracorrente da filosofia, e, entretanto, a legitimidade e a importância do culto retórico para a reflexão sobre a linguagem foram destacadamente reveladas no papel que um filósofo como Aristóteles assumiu nesse terreno. Indico, neste ponto, que parte do capítulo "Linguagem e gênero discursivo" deste livro se refere especificamente à *Retórica* de Aristóteles

Como aponto em Neves (2005b: 24-25), a linguagem retórica não começa com os sofistas: nós já a vemos até nos heróis gregos que falavam nas assembleias, e, à medida que se formava a pólis grega, ao lado da linguagem poética, em que são as Musas que falam pela voz do poeta, também se criava uma outra tradição de linguagem, a linguagem dos oradores, a linguagem retórica, pessoal por definição, em que o homem fala por si. Aristóteles, particularmente, cuidou de cada uma dessas duas grandes manifestações da linguagem, nas obras *Poética* e *Retórica*, respectivamente (NEVES, 2005b).

Ora, se a linguagem era o apoio da dialética (lógica), e se a língua é o instrumento da linguagem, necessariamente os filósofos – sem trair a filosofia, isto é, sempre a serviço do culto do *lógos* – se debruçaram sobre as entidades e as questões linguísticas. Foi nessa direção que Platão[1] e depois Aristóteles e os estoicos fincaram suas reflexões no equacionamento da relação entre o conceito e aquilo que hoje chamamos *signo linguístico*.

Nesse campo do estabelecimento das relações entre a linguagem e as coisas, aponte-se, em primeiro lugar, que o *Crátilo* de Platão – texto que tanta atenção desperta nos círculos especializados e também nos mais leigos, ocasionando até indevidas visões folclóricas da controvérsia – não é um episódio avulso no pensamento da época. Nesse diálogo, as personagens Crátilo e Hermógenes discutem sobre a prevalência da base "natural" (*phýsei*), ou da base "convencional" (*nómoi*) para o nome. Hermógenes representa o filósofo Demócrito (c. 460-370 a. C.), que acreditava na linguagem como instituição humana, já que tudo se institui pela opinião geral. Entre os quatro fatos – a homonímia, a polionímia, a metonímia e a anonímia – que, segundo Proclo (LERSCH, 1838: 13), provavam para Demócrito que a linguagem é obra da convenção, merece menção, neste estudo, o último deles – a anonímia – que assim se enuncia: podem faltar formações linguísticas análogas (mesmo) quando existe analogia factual (NEVES, 2005b: 33). Essas indicações evidenciam a atenção de um convencionalista para a existência de anomalia.

Havendo a clara indicação de que o *ónoma* (o "nome") em si nada diz, verifica-se que não é por aí que se pode buscar a relação entre a linguagem e as coisas, e, por isso, o diálogo não pode aprovar nenhuma das duas teses[2], deixando evidente, apenas, que se trata de um problema falso.

Indo muito mais além, o diálogo platônico *Sofista*[3] começa a revelar, na construção da lógica, a verdadeira relação – a relação de verdade ou falsidade, expressa no *lógos* – entre um enunciado e aquilo que ele diz, já que o discurso não enuncia simplesmente uma coisa, mas enuncia, de uma coisa, algo existente em relação a ela. É nesse caminho que Aristóteles (*Da interpretação*) nomeia *apóphansis* ("manifestação", "revelação") ao *lógos* ("proposição") e institui declaradamente uma instância que representa a verdadeira expressão do ser ou do não ser, a meta da filosofia clássica. Como se vê, em Aristóteles, como em Platão, o empenho não se fixa em uma busca de analogia ou não analogia nas relações, embora o território de incursão seja o mesmo em que esse empenho se vai instalar.

A analogia na lógica estoica

É com os estoicos que uma relação entre a linguagem e as coisas se conduz fortemente pelo caminho da controvérsia entre analogia e anomalia, em consequência da própria base do pensamento estoico, assentado na crença do caráter natural da linguagem, o qual levaria a buscar uma analogia entre as relações (e as formas) encontradas na linguagem e as existentes na natureza: necessariamente a regularidade e a semelhança dos objetos se refletiriam na regularidade e na semelhança de sua expressão.

São os estoicos, pois, que configuram fortemente, na história do pensamento ocidental sobre a linguagem, uma forte reflexão sobre a dicotomia de que aqui se trata. Entretanto, há de ser observado que, no longo espaço de tempo em que o pensamento estoico sobre a linguagem se exerceu, os próprios filósofos dessa corrente se aperceberam das tensões que complicavam a proposta[4]. Muita água correu, muita reflexão se fez, muitos subsídios se somaram no entorno da construção do pensamento sobre a linguagem, mas – acredito – uma recuperação do foco das reflexões e da mútua implicação das propostas pode clarear a compreensão dos modos de entendimento da dicotomia em pauta.

Em primeiro lugar, os estoicos não concebem o pensamento fora do enunciado. O enunciado, por sua vez, é uma combinatória de dois elementos: ele é o *lektón* ("aquilo que é dito" de uma outra coisa), ficando implicado, pois, que ele procede do estabelecimento de uma relação. Como explicita Baratin (1982: 14), para os estoicos o pensamento não se efetua a não ser por uma combinação, e, desse modo, o que é pensado são as relações (os eventos), ou seja, não são objeto do pensamento as coisas, mas as relações nas quais elas entram.

A partir daí, a busca de conformidade com a natureza, que caracteriza a especulação estoica, não se resume à busca de uma simples relação entre a coisa e seu nome, entre naturalismo e convencionalismo nas designações (*phýsei* x *nómoi*). Embora essa relação entre nome e coisa seja a mais comumente lembrada quando se fala da busca de analogia dos estoicos, esse não é o aspecto principal no desenvolvimento do pensamento estoico sobre a relação entre a linguagem e as coisas.

O termo *anomalía*, que aparece frequentemente entre eles, de fato vem referido como uma "desigualdade de palavras (em relação aos objetos)", o oposto de "igualdade" (os *homoía onómata*), que seria a "analogia". Há a observar que o termo *analogía* ocorre entre os estoicos apenas em relação a entidades psicológicas. A analogia é invocada entre os processos mentais pelos quais se formam alguns conceitos gerais que não são diretamente derivados de percepção sensorial, a qual é a base que os estoicos indicam como produtora do pensamento (NEVES, 2005b: 87). Como aponta Long (2001: 38), Epicuro e Lucrécio já se referiam frequentemente a "analogia" ou "similaridade" para apoiar uma inferência que vai do visível ao invisível. Ele aponta, também, que o tema principal do *Dos signos* de Filodemo é a "inferência analógica".

Crisipo, como registra Varrão (1979: IX, I, 1), escreveu sobre o fato de coisas iguais se designarem por palavras diferentes e coisas diferentes se designarem por palavras iguais (*similes res dissimilibus uerbis et similibus dissimiles esse uocabulis notatas*), o que significa que a anomalia na linguagem é algo que pode ser esperado[5]. Na verdade, os estoicos se mostram impressionados com o elemento irregular na língua e com as inconsistências entre forma e significado (como em *máchomai, paidíon, Thêbai*)[6], às quais chegaram exatamente porque buscavam conformidade.

Entretanto, como acabo de indicar, a lógica estoica, que não é uma lógica de termos, mas uma lógica de predicados, coloca os eventos, não as palavras, como objeto do pensamento. O *lektón* constitui não apenas a representação que a percepção provoca na mente – que seria a *phantasía* – mas "o que há de espiritual no som", a verdadeira "apresentação das coisas por meio da linguagem" (NEVES, 2005b: 90). Ele remete ao significado, que é diferente, segundo o modo de existência, tanto do objeto como da representação mental e do que existe (NEVES, 2005b: 91).

Desse modo, para os estoicos, a relação buscada entre a linguagem e as coisas é de congruência: a linguagem se origina do anseio de fazer os sons semelhantes aos objetos, o que não se refere aos elementos da linguagem isolados, mas ao seu todo (as relações entre os elementos). Steinthal (1863: 332) e Lersch (1838: 46) citam um trecho de Orígenes, *Contra Celso*, em que explicitamente se declara que os estoicos acreditavam ser a linguagem um produto da natureza, não da convenção.

Buscar o caráter natural da linguagem, nesse contexto, é nada mais do que buscar nela a justeza e a verdade. Exatamente por isso, é em *lektá* completos (os *axiómata*), mais especificamente nas proposições, que se faz essa busca, já que interrogações, ordens, imprecações, juramentos, etc. também são enunciados completos, ou frases, mas não são nem verdadeiros nem falsos em si mesmos. É nesse mesmo sentido, o das representações de valor geral – por exemplo, a do justo, a do bom –, as quais se criam por si mesmas nos homens, que a linguagem é natural.

Entretanto, a visão estoica admite que nem sempre se cumpre esse papel, e nem sempre há a linguagem justa, certa (o *orthòs logos*), aquela que se mostra conforme à natureza das coisas. Daí a importância da noção de *orthótes*, "justeza", a qual atua no empenho de conferir à linguagem – especificamente aos escritos – as características de perfeição que, afinal, configuram o que se considera a linguagem autenticamente grega. Fica evidente, como diz Lersch (1838: 50), que a questão se liga com a qualidade das designações (*perì orthótetos onomáton*), exatamente com o helenismo, bem como com discussões teóricas etimológicas. O que não pertence ao helenismo é marcado como uso linguístico assistemático (*eikaía synetheíai*). Há, pois, o veio teórico de suporte da visão (as especulações etimológicas) e o veio prático (a caça de helenismos), o qual vai levar à instituição de paradigmas. A ambos subjaz a noção de analogia.

Lersch (1838: 48) mostra que, já muito anteriormente, os sofistas tinham buscado a diferença entre as palavras autenticamente helênicas e as palavras vindas dos bárbaros, e Aristóteles também tinha invocado, na *Retórica*, um *hellenízein* (a linguagem autenticamente grega), na *Poética*, um *barbarismós* (a linguagem não grega, e, portanto, não autêntica), e, nas *Refutações sofísticas*, um *soloikismós* (a linguagem que se desvia da regra). O autor conclui indicando que, assim, já estava de certo modo preparada a divisão entre uma linguagem puramente helênica e uma linguagem defeituosa, divisão que os estoicos sistematizam.

Para os estoicos, porém, havia um aspecto determinante sob o qual o helenismo podia ser considerado: era o da analogia, ou seja, o da comparação, sendo tomado como medida o autenticamente grego.

A analogia no contexto da gramática ocidental emergente

A gramática ocidental (alexandrina) – em parte contemporânea do estoicismo, mas não instituída segundo seus princípios – se funda numa descrição pretendidamente linguística do que é análogo, sem que, para isso, já tivesse a capacidade de observar os fenômenos linguísticos abstraídos daquela relação lógica entre os nomes e os objetos, que vinha de toda a reflexão filosófica da Grécia (e cuja marca mais primitiva está na controvérsia entre *phýsei* e *nómoi*).

A tarefa de estabelecimento de padrões que os gramáticos assumiam apoiava-se especialmente na leitura dos poemas homéricos, que ofereciam um emaranhado de formas, pois deles não existia uma versão única. A finalidade da tarefa era a uniformização, a nivelação das diferenças, a segregação do espúrio, o que exigia o estabelecimento de algum princípio. Esse princípio foi exatamente a analogia, e é fácil entender que a gramática começasse por uma classificação do análogo. Entretanto, como aponta Lersch (1838: 50), não se teria como chegar a uma classificação da analogia dos fenômenos linguísticos segundo sua natureza intrínseca, antes se prenderia ela à materialidade, captada pela percepção.

A gramática alexandrina era voltada para as formas, já que tinha uma tarefa prática, objetiva, de estabelecimento de paradigmas, e já não se movia por especulação puramente idealista, como na filosofia. Entretanto, ela conservou a visão psicológica de proceder a associações, transferindo para o exame das formas linguísticas a noção de que, se algo que vemos é igual ou semelhante a algo que já vimos e que no momento está ausente, esperamos que lhe seja atribuído tudo o que se atribuía ao elemento lembrado; e só há satisfação se a "conformidade" esperada se confirmar, sendo a "inconformidade" tida como desarmonia, como desproporção, como anomalia. Com as formas se trabalha, é a fenomenologia empírica da língua que está em vista, mas a observação não se restringe à relação dos elementos linguísticos entre si, o que tem uma explicação: não havia regras sobre a construção das palavras, sobre as diferenças dialetais, nem mesmo sobre o que seria específico de Homero. Desse modo, a busca de harmonia, simetria, regularidade nos textos enquadrava-se, ainda, no quadro da filosofia, representando a moldagem do padrão por via do "natural". No terreno das formas, a tarefa se reduzia à correção das "anomalias", reflexo da atitude valorativa da análise.

Dos primeiros gramáticos diz Saussure (1960) que eles não compreenderam a natureza do fenômeno da analogia, à qual eles chamavam "falsa analogia". Eles acreditavam que a criação latina de *honor*, a partir de *honos*, consistia em um engano. Para eles, tudo o que se afastasse de uma ordem dada era uma irregularidade, uma infração à forma ideal[7]. Isso ocorria porque, por uma ilusão muito característica da época, via-se no estado original da língua algo de superior e perfeito, sem que houvesse nenhum questionamento sobre esse estado ter sido, ou não, precedido de outro. Qualquer liberdade que se tomasse a esse propósito era, então, uma anomalia[8].

O contexto da ciência linguística

Os neogramáticos

No final do século XIX, antes, portanto de Saussure – e, até, "preparando" Saussure – vêm os neogramáticos alemães[9], que explicavam pelo princípio da analogia todas as exceções às leis fonéticas das línguas isto é, todas as discrepâncias do uso.

O regular são as mudanças, e os neogramáticos se fixam particularmente nas mudanças fonéticas, que são de curso ilimitado e que constituem o fator preponderante de evolução nas línguas[10]. A regularidade se quebra exatamente com a analogia. Como explicita Serafim da Silva Neto (1956), "foi a escola alemã dos neogramáticos (*Junggrammatiker*) que, entre 1875 e 1880, desenvolveu o estudo das *leis* atribuindo-lhes a *inexceptualidade* (*Ausnahmlosigkeit*) e sustentando que qualquer desvio era sempre causado pela analogia".[11] Assim, os neogramáticos julgavam que as "aparentes" exceções às normas fonéticas se explicavam exclusivamente pela ação da analogia, o que significa que eles alocavam a ambas (as leis e suas aparentes exceções) no terreno da diacronia, diferentemente do que vai fazer Saussure, que trata dicotomicamente esse par, o que, aliás, lhe tem valido críticas, como se indicará adiante.

Do mesmo modo que fará Saussure, o neogramático Hermann Paul (1966 [1880]: 126) fala em "criação" por analogia, definindo-a como "uma equação de proporções", para a qual "têm de existir já pelo menos três membros que sirvam para início duma tal equação"[12], e observando, na exemplificação, que "podemos por exemplo estabelecer no latim a equação *animus* : *animi* = *Senatus* : *X*, mas não *animus* : *animi* = *mensa* : *X*".

Diferentemente de Saussure, porém, os neogramáticos incluem a "criação" nas "mudanças". Saussure (1960), de todo modo, reconhece e destaca o papel dos neogramáticos na avaliação da analogia, registrando que foi essa escola a primeira a atribuir à analogia seu verdadeiro lugar. A isso Saussure acrescenta que os neogramáticos colocaram a analogia, juntamente com as mudanças fonéticas, como um grande fator da evolução das línguas, constituindo o procedimento pelo qual estas passam de um a outro estado de organização[13]. Aliás, são indicações como essa que, pelo que podem representar de contradição, têm sido invocadas pelos estudiosos que fazem crítica a Saussure quanto à alocação da analogia exclusivamente na sincronia.

SAUSSURE

A concepção de analogia de Saussure (1960) está na sua definição de forma analógica como uma forma feita à imagem de outra, ou de várias outras, segundo uma regra determinada[14]. O fato se reduz a uma proporção, em que se busca a quarta proporcional: *oratoris: orator* :: *honoris* : *X* (o genitivo *oratoris* está para o nominativo *orator* assim como o genitivo *honoris* está para o nominativo *X*, ou seja, *honor*). A tradução do grego *anà lógon* é exatamente *pro portione* (Varrão, 1979: x, iii, 37)[15].

Para Saussure (1960), o princípio de funcionamento da analogia é apenas mais um, dentre tantos que regem as criações linguísticas[16]. Ele se pergunta, textualmente, qual a natureza dos fenômenos analógicos, e, especificamente, se eles constituem mudanças, como se crê comumente[17]. A resposta que ele sugere é negativa, pois, classificando a analogia como um fenômeno de ordem gramatical, pelo que supõe de consciência e compreensão das relações que unem as formas entre si[18], ele classifica como fraca a ação desse processo na substituição de uma forma por outra, tanto que frequentemente se produzem pela analogia formas que não substituem nada[19]. Afinal, para ele, a analogia não implica "substituição" de formas, mas "criação" de outras formas novas ao lado das existentes. E é desse modo que a analogia é colaboradora eficaz das forças que modificam sem cessar a arquitetura de um idioma, constituindo um poderoso fator de evolução[20].

A essência da visão de Saussure está na afirmação de que tudo é gramatical na analogia, mas com a ressalva explícita de que a criação que constitui o ponto de chegada da analogia só pode pertencer à fala (*parole*), constituindo obra ocasional de um sujeito isolado. É nessa esfera, à margem da língua (*langue*), que ele coloca o fenômeno[21].

A afirmação da essência gramatical da analogia, de sua conceituação como algo que supõe a relação que une as formas entre si – ou seja, que supõe o sistema – é exatamente o que, no prefácio (crítico) que apôs à sua tradução espanhola de Saussure (1959), Amado Alonso, invoca como impedimento para a colocação dos fatos analógicos no terreno da sincronia[22].

Uma avaliação que, neste momento, se faça da visão gramatical da analogia de Saussure em comparação com a dos neogramáticos, dirá que, na morfologia (estruturalismo), a analogia foi especialmente chamada a equacionar / ilustrar uma generalização de mecanismos regulares de formação nem sempre ativados, sendo vista como uma recusa – distante de qualquer valoração – à disparidade e à multiplicidade, como uma resistência à quebra de regularidade de processos operantes, enquanto na fonética (e na etimologia), a analogia foi invocada para explicar a desobediência a mecanismos gerais (a desobediência às "leis" fonéticas).

De qualquer modo, seja na diacronia seja na sincronia, a invocação da analogia representou nesses dois momentos o reconhecimento de discrepâncias em relação a formas em uso: na sincronia, ela explica a existência de um mecanismo de regularização do sistema (*langue*), operante independentemente do uso (*parole*); na diacronia, por outro lado, ela explica "desvios", "perturbações" na direção evolutiva que constituiria a regra. Saussure usa o princípio da analogia como argumento para, mais uma vez, justificar a dicotomia entre *langue* e *parole*, afirmando que esse fenômeno mostra que a "fala" depende da "língua", e permite ver claramente o jogo do mecanismo linguístico assim descrito[23]. Para ele, qualquer criação vem precedida de uma comparação inconsciente dos materiais depositados no tesouro da língua, na qual as formas geradoras são dispostas segundo as relações sintagmáticas e as associativas[24].

Fica preparado um caminho para a observação dos diversos processos de criação linguística. Meillet, discípulo de Saussure, vem a seguir e acrescenta à analogia (o surgimento de novos paradigmas a partir de semelhança formal com paradigmas já estabelecidos) outro processo pelo qual novas formas gramaticais emergem: a gramaticalização, que é a passagem de uma palavra autônoma ao papel de um elemento gramatical (MEILLET, 1965 [1912]: 131). Para ele, a gramaticalização é mais importante do que a analogia, porque esta apenas

> "pode renovar os detalhes das formas, deixando intacto o plano geral do sistema existente", enquanto aquela "cria novas formas, introduz categorias que não eram usadas para receber expressão linguística, e transforma o sistema como um todo" (MEILLET, 1965 [1912]: 133).

A ANALOGIA PÓS-SAUSSURE E O CONCEITO DE GRAMATICALIZAÇÃO

Modernamente, em especial na linha funcionalista, tem havido muito espaço para o estudo do que se vem chamando "gramaticalização"[25], e no contexto desses estudos sempre vem invocado Meillet como aquele que pela primeira vez usou esse termo.

Segundo Hopper e Traugott (1993: 56), na época em que Meillet escreveu era muito restrita a interpretação da analogia, considerada como um processo pelo qual, particularmente no nível morfológico, as irregularidades na gramática eram regularizadas[26].

Esses e outros linguistas funcionalistas (GIVÓN, 1984 e 1991; TRAUGOTT; HEINE, 1991) têm invocado a analogia para, particularmente, contrastá-la com a reanálise, principal mecanismo operante na gramaticalização, embora não deixem de indicar que ambas, reanálise e analogia, são significativas para a mudança em geral, especialmente a mudança morfossintática. Observe-se, neste ponto, que esta indicação que aqui faço não representa considerar a gramaticalização como um processo diacrônico. Como diz Givón (1991), trata-se, antes, de um processo pancrônico, que, do ponto de vista cognitivo, é instantâneo, envolvendo um ato mental pelo qual uma relação de similaridade é reconhecida e explorada. Defendo essa posição em Neves (2002: 176-177): "Numa visão bem ampla, a gramaticalização é um processo pancrônico que consiste na acomodação de uma rede que tem áreas relativamente rígidas e áreas menos rígidas. Às peças "exemplares" (NICHOLS e TIMBERLAKE, 1991: 130), isto é, de propriedades características, vêm acrescentar-se novas peças convencionalizadas como "exemplares" (gramaticalizadas), assentando terreno para mais inovações. A cada momento histórico definem-se as propriedades dos enunciados – de seus elementos como de sua organização – e em todas as camadas. Trata-se, funcionalmente, do acionamento de possibilidades existentes em um mesmo estágio de convívio de paradigmas, possibilidades representativas de diferentes graus de coalescência, tanto na sintaxe como na semântica dos enunciados.

A Linguística moderna continua ressalvando que a analogia "estritamente falando, modifica manifestações superficiais e por si não produz mudança de regra, embora produza expansão de regra, ou dentro do próprio sistema linguístico ou dentro da comunidade" (HOPPER; TRAUGOTT, 1993: 32)[27]. Entretanto, o contexto de uma visão funcionalista da linguagem leva a direções de análise que, sem afastar-se das relações sistêmicas, se mostram bastante comprometidas com o uso. Hopper e Traugott (1993: 56) dizem que tanto a reanálise quanto a analogia envolvem inovação, mas a reanálise – um processo não evidente – se refere ao desenvolvimento de estruturas novas a partir de estruturas velhas, e, daí, ao desenvolvimento de novas formas e arranjos gramaticais, enquanto a analogia – um processo evidente – se refere a uma atração entre formas gramaticais ainda existentes e formas que começam a existir. Ambas envolvem inovação, mas têm diferentes efeitos porque operam em eixos diferentes: a reanálise opera no eixo sintagmático, envolvendo uma reorganização linear, enquanto a analogia opera no eixo paradigmático de opções, envolvendo mudança em alguns padrões de uso (HOPPER; TRAUGOTT, 1993: 56).

Com base funcionalista, pode-se facilmente opor analogia a reanálise por via da ligação da primeira com o processo metafórico (uma inter-relação de domínios conceptuais, portanto, associativa, do eixo paradigmático) e da ligação da segunda com o processo metonímico (uma inter-relação de constituintes, portanto, do eixo sintagmático).

Uma ilustração da ação da analogia

Parece que, no território da gramática, é possível afirmar que a regularização de base conceptual é o efeito mais evidente da analogia. Referindo-se especialmente à fonética, Sapir (1980 [1921]) diz muito bem que a analogia não só regulariza irregularidades que se introduziram no sulco do processo fonético, mas introduz distúrbios, geralmente em favor de maior simplicidade ou regularidade num longo sistema de fonemas estabelecidos.

Indo da *parole* para a *langue*, Saussure (1960) acentua que a analogia se dá em favor de uma regularidade, que tende a unificar os procedimentos de formação e de flexão[28]. Ele exemplifica, dizendo que em francês se disse, durante muito tempo, *il preuve, nous prouvons, ils preuvent*, e "atualmente" (em sua época) se diz *il prouve, ils prouvent*, formas que não têm uma explicação fonética. Também exemplifica com *il aime*, que remonta ao latim *amat*, enquanto *nous aimons* é uma forma analógica para *amons*[29].

Observo que a atenção para a produção regular de formas no sistema (Saussure) e para as divergências de formas na cadeia evolutiva (neogramáticos) leva a que a observação da ação da analogia encontre campo particularmente propício na classe dos verbos (exatamente pelo fato geral de que o verbo é a palavra em que se opera o maior número de flexões, e de que, numa visão gramatical do processo, essa classe é a mais envolvida). Lembre-se, já nos neogramáticos, o trecho em que, logo após "pôr em proporção casos do singular com os do plural" de substantivos (*hortus : horti : horto = horti : hortorum : hortis*), Paul (1966 [1880]: 119), diz: "um sistema verbal produz

proporções muito mais variadas", e exemplifica com "equações como *amo* : *amas* = *amavi* : *amavisti* = *amabam* : *amabas*", encerrando com um "etc.".
Lembre-se, ainda, a invocação invariável da analogia para a explicação que se dá à denominação "formas fortes" de determinados verbos irregulares: "Há formas que resistem à analogia e que, por isso, se dizem irregulares. São também chamadas **formas fortes**, em oposição às **formas fracas** – aquelas que se deixam regrar pela analogia." (apud SEQUEIRA, 1950: 18)[30].

Podemos ir até o indo-europeu para ver a ação analógica modelando formas verbais: os verbos do presente em *-mi*, mais antigos que os de presente em *-o*, e numerosíssimos, foram afetados, ficando, por exemplo, em grego, reduzidos a uma centena, enquanto em latim só resistiu o verbo *sum* (*ésumi*). Já está em Homero *deiknýo*, em lugar de *deíknymi*[31].

Com efeito, na visão gramatical, a inevitabilidade da analogia decorre da forte estruturação interna das línguas. E os sintagmas verbais, fortemente estruturados, são o campo preferencial das nivelações analógicas. Um exemplo em português também muito invocado é a tendência de acrescentar um *-s* à forma de segunda pessoa do singular do pretérito perfeito do indicativo (*tu andastes* por *tu andaste*), o que regulariza o paradigma verbal, já que em todos os outros tempos essa pessoa termina em *-s*. Outro exemplo em português é a formação em *-ido* (originariamente *-udo*, mas alterado a partir do final do século IV) dos particípios passados dos verbos da segunda conjugação[32], alterados por analogia com os particípios dos verbos da terceira conjugação (tema em *i*, particípio original em *-ido*).

O que se pode dizer é que, como tendência niveladora que se exerce sobre palavras agrupadas pelo sentido e pela função gramatical, a analogia encontra no sistema de flexões verbais o seu verdadeiro campo de ação. Além disso, as formas verbais são de uso constante, e o hábito das aproximações favorece a ação da analogia.

O que se mostra, afinal

O que divide o curso das reflexões, no campo da dicotomia de que aqui tratei, é, em primeiro lugar, a linha epistemológica que se pode traçar entre a "especulação" da filosofia e a "arte" (pré ou pós-ciência) da gramática, ou entre um sistema filosófico, concebido para dar sustentação aos conceitos, e uma sistematização gramatical, que cria fatos e a eles se aplica. Complica a análise do esquema a possibilidade de encontrar-se, na filosofia, uma situação externa que conduza à necessidade de atitudes e atividades práticas, e, por outro lado, na atividade crítico-gramatical, a possibilidade de existir um espírito de época que imprima atitudes especulativas à tarefa. De tudo isso temos amostra neste percurso empreendido, o que, de certo modo, enriquece a análise, pelas provocações que aporta.

O nó de nossas reflexões – insisto – se situa na visão estoica. Os estoicos buscavam, na linguagem, a conformidade com a natureza, e, portanto, a analogia, mas encontravam a anomalia. Era exatamente o uso, que, aliás, eles nunca deixaram de reconhecer e explicar. O importante é que esse desiderato nada tem de infeliz, pela própria maneira como ele foi conduzido e aproveitado por aqueles filósofos. O que resultou foi – e isso tem de ser convenientemente pesado, na história das ideias linguísticas – uma avaliação da natureza da linguagem extremamente enriquecida, no reconhecimento de uma necessária separação de domínios entre as exigências da dialética e a condução das formas de expressão.

Veio a "arte" da gramática, veio o rigor da ciência, e, percorridos tantos caminhos de exame das relações entre as formas e os sentidos, hoje se pode tranquilamente falar em "relações icônicas" na linguagem (GIVÓN, 1984) sem que se leve alguém a pensar na sugestão de uma motivação estrita dos signos linguísticos. O alargamento da noção deve entender-se simplesmente no seguinte sentido: "A relação comumente considerada nos estudos [funcionalistas] sobre iconicidade na linguagem diz respeito à motivação icônica, que corresponde ao reflexo, nos elementos estruturais, de relações análogas existentes na estrutura semântica." (NEVES, 1997: 105). Aliás, como ensina Croft (1990: 164), "a estrutura da língua reflete de algum modo a estrutura da experiência, ou seja, a estrutura do mundo, incluindo (na maior parte das visões funcionalistas) a perspectiva imposta sobre o mundo pelo falante".

Notas

[1] É sempre bom lembrar que Platão (*Carta VII*) deixava entender que recorrer à manifestação linguística é, de certo modo, transigir, já que representa partir de um nível inferior, muito distante do nível da "ideia", o único em que as coisas são afirmadas ou negadas (NEVES, 2005b: 58).
[2] Aliás, como não poderia deixar de ocorrer tratando-se de um diálogo platônico, o final é de aporia.
[3] Não importa que, pela própria complexidade da questão discutida, e, consequentemente, pelo tom em que o texto é vazado, esse diálogo receba pouca atenção na visão leiga da história.

4 Observe-se, ainda, que o pensamento estoico não era homogêneo, especialmente na dependência da época em que se inseriu o pensador. Desse modo, a reunião de filósofos de direções de pensamento diferentes em uma mesma chancela é, na verdade, uma simplificação.
5 Está em Diógenes Laércio (vii, 192) que Crisipo escreveu quatro livros *Sobre a anomalia*, e está em Varrão (*De lingua latina*, ix, i, 1) que Crisipo escreveu três livros com esse título (NEVES, 2005b: 104).
6 *Máchomai* tem forma passiva mas indica atividade; *paidíon* tem forma neutra mas se refere a homem ou a mulher; *Thêbai* tem forma plural mas é nome de uma entidade única.
7 Nesse sentido, é particularmente instigante ver como, no século xvi, Fernão de Oliveira coloca claramente os fatos linguísticos como objeto das análises, erigindo o uso como direcionador das reflexões e das conclusões, como se indica no capítulo "Sistema e uso" deste livro.
8 Original: "Les premiers linguistes n'ont pas compris la nature du phénomène de l'analogie, qu'ils appelaient 'fausse analogie'. Ils croyaient qu'en inventant *honor* le latin 's'était trompé' sur le prototype *honos*. Pour eux, tout ce qui s'écarte de l'ordre donné est une irrégularité, une infraction à une forme idéale. C'est que, par une illusion très caractéristique de l'époque, on voyait dans l'état originel de la langue quelque chose de supérieur et de parfait, sans même se demander si cet état n'avait pas été précédé d'un autre. Toute liberté prise à son égard était donc une anomalie." (Saussure, 1960: 223).
9 Lembre-se o que aponta Leroy (1971 [1967], em tradução: 51) a respeito do grupo dos *Junggrammatiker* de Leipzig: "Opondo-se à concepção schleicheriana da linguagem como um organismo natural, consideravam a língua, pelo contrário, um produto coletivo dos grupos humanos.".
10 Citação de Hermann Paul, em tradução: "Em geral, a concordância parcial da significação é acompanhada duma concordância parcial no aspecto fonético, a qual por sua vez costuma basear-se numa correlação etimológica." (PAUL, 1966 [1880]: 117). Diz Leroy (1971 [1967]: 51) a respeito da consideração das leis fonéticas pelos neogramáticos: "o método positivo que aplicaram com rigor pode ser ilustrado pela proclamação das 'leis' fonéticas e pela crença em sua ação cega e necessária".
11 Silva Neto (1956: 19) acrescenta: "Os chefes dessa escola foram os indo-europeístas Brugmann e Osthoff, além do eslavista Leskien e do germanista Hermann Paul.".
12 E, em consonância com seu aparato de análise, que conjuga "grupos de matéria" e "grupos de forma", Paul (1966 [1880]: 126) prossegue: "Cada um tem de ser de qualquer modo comparável aos outros, isto é, neste caso tem de mostrar uma certa concordância com um no fator material, com o outro no fator formal.".
13 Original: "C'est l'école néogrammairienne qui a pour la première fois assigné à l'analogie sa vraie place en montrant qu'elle est, avec les changements phonétiques, le grand facteur de l'évolution des langues, le procédé par lequel elles passent d'un état d'organisation à un autre." (SAUSSURE, 1960: 223).
Original: "une forme analogique est une forme faite à l'image d'une ou plusieurs autres d'après une règle déterminée." (SAUSSURE, 1960: 220).
14 Original: "une forme analogique est une forme faite à l'image d'une ou plusieurs autres d'après une règle déterminée." (SAUSSURE, 1960: 220).
15 Observem-se estas citações de Varrão, Cícero e Quintiliano, que a seguir se apresentam (apud CARVALHO, 2002) acompanhadas da tradução portuguesa de Carvalho (2002: 87; 89; 100, respectivamente): "Sequitur tertius locus, quae sit ratio pro portione; [e]a Graece vocatur àvà λόγον; ab analogo dicta analogia." / "Segue-se a terceira colocação, qual seja, a razão *pro portione*. Essa, em grego, chama-se àvà λόγον; do *análogo*, diz-se a *analogia*." (VARRÃO, 1979: x, iii, 37); "quae Graece *analogía*, Latine – audendum est enim, quoniam haec primum a nobis novantur – comparatio pro portione dici potest" (CÍCERO, *Timaeus*, 161b, 15-18); "o que em grego pode ser chamado *analogía*, em latim – de fato, deve-se ousar, já que essas coisas primeiramente são inovadas por nós – pode ser chamado 'comparação por parte'". "Omnia tamen haec exigunt acre iudicium, analogía praecipue, quam proxime ex Graeco transferentes in Latinum proportionem uocauerunt." / Todavia, todas essas coisas exigem uma avaliação profunda, sobretudo a *analogia*, que, proximamente do grego, os que traduziram para o latim chamaram *proportionem*." (QUINTILIANO, *Institutio Oratoria*, i, 6, 3-6).
16 Original: "son principe se confond tout simplement avec celui des créations linguistiques en général" (SAUSSURE, 1960: 226).
17 Original: "Mais quelle est la nature des phénomènes analogiques? Sont-ils, comme on le croit communément, des changements?" (SAUSSURE, 1960: 224).
18 Original: "L'analogie est d'ordre grammatical: elle suppose la conscience et la compréhension d'un rapport unissant les formes entre elles." (SAUSSURE, 1960 : 226).
19 Original: "l'analogie a si peu pour caractère de remplacer une forme par une autre, qu'on la voit souvent en produire qui ne remplacent rien" (SAUSSURE, 1960: 225).

[20] Original: "Elle [la analogie] est la collaboratrice efficace de toutes les forces qui modifient sans cesse l'architecture d'un idiome, et à ce titre elle est un puissante facteur d'évolution." (SAUSSURE, 1960: 235). Esta é outra passagem de Saussure invocada no tipo de crítica que indiquei quando me referi à passagem citada na nota 20.

[21] Original: "Ainsi tout est grammatical dans l'analogie; mais ajoutons tout de suite que la création qui en est l'aboutissement ne peut appartenir d'abord qu'à la parole; elle est l'oeuvre occasionnelle d'un sujet isolé. C'est dans cette sphere, et en marge de la langue, qu'il convient de surprendre d'abord le phénomène." (SAUSSURE, 1960: 227).

[22] Transcrevo, a partir de Lucchesi (2004: 72), o referido trecho do prefácio: "Es, pues, evidente que las formas analógicas suponen un especial manejo del sistema, se deben siempre a reacomodaciones del sistema. Saussure llama a los neologismos fonéticos *cambios* y a los analógicos *creaciones*; pero unos y otros son hechos de diacronía, y los analógicos, tal como Saussure los compreendia, destruyen su principio propuesto: sin possible escape, las creaciones analógicas son a la vez sincronía y diacronía.".

[23] Original: "L'analogie nous apprend donc une fois de plus à séparer la langue de la parole (voir p.36 sv.); elle nous montre la seconde dépendant de la première et nous fait toucher du doigt le jeu du mécanisme linguistique, tel qu'il est décrit." (SAUSSURE, 1960: 179).

[24] Original: "Toute création doit être précédée d'une comparaison inconsciente des matériaux déposés dans le trésor de la langue où les formes génératrices sont rangées selon leurs rapports syntagmatiques et associatifs." (SAUSSURE, 1960: 227).

[25] A gramaticalização é definida por Hopper; Traugott (1993: 56) como o "desenvolvimento de novas formas e arranjos gramaticais".

[26] Eles recordam que o mecanismo era então visto como uma "proporção", ou equação, e exemplificam tal modo de conceber a analogia: dada a alternância singular-plural *cat-cats*, é possível conceber, por analogia, *child-children* como *child-childs*, do mesmo modo que, realmente, ocorre na linguagem infantil. O original é: "The mechanism was seen as one of 'proportion' or equation. Thus, given the singular-plural alternation *cat-cats*, one can conceive of analogizing *child-children* as *child-childs* (as indeed occurs in child language)." (HOPPER e TRAUGOTT, 1993: 56).

[27] Original: "Analogy, strictly speaking, modifies surface manifestations and in itself does not effect rule change, although it does effect rule spread either within the linguistic system itself or within the community." (HOPPER e TRAUGOTT, 1993: 56).

[28] Original: "l'analogie s'exerce en faveur de la régularité et tend à unifier les procédés de formation et de flexion." (SAUSSURE, 1960: 222).

[29] Original: "En français on a dit longtemps: il preuve, nous prouvons, ils preuvent. Aujourd'hui on dit il prouve, ils prouvent, formes qui ne peuvent s'expliquer phonétiquement; il aime remonte au latin amat, tandis que nous aimons est analogique pour amons" (SAUSSURE, 1960: 222).

[30] Vendryès continua, logo a seguir: "As formas fortes devem a sua resistência à frequência de seu emprego, frequência que as mantêm presentes ao espírito e não tolera que sejam alteradas."

[31] Confira-se o verbete em Bailly (1950), Liddell; Scott (1968), Montanari (1999) e Malhadas, D.; Dezotti, M. C. C.; Neves, M. H. M. (2006).

[32] Particípios de tema em **e**, e resultantes da fusão da segunda e da terceira conjugação latinas.

Sistema e uso.
A busca histórica das relações entre forma e sentido na linguagem[*]

> E Quintiliano no primeiro livro dá rezão, porque amoestando-nos que em cada língua notemos o próprio do costume della; ca esta arte de grammatica em todas as suas partes e muito mais nesta da analogia é resguardo e anotação desse costume e uso, tomada despois que os homens souberam falar e não lei posta que os tire da boa liberdade quando é bem regida e ordenada por seu saber.
> (Fernão de Oliveira)

Este capítulo fala de "gramática", de orientação gramatical e de manuais de gramática, refletindo sobre a presença de uma peça dessa natureza em determinado contexto de cultura, tema de que trata o capítulo "Texto e contexto" deste livro.

Parto da concepção de que o manual de gramática – tanto quanto o dicionário –, do modo como o vemos no Ocidente, é um "instrumento linguístico", um "objeto técnico" (AUROUX, 1998) como qualquer outro que a sociedade utiliza, e, portanto, tem valor operacional na revelação dos compromissos teórico-filosóficos de base de quem o produz. Com essa premissa ponho particularmente sob observação a descrição da "lingoagem portuguesa" que Fernão de Oliveira nos legou, entendendo-a, em primeiro lugar, como uma *téchne*, uma "arte da gramática" de moldes originais.

---
[*] Este capítulo é uma reformulação do artigo "A obra de Fernão de Oliveira: uma téchne do uso linguístico no século XVI", publicado no livro *Fernão de Oliveira*: um gramático na história, organizado por Maria Bernadete ABAURRE, Claudia PFEIFFER e Juanito AVELAR. Campinas: Pontes, 2009a, p. 35-42.

Nessa linha, estabeleço uma avaliação dos aspectos em que ela se distancia das *téchnes* ocidentais inaugurais (século II-I a.C.), dirigindo-me especialmente para o que nela se pode depreender da concepção do autor sobre a relação entre língua e linguagem, e, portanto, entre sistema e uso.

Pela natureza do trabalho de Fernão de Oliveira, tomo exatamente o uso como ponto de referência das reflexões, o que me leva de volta à clássica discussão que, na análise da natureza da linguagem, envolveu historicamente a dicotomia entre analogia e anomalia (com implicação da etimologia e da norma de excelência), dicotomia que o gramático contempla, em particular, na sua relação com a sanção de uso.

Nesse exame da obra de Fernão de Oliveira o que ensaio, afinal, é uma busca das características de que ela se reveste, e o que encontro é a revelação de uma original gramática do uso linguístico no século XVI.

A tradição da *téchne*

A disciplina gramatical nasceu na Grécia exatamente como *téchne grammatiké*, e assim continuou rotulada entre os latinos (*ars grammatica*). Os compromissos de base dessa disciplina, entre os gregos, ligavam-se à exegese dos poetas (especialmente Homero), como esforço de transmissão de um patrimônio literário, de uma herança cultural e, afinal, da língua na qual esse patrimônio se construíra, por isso mesmo considerada como de padrões ideais — de pureza e correção — que deveriam ser preservados.

Voltando no tempo, vemos que os sofistas também nomeavam *téchne* a sua atividade retórica (*téchne rhetoriké*), porque era uma atividade de ensino, mas Platão apenas reconhecia nela o estatuto de *empeiría*, ou *tribé* (*Górgias*, 463b; 465a), pelo que lhe faltava de princípios seguros. Também Aristóteles (*Analíticos posteriores*, II, 19, 100a, 2) não concedia à retórica sofística o grau de *téchne*, porque, para ele, *téchne* era o conhecimento de universais, enquanto a *empeiría* era o conhecimento dos particulares (*Metafísica* Δ, 6).

O que se vê por aí é que, do ponto de vista da filosofia clássica, a gramática de Dionísio o Trácio (c. 170-90 a. C.) — exatamente a amostra da escola alexandrina que temos disponível —, denominada por ele como *téchne grammatiké*, como eu já disse, não preenchia os requisitos para assim classificar-se. O que, na verdade, caracterizava de um modo geral a gramática alexandrina era a busca do estabelecimento da analogia das formas, o que consistia numa ruptura em relação à busca estoica de analogia na linguagem, uma analogia relacionada com os processos lógicos, que relegava as formas à condição apenas de pistas de busca, aliás, pistas que iriam levar à admissão estoica de anomalia, na linguagem. Já o predecessor da gramática de Dionísio o Trácio, Aristarco (215-145), considerado o gramático por excelência, o *grammatikótatos*, embora tenha tido quase toda a sua obra perdida, tem a si atribuído um livro denominado *Sobre a analogia*, não se podendo especificar, porém, como ele considerava esse fenômeno. Observa-se, entretanto, que, como aponto em Neves (2005b: 123), Varrão diz que Dionísio "escreveu sobre a igualdade e a semelhança das palavras (a analogia), mas também sobre o uso (a anomalia)", e Lersch (1938) diz que, "apesar de defensor da analogia, ele reconhecia o valor do uso linguístico comum".

A busca estoica da analogia (caráter natural na linguagem)

De todo modo, é à filosofia estoica que se há de recuar para entender o que significou, na história das ideias gramaticais, sair em busca da analogia, na linguagem, como se explicitou no capítulo anterior deste livro. Entre os estoicos — e aqui falo especialmente dos de Pérgamo — num terreno que é claramente o da lógica, analogia se opõe a anomalia, esta vista como "contrariedade à natureza", embora detectada no uso, como não poderia deixar de ser. A atitude era claramente valorativa, mas absolutamente independente da noção de "padrão" (como norma de excelência), já que o mundo de busca filosófico não era o das formas, mas o dos processos lógicos. Nessa linha, a finalidade é, exatamente, provar o caráter natural da linguagem: assentada na crença de uma *phýsis* na linguagem, a filosofia estoica busca uma analogia entre as relações (e as formas) encontradas na linguagem e as existentes na natureza: necessariamente, a regularidade e a semelhança dos objetos se refletiriam na regularidade e na semelhança de sua expressão. Num parêntese, é oportuno lembrar, aí, a mesma noção que hoje sustenta a proposta de uma iconicidade (diagramática) na linguagem (HAIMAN, 1980; 1983; 1985; GIVÓN, 1984; 1995; CROFT, 1990; HOPPER; TRAUGOTT, 1993).

O termo grego *anomalía*, que aparece frequentemente entre os estoicos, de fato vem referido como uma "desigualdade de palavras (em relação aos objetos)", o oposto de "igualdade" (os *homoía onómata*), que seria a "analogia"[1]. Na verdade, os estoicos, buscando regularidade, se mostram impressionados com o elemento irregular na língua e com as inconsistências entre forma e significado, como em : *máchomai*, "eu combato" (que tem forma passiva mas indica atividade); *paidíon*, "criança" (que tem forma neutra mas se refere a homem ou a mulher); *Thêbai*, "Tebas" (que tem forma plural mas é nome de uma entidade única). A essas inconsistências eles chegaram exatamente porque buscavam conformidade entre forma e sentido, uma analogia em nada semelhante à dos alexandrinos (que era criação de paradigmas para a disciplina gramatical), nem à regra de três estruturalista de Saussure (NEVES, 2007b).

Desse modo, para os estoicos, a relação buscada entre a linguagem e as coisas é de congruência: a linguagem se origina do anseio de fazer os sons semelhantes aos objetos, o que não se refere aos elementos da linguagem isolados, mas ao seu todo, às relações entre os elementos (NEVES, 2007b).

Entretanto, a visão estoica admite que nem sempre se cumpre esse papel, e nem sempre há a linguagem justa, certa (o *orthòs logos*), aquela que se mostra conforme à natureza das coisas. Daí a importância da noção de *orthótes*, "justeza", a qual atua no empenho de conferir à linguagem – especificamente aos escritos – as características de perfeição que, afinal, configuram o que se considera, naquele meio, a linguagem autenticamente grega. Fica evidente, como diz Lersch (1938: 50), que a questão se liga à qualidade das designações (*perì orthótetos onomáton*), exatamente ao helenismo, bem como a discussões teóricas etimológicas: o que não pertencente ao helenismo é marcado como uso linguístico assistemático (*eikaía synetheíai*). Há, pois, o lado teórico de suporte da visão (as especulações etimológicas) e o lado prático (a caça de helenismos). A ambos subjaz a noção de analogia (NEVES, 2007b).

A busca alexandrina da analogia (regularidade de formas) na linguagem

Se para os estoicos analogia se opõe a anomalia — aliás, o único dentre esses dois termos que por eles foi usado —, para os gramáticos alexandrinos analogia se opõe a irregularidade. Lá, há uma INconformidade entre forma e sentido, aqui há uma INconformidade entre as formas em si. Nos dois casos, a atitude é valorativa, entretanto, se para os estoicos essa valoração passa longe da pura busca de padronização de formas, para os gramáticos alexandrinos, guiados por uma preocupação eminentemente literária, a busca é exatamente a de construção de paradigmas, para modelo.

Também quanto ao que se encontra na busca, o caso dos estoicos se opõe ao dos primeiros gramáticos ocidentais, quase seus contemporâneos, mas instruídos em outra escola (Pérgamo x Alexandria). Do lado dos estoicos, a busca leva à comprovação — não desejada — de que na linguagem não existe uma relação necessária entre as formas léxicas e os conceitos (analogia), e de que não há uma regularidade linguística refletindo uma regularidade universal: buscando analogia, eles encontram — e aceitam — anomalia. Ressalta, afinal, o uso, de que eles nunca se afastaram. Do lado dos gramáticos alexandrinos, pelo contrário, uma busca da segregação das formas espúrias — não legitimamente "gregas", isso visto, rigorosamente, como padrão menor — cumpre-se no estabelecimento dos paradigmas formais (ROBINS, 1983: 16 ; apud PEREIRA, 2000: 44), na uniformização, na nivelação das diferenças, sendo a analogia nada mais do que um princípio direcionador.

Como aponta Saussure (1960 [1915]), qualquer afastamento era, para os primeiros gramáticos, engano, o que não acontecia entre os estoicos, que se apegavam aos usos encontrados, nunca deixando de reconhecê-los e explicá-los.

Fernão de Oliveira e a observação do "costume e uso"

E chegamos à gramática portuguesa inaugural, de Fernão de Oliveira. Mais perfilado com os estoicos do que com os gramáticos alexandrinos — e com filiação gramatical explícita apenas a Varrão e a Quintiliano, não aos gramáticos gregos — está esse gramático português, um grande observador dos usos, que ele tratou como tais, e não dirigidamente como erros a corrigir.

É óbvio que, diferentemente dos estoicos — tal como Varrão e Quintiliano —, Fernão de Oliveira está claramente no terreno da gramática. Ele faz uma obra de referência, observa formas em relação a formas, e formas em relação a sentidos linguísticos, mas, ao invés de operar uma busca do que é IRregular ("anômalo") para fazer expurgo, ele (além de tudo, sensível à poesia) opera uma "verificação" dos usos, regulares ou IRregulares, abrigando-os como "fenômenos" para os quais se pode buscar uma uma explicação. Não há, ainda, um sistema de suporte no qual as formas encontrem uma sustentação teoricamente consistente, como vai ocorrer, no abrigo da ciência linguística, por exemplo, nas propostas dos neogramáticos (que se fixam na analogia para dar conta do que seriam as exceções às leis fonéticas equacionadas em seu sistema) ou nas propostas de Saussure (que da analogia se serve para referendar a dicotomia entre *langue* e *parole*, colocando a criação analógica como peça da *parole* — obra ocasional de um sujeito —, portanto à margem da *langue*, e, assim, sustentando o estatuto do sistema). Disso trata o capítulo anterior deste livro.

É interessante que, tanto quanto os neogramáticos e Saussure — estudiosos pós-ciência linguística —, Fernão de Oliveira deixa absolutamente estabelecido que o uso é mecanismo produtor de formas novas, que ele registra, observa e discute, obviamente sem se afirmar nem numa diacronia (que teria de responder sobre a infalibilidade ou não de leis de mudança linguística, dentro de um sistema) — caso dos neogramáticos — nem numa sincronia (que teria de responder sobre o estatuto sistêmico, ou não, das criações analógicas) — caso de Sausurre, em cujas propostas a regra de três sugerida equaciona o mecanismo e lhe dá "explicação" científica estruturalista.

Por outro lado, diferentemente dos neogramáticos e de Saussure, Fernão de Oliveira mostra uma atitude valorativa no trato da questão. E aí é que transparece o que me parece seu grande diferencial. Sem se mover no mesmo terreno dos estoicos — isto é, claramente cumprindo a tarefa de um gramático, de alguém que faz uma *téchne grammatiké*, que estará disponível para consulta e apreciação, característica da qual ele se mostra bastante cônscio —, Fernão de Oliveira lida com a analogia mais como os estoicos fizeram do que como os primeiros gramáticos fizeram: ele coloca claramente os fatos linguísticos como objeto das análises, erigindo o uso como direcionador das reflexões e das conclusões.

Duas citações serão suficientes para amparar essa indicação. Uma é a epígrafe deste capítulo, na qual está o "costume e uso" de Quintiliano, texto também apontado em Cousin (1967: 54; apud PEREIRA, 2000: 73). A outra é a que segue:

> As regras ou leis que digo [aquelas a que estão sujeitas as declinações naturais, ou seja, as flexões] são, como disse, anotações do bo costume. [As quaes, porque assi são mais gerais e compreendem mais, chamamo-lhes naturaes; e de feito parecem ser mais proprias e consoantes à natureza da lingua, pois lhe [a] ella mais obedecem. (p. 60, 3-6).]

Tomemos para exame exatamente o capítulo XL de Fernão de Oliveira, o "Da analogia" (p. 55-57), que assim começa:

> Assi como a diferença das dições faz conhecer as diversas cousas hũas das outras segundo fica dito, também assi a semelhança das dições nos abre caminho para que conheçamos hũas cousas por outras segundo que tê alghũa semelhança ou parecer antre si (p. 55, 17-20).

Aparece nesse capítulo um ponto importante para nossa reflexão, não apenas pela referência direta que se faz aos gregos[*] mas também pela referência à capacidade do usuário, ambas encontradas algumas linhas adiante, neste trecho:

> E esta diferença ou semelhança, a que os gregos chamam anomalia e analogia, ensinaremos nós na nossa língua quanto nos Deos ministrar e couber nesta pequena obra, porque mostremos que os homens também sabem falar e têm concerto em sua língua (p. 56, 3-6).

No capítulo XLI, na apresentação das "declinações voluntáreas" (que Fernão de Oliveira toma de Varrão, e que correspondem, *grosso modo*, à "derivação", representando a anomalia), aquelas em que, como diz ele "cada hum faz à sua vontade" (p. 57, 19), fica invocada, sem ser formalizada, a existência de um princípio de criação de formas segundo a regra de três (que seria a analogia), para ficar registrada, porém, a realização de formas que escapam ao princípio do preenchimento de uma quarta proporcional. Exemplifica ele, entre outras, com as "derivações":

> de *Portugal, português* e de *França, francês*; mas de *Frandes, framengo* e de *Galiza, galego* (p. 57, 20-21);

> E também dizemos *sarnoso* e não *sarnento*; mas ao contrario chamamos ao cheo de *sarapulhas, sarapulhento* e não *sarapulhoso*. E de *pedras* dizemos *pedregoso*, mas *d'area areento*, e de *pó*, nem *poento* nem *pooso*, mas em outra figura e sinificação, *empoado* (p. 58, 11-15).

Tanto quanto em Saussure — mas, repito, sem nenhuma formalização, e sem um "sistema" que lhe faça contraponto, ou seja, sem a *langue*, — Fernão de Oliveira está falando da *parole* quando fala da criação de formas novas, registrando explicitamente a "liberdade de todos" para "este tirar das dições" (embora tenha o cuidado de indicar que "não todas as especeas das dições

---

[*] Poder-se-ia perguntar: à filosofia ou à gramática? Mas, nesse campo, o único que Fernão de Oliveira cita é Diógenes Laércio, exatamente a grande fonte do pensamento estoico sobre a linguagem.

tiradas são assi livres para poderem andar para onde quiserem", p. 58, 2-3). Por outro lado, diferentemente do que está em Saussure — exatamente porque não é a estrutura do sistema que está em foco, mas o "costume" e o "uso" —, ele trata de uma liberdade (calcada na *voluntas*, de Varrão) que vai no sentido de chegar à anomalia, não apenas à criação regrada, que é a criação analógica.

É notável que, declaradamente, Fernão de Oliveira proclama uma gramática da "nossa" língua, sem nenhuma "saudade" da latina, o que é essencial, para que se fale fundamentadamente em uso:

> não fazemos mais que apontar os princípios da grammatica que temos na nossa língua (p. 73, 6-16).

> Portanto não nos desprezemos della [da nossa língua], a qual foi sempre e agora é tratada por homens que se entendem e sabem o que falam: [cuja imitação nos fará galantes e primos a nós e a nosso falar, se a quiséremos seguir] (p. 74, 18-21).

E declaradamente, Fernão de Oliveira se pauta no que está em uso:

> Verdade é que *rascã* e nem *capitã* não são muito usados (p. 34, 2).

> este averbio [*até*] alghuns o pronunciam conforme ao costume da nossa língua que é amiga de abri-la boca; e dão-lhe aquela letra *a* que digo no começo. Mas outros lhe tiram esse *a* e não dizem *até*, mas dizem *te*, não mais, começando em *t*, antre os quaes eu contarei três não de pouco respeito na nossa língua, antes se há de fazer muita conta do costume de seu falar (p. 47, 12-17).

Aí já se vê que, em acréscimo, como todo "bom" gramático, Fernão de Oliveira é zeloso do seu papel de responsável por "regras", embora ressalve que, nessa sua obra "se não podem dar [...] mais limitadas regras" (p. 57, 23).

Não posso deixar de acentuar que, nesse papel, a sua busca é do "bom costume", do qual ele fala não apenas ao tratar das "declinações naturaes" (que são as regradas, correspondentes, *grosso modo*, à flexão, categoria da qual ele diz que "não se muda tão asinha", p. 60, 8) como também ao tratar das "declinações voluntáreas" (a derivação), de que aqui acabo de falar: o "bom costume" tanto pode seguir as regras como desprezá-las.

> As regras ou leis que digo são, como disse, anotações do bo costume. (p. 60, 3-4).

> nós também às vezes deixamos as regras geraes, porque o bo costume e sentido nos mandam tomar alghũas particularidades (p. 70, 9-10).

E é assim que ele chega esta recomendação clara para esse "tirar das dições" (embora ligado à *voluntas*, e não à *auctoritas*):

> mester seja conforme à melodia da nossa lingua e seja entregue não a qualquer pessoa mas àquelles de cujo saber e vontades nós poderemos fiar com rezão, porque não será fiel na nossa lingua quem lhe quiser mal (p. 57, 27-30; p. 58, 1).

De todo modo, trata-se do "uso", tanto que, insistentemente, Fernão de Oliveira fala da variação e da mudança linguísticas de que é amostra esta afirmação:

> posto que o uso do falar tenha seu movimento, como elle [Marco Varrão] diz, e não persevere hum mesmo ãtre os homens de todas as idades (p. 60, 1-11).

O que se mostra, afinal

Encerrando, eu diria, seguindo Silveira (1954) na sua apresentação da *Gramática da linguagem portuguesa* (tese para o Colégio Pedro II), Fernão de Oliveira "compreendeu o sentido da gramática como produto de uma sociedade" (p. 32). Como tal, sua obra constitui uma original gramática do uso linguístico no século XVI, e vem no sentido de uma *téchne*, uma "arte" que ele oferece aos usuários: uma obra absolutamente sensível ao que consideramos hoje "consagração de usos", muito distante de um atrelamento àquela postiça e imposta "norma prescritiva" que costuma aparecer, negando a própria essência da linguagem:

> Nem é divindade mandada do ceo que nos possa de novo ensinar o que já temos e é nosso, não embargando que é mais devino quem milhor entende. E assi é verdade que a arte nos pode ensinar a falar milhor, ainda que não de novo: ensina aos que não sabiam e aos que sabiam ajuda (p. 59, 26-30).

Aliás, para completar, ele não se contentou com fazer uma gramática da "língua" portuguesa, ele nos deixou a primeira gramática da "lingoagem" portuguesa.

Nota

[1] Crisipo, como registra Varrão (*De lingua latina* IX, I, 1), escreveu sobre o fato de coisas iguais se designarem por palavras diferentes e coisas diferentes se designarem por palavras iguais (*similes res dissimilibus uerbis et similibus dissimiles esse uocabulis notatas*), o que representa a aceitação da anomalia na linguagem.

Categorização e indeterminação na linguagem.
Uma visão da fluidez das fronteiras categoriais*

> A línguistica sistêmica também reconhece plenamente a indeterminação inerente da linguagem e das categorias necessárias à sua descrição (para discussão ver Halliday 1996: 16-18). Uma maneira de tratar essa questão é pelo reconhecimento de que as escolhas que fazemos quando falamos ou escrevemos são essencialmente probabilísticas por natureza. Também tem sido aceito (Halliday & Matthiessen 1999: 46) que os traços em termos dos quais as línguas podem ser descritas não são discretos, categorias aristotélicas, são, antes, contínuos por natureza, e poderiam ser caracterizados em termos da teoria de conjuntos difusos. Além disso, a linguística sistêmica conceitualiza a própria linguagem como um espaço semântico flexível, multidimensional (Halliday; Matthiessen 1999: 68 ss.; Martin e Matthiessen, 1991).
> (Cristopher Butler)**

Com base em princípios funcionalistas de análise linguística que estabelecem como natural a existência de *continua* entre as categorias, analisa-se aqui a organização das relações adverbiais expressas em orações combinadas

---

* Este capítulo é uma adaptação do artigo "A difusa zona adverbial", publicado na *Revista Linguística* - ALFAL v. 20. p. 25-47, 2008a.

**Tradução do inglês minha: No original: Systemic linguists also fully recognise the inherent indeterminacy of language and the categories needed to describe it (for discussion see Halliday 1996:16–18). One way of dealing with this is through the recognition that the choices we make when we speak or write are essentially probabilistic in nature. It has also been accepted (Halliday & Matthiessen 1999: 46) that the features in terms of which languages can be described are not discrete, Aristotelian categories, but rather are clinal in nature, and might be characterised in terms of fuzzy set theory. Furthermore, systemic linguistics conceptualises language itself as a flexible, multi-dimensional semantic space (Halliday & Matthiessen, 1999: 68ff.; Martin e Matthiessen, 1991) (BUTLER 2005: 8).

(hipotaxe), uma zona especial em que pode ser observada a diluição de fronteiras, que, entretanto, não impede o estabelecimento das categorias. Considerando, pois, já de início, que se trata de um conjunto de zonas difusas, defino três focos de análise, segundo três ordens de complexidades a enfrentar: o das relações lógico-semânticas; o das relações sintáticas; o dos modos de expressão. A discussão conclui que os aparentes conjuntos a que se tem chegado na categorização das entidades desse universo constituem apenas núcleos centrais de valores, com potencialidade para deslizar na direção dos outros, segundo as necessidades funcionais.

É geral a noção de que a classe dos advérbios é extremamente complexa, abrigando elementos que guardam entre si notáveis diferenças, as quais, a rigor, seriam óbices a que eles pudessem conviver sob uma mesma chancela, mesmo que relativizado o modo de formação da classe. Talvez seja oportuno lembrar que, já na filosofia estoica, se denominara *pandéktes* a essa classe, exatamente para sugerir que ela "tudo abrange" (NEVES, 2005b: 156).

Por outro lado, as chamadas "orações subordinadas adverbiais", embora representando uma extensão bem menor de elementos — e, portanto, uma diversificação menor —, também constitui uma classe cujo tratamento é bastante complexo, pela multiplicidade de fatores que se entrecruzam na sua configuração. É a essa classe que darei espaço nestas reflexões.

A complexidade nas relações lógico-semânticas

A linguagem não é lógica, repete-se à exaustão modernamente. Mas ela nunca deixou de ser olhada — e sentida — pela via da lógica, e um dos mais representativos trabalhos nesse sentido foi exatamente o dos estoicos. Por ele pode-se muito bem ver que, apesar de grande empenho no sentido contrário, os próprios filósofos tiveram de reconhecer que as relações linguísticas não refletem diretamente as relações lógicas. Por outro lado, no entanto, pode-se ver também que toda a posteridade teve — e tem — de reconhecer que à luz da lógica muito se explica sobre as relações linguísticas, as quais constituem o produto por excelência da mente humana. O próprio reconhecimento estoico da "anomalia" na linguagem, com a desistência de busca de total analogia (como se viu no capítulo "Analogia e anomalia" deste livro), acabou justificando o abrigo de ambas as relações — analogia e anomalia — na linguagem, e ainda o fez com iluminação de caminhos, pelo que representou de reflexão sobre processos cognitivos que acionam a expressão linguística. E hoje a moderna ciência reconhece que, se a expressão linguística não é um reflexo da mente humana, entretanto ela é reflexo, ou pista, de construções cognitivas (FAUCONNIER, 1994).

Particularmente aqui, neste trabalho, estamos num território francamente aberto a tal tipo de reflexão, por isso mesmo um território de zonas difusas. Vou buscar na célebre proposta hallidayana de articulação dos enunciados complexos — nosso tema — a postulação clara de um sistema lógico-semântico de relação entre os processos que independe do modo de organização do enunciado, sistema que se resolve por "expansão" ou por "projeção", relações, afinal, de papel semântico-funcional (HALLIDAY, 1994: 192-198).

Lembro, ainda, as lições de Givón (1990), que, ao propor a existência de noções retóricas na relação entre uma oração e seu contexto imediato, invoca, ao lado de categorias que se definem pelo ponto de vista semântico (temporalidade, causalidade, por exemplo), categorias que se definem pelo ponto de vista lógico (disjunção, tautologia, contradição, por exemplo).

A complexidade nas relações sintáticas

Toda a complexidade lógico-semântico-pragmática de um enunciado se traduz numa configuração sintática que entra a serviço de sua expressão em cadeia linguística. O processo sintático, afinal, é o responsável pelo enunciado efetivo, dando conta materialmente das relações lógico-semânticas providas pelos processos cognitivos e decididas na escolha pragmática das relações interacionais (enciclopédico-situacionais).

Falei em complexidade lógico-semântico-pragmática, mas também tenho de falar em complexidade sintática. Afinal, com inspiração em Eggins (1994), e com base em Halliday (conforme a linha do que exponho no capítulo "Texto e contexto"), há de ser lembrado que o modo de produção de significados (um processo semântico) nas interações linguísticas (um processo pragmático de negociação no contexto sociocultural) implica o modo como as pessoas usam a linguagem (um processo semiótico de significar por meio de escolhas) e o modo como a linguagem se estrutura para o uso (um processo ligado aos componentes metafuncionais: o textual, o interacional e o ideacional).

No nosso caso, essa complexidade abrange o profundo domínio (sin)tático, que Halliday (1994) resolve em parataxe e hipotaxe (com zonas intermediárias de fluidez), mas também abrange o domínio mais superficial da possível marcação explícita, na cadeia linguística, de cada um dos membros dessa relação (sin)tática. Assim, por exemplo, resolvido que determinada relação (sin)tática adverbial constitui uma hipotaxe, há de resolver-se o modo de marcação em correlação ou não correlação (também e sempre com zonas de fluidez, e com inclusão mais, ou menos, efetiva dos elementos em cada classe). Trata-se, a meu ver, de dimensão independente da primeira resolução, já que também o eixo da parataxe admite (embora de modo diverso, é óbvio) modos semelhantes de marcação, como se verá adiante.

O sistema tático

Nesse sistema Halliday (1994) abriga exatamente a interdependência entre os elementos, a qual abriga tanto parataxe como hipotaxe: a primeira, relativa a elementos de igual estatuto, ambos livres, que se organizam em uma relação de simples "continuação"; a segunda, relativa a elementos de diferente estatuto, um modificante (livre) e um modificado (não livre), que se organizam em uma relação de "dominação". Ressalve-se que o encaixamento fica fora desse sistema, porque ele não é interdependência, é constituência: as orações completivas (as tradicionais "subordinadas substantivas", por exemplo) não são componentes diretos da estrutura complexa, como o são as paratáticas e as hipotáticas; são, antes, constituintes de um dos componentes diretos.

Retomo Neves (2006g), para dizer que essa proposta, ilustrando bem caracteristicamente a visão sistêmico-funcional de Halliday, evidencia uma série de redes que se entrecruzam: por exemplo, coordenação e aposição são, no eixo tático, casos de parataxe (de continuação), mas opõem-se no eixo lógico-semântico, por ser a aposição um caso de elaboração, e a coordenação, um caso de extensão; assim também, distinguindo-se de ambas, as articulações de que aqui se trata (as adverbiais) abrigam-se, quanto ao eixo tático, no campo da hipotaxe (uma dominação), e quanto ao eixo lógico-semântico, no campo do realce (nem extensão nem elaboração).

A fluidez de limites

A teoria funcionalista, em geral, considerando um caráter sempre emergente na gramática, propõe o reconhecimento de uma fluidez de zonas a perturbar as tradicionais categorizações rígidas, e isso tem levado a um extenso conjunto de postulações de relativização da velha dicotomia entre coordenação e subordinação. É verdade que vem sendo apontado o perigo de substituir dicotomias por classificações que podem ser mais plurais mas continuar rígidas, entretanto, todas as propostas funcionalistas dessa linha já se colocam numa visão de existência de fluidas zonas intermediárias.

Givón (1990), ao propor um contínuo na hierarquia de integração de orações, nos ensina que nenhuma oração é totalmente independente, pois existe uma relação icônica entre a integração gramatical das orações e a integração semântico-pragmática dos eventos.

Lehmann (1988) propõe, literalmente, a existência de um contínuo que vai de um grau máximo a um grau mínimo de autonomia sentencial e de um grau máximo a um grau mínimo de integração sentencial. Num extremo fica a coordenação (grau máximo de estatuto de sentença) e noutro extremo fica o encaixamento (grau máximo de perda do estatuto de sentença, a qual se torna simplesmente um constituinte de outra oração). Na zona intermediária, e com limites difusos, estão as orações de tempo, de causa, de condição, de concessão, etc., as nossas adverbiais.

Outra proposta funcional que abriga especificamente o reconhecimento de um caráter fluido na categorização das orações que se articulam em um texto é a de Hopper e Traugott (1993): postulam os autores que, da subordinação (dependência e integração) à parataxe (não dependência e não integração), vai um percurso em que se situa a ampla e complexa zona da hipotaxe (dependência, mas não integração), exatamente o território das adverbiais. Esse jogo que cruza dois parâmetros absorve duas dicotomias tradicionais: pela dependência, a oposição entre parataxe e hipotaxe; pela integração, a oposição entre coordenação e subordinação. A fluidez se reconhece especialmente por ficar considerado que a combinação das orações e a sinalização linguística dessa combinação têm base em estratégias retóricas de produção.

Nesse particular, é inspiradora a proposta de Matthiessen; Thompson (1988), com sua definição do grau de interdependência das orações segundo dois tipos de combinações: a relação de listagem (combinação paratática) e a relação núcleo-satélite (combinação hipotática), esta última — a que interessa aqui — com foco na noção de âmbito de incidência. Por aí se reconhece que a combinação de orações adverbiais (uma gramaticalização das relações núcleo-satélite) reflete a organização retórica do discurso, distinguindo os termos que realizam objetivos centrais dos termos que realizam objetivos suplementares do locutor, o que constitui um importante abrigo do valor da interação e do valor das dosagens por escolha, operadas na organização do enunciado.

Modos de marcação: correlação e não correlação

A categoria interdependência é a tônica da proposta de Halliday que encabeçou a seção anterior, e está envolvida nos demais questionamentos referentes às relações táticas aqui tratados. Entro agora em outro território de questionamentos, e de novo intervém a categoria interdependência, pois um dos (decisivos) modos de tratar a correlação é invocar essa categoria.

Módolo (2009) invoca a indicação hjelmsleviana de que "a las dependencias mutuas, en las que un término presupone el otro y viceversa, las llamaremos convencionalmente interdependencias" (HJELMSLEV, 84: 42), como base para reservar apenas às construções correlativas essa propriedade de interdependência. Por aí, é feito um recorte de campo da oração complexa, pelo qual as construções correlativas (de interdependência) dividem espaço com as coordenadas (a "constelação" de Hjelmslev) e com as subordinadas (a "determinação" de Hjelmslev). Especifique-se que as coordenadas são aquelas das quais Hjelmslev diz:

> a las dependencias de mayor libertad, en las que dos términos son compatibles pero ninguno presupone el otro, las llamaremos "constelaciones", e que as subordinadas são aquelas das quais ele diz: "A las dependencias unilaterales, en las que un término presupone el otro pero no viceversa, las llamaremos determinaciones." (HJELMSLEV, 1984: 42).

As subordinadas, por seu lado, são aquelas das quais Hjelmslev diz: "A las dependencias unilaterales, en las que un término presupone el otro pero no viceversa, las llamaremos determinaciones" (HJELMSLEV, 1984: 42).

Como aponta Morais (1981), na tradição da gramática brasileira já houve propostas de acrecentar às antigas classes coordenação e subordinação as classes justaposição e correlação[1], ou apenas a classe correlação[2].

Entretanto — embora se trate de uma questão que não terá aprofundamento neste texto —, há que ver quais os critérios que estão no comando do estabelecimento de tais categorias, a começar pela tradicional dicotomização entre coordenadas e subordinadas, esta questionada também por Morais (1981), embora em outros termos. Com efeito, basta lembrar o desconforto que se cria nas escolas quando se opõem, *tout court*, orações coordenadas e orações subordinadas, e, no entanto, ao aluno se oferecem orações que ele tem de classificar como subordinadas coordenadas (ou seja, subordinadas coordenadas entre si).

O simples acréscimo, em uma mesma linha de considerações, das categorias justaposição e correlação nada mais faria do que introduzir ainda maior complicação, pelo maior conflito de critérios. Ora: i) justaposição e correlação são categorias estabelecidas segundo o modo de conexão, a primeira por ausência de marcas, e a segunda por duplicidade e implicação de marcas; ii) subordinação é uma categoria estabelecida em termos de dependência (segundo a própria natureza do elemento, portanto, e é nesse sentido que a tradição tem oposto coordenação a subordinação), mas essa dicotomia se complica quando orações subordinadas são coordenadas entre si, ficando questionada a presunção de independente para uma oração coordenada, embora não fique impedida essa presunção, dada a noção de independência relativa. A questão se complica mais ainda quando se vê que, enquanto no primeiro recorte fica desconsiderada a categoria das orações que têm marca de conexão não correlativa (digamos, as sindéticas), no segundo recorte deixam de ser colocadas no mesmo nível de categorização as orações subordinantes, as chamadas principais. Estas entram apenas como contraponto, como correlato automático das subordinadas.

Pelo que fica aqui entendido, correlação e não correlação não são dois tipos de relação tática, são apenas dois modos de marcação de conexão, seja de termos/orações independentes entre si (tradicionalmente: coordenação) seja de termos/orações entre as quais há uma relação de dependência (tradicionalmente: subordinação).

É o que também fica sugerido na Gramática Discursivo-Funcional, que, ao tratar a organização das proposições no interior do episódio, coloca, ao lado das categorias de equipolência (em que as proposições estão coordenadas) e de dependência (em que há dependência mútua, mas apenas uma delas é marcada por conjunção), a categoria de interdependência (em que ambas são marcadas por conjunção) (HENGEVELD e MACKENZIE, 2008).

No caso do nosso exame, aqui, não fica abrigado o campo da independência nem o daquela dependência estrita que constitui integração (constituência). Ficamos, então, no domínio da hipotaxe, ou seja, ficamos na dominação de realce de Halliday (1994), ou seja, na dependência sem integração de Hopper e Traugott (1993), ou seja, nas relações núcleo-satélite de Matthiessen e Thompson (1988), as quais se manifestam nos enunciados com ou sem marcas correlativas.

A complexidade do modo de expressão das relações adverbiais na combinação de orações

A qualidade difusa de zonas de noções

Nesta seção, as reflexões se fecham no universo das relações adverbiais, e se dirigem por uma verificação de usos empreendida intensivamente em textos do português contemporâneo do Brasil

A primeira incursão diz respeito exatamente a essa difusa zona adverbial que, e, portanto, volta às considerações iniciais do texto. Para isso, recolho algumas indicações que fazem parte do livro *Lições de gramática de usos do português*, de finalidade escolar, que preparei com vista a subsidiar as atividades de reflexão gramatical nas escolas (NEVES, 2010, no prelo). O exame acurado das realizações de usuários da língua portuguesa no Brasil, no campo de que aqui trato, me levou às indicações que passo a apresentar.

Proponho quatro ângulos pelos quais se pode encarar o complexo que a linguagem resolve em adverbialização, ativando as estruturas disponíveis para expressão de tais relações. Apresento esses quatro ângulos a partir dos quatro expedientes de interrogação adverbial de que o falante dispõe, na sua ativação das relações lógico-semânticas. São eles, em português: *onde?, quando?, por quê?* e *como?*, com suas variações e deslizamentos (por exemplo: *para quê?, de que modo?*). Não por todos esses ângulos se chega a construções complexas que abrigam hipotaxe de realce, já que, por exemplo, as respostas ao *onde?* nunca se fazem por combinação de orações. Entretanto essa é outra questão, que aqui não interfere, e tal tipo de relação fica fora de minha análise. Por outro lado, a resposta ao *como?* não se situa no mesmo nível das outras, como se verá adiante, e esse território é particularmente importante, no campo de minhas reflexões.

A seriação das três primeiras interrogações, tal como acima disposta, exibe um percurso de metaforização (lugar > tempo > causa) exaustivamente tratado nos estudos linguísticos em geral, e a que não preciso retornar, a não ser para insistir na falta de nitidez de fronteiras que, com certeza, o caminho da metáfora abriga, e também para insistir na noção de difusão de zonas, no campo de que trato aqui.

Esqueçamos o percurso do espaço ao tempo, pelas razões que descartaram a consideração das relações espaciais, e fixemo-nos no percurso metafórico que vai de tempo a causa, e que se condiciona especialmente pela correlação modo-temporal do enunciado, a qual pode favorecer, ou não, essa interpretação mais abstrata, no contexto de um determinado conectivo que, de valor em princípio neutro, seja aberto a deslizamentos.

No caso dos enunciados complexos de expressão temporal, que são os primeiros do percurso, cabe a observação de que a conjunção não marcada aspectualmente e modo-temporalmente – *quando* – abre-se a uma gama prevista de noções de causa e seus correlatos de condicionalidade e concessividade.

Algumas construções com *quando* naturalmente permitem uma interpretação causal, com diferentes nuanças. São, principalmente, construções que abrigam o aspecto perfectivo (acabado), ou seja, que trazem o tempo verbal no pretérito perfeito. Além disso, há subsequência temporal entre o evento da oração temporal e o evento da oração principal, permitindo que o primeiro possa ser entendido como possível causa do segundo (relação causa-efeito), independentemente da ordem em que as duas orações se encontrem. É o que se vê na ocorrência

- **Quando** *a neve começou a cair e compreendemos um pouco mais a tristeza que nos ameaçava, decidimos partir para a América Latina. (CRE)*[3]

Outras construções com *quando* permitem leitura condicional, também com diferentes nuanças. As construções que licenciam essa interpretação abrigam o aspecto imperfectivo (não acabado), ou seja, trazem, em geral, o tempo verbal no presente ou no pretérito imperfeito. Além disso, fica implicada alguma simultaneidade entre o evento da principal e o evento da temporal. É o caso desta ocorrência:

- *Vamos mudar de assunto que o Fontoura se irrita* **quando** *a gente fala nele. (Q)*

Outras construções com *quando* permitem, ainda, uma leitura concessiva. São, principalmente, construções que abrigam o aspecto imperfectivo (não acabado), e geralmente com os tempos verbais presente do indicativo (na oração principal) e futuro do pretérito (na oração adverbial). Além disso, fica implicada simultaneidade entre o evento da oração temporal e o evento da principal. Como ocorre em geral nas construções concessivas, o evento da principal apresenta-se como contrário à expectativa criada pelo evento da temporal, e o efeito dialógico-argumentativo é o de oferecimento de objeção, como se vê nesta ocorrência:

- *A imprensa é lucrativa, **quando** deveria ser apenas autossuficiente. (RI)*

Há, pois, um complexo causal-condicional-concessivo em que é necessário penetrar. O caso seria mais simples se a noção de causa, em si, já não tangenciasse a noção de condição, também se ambas não constituíssem uma contraparte da noção de concessividade, e, ainda, se o jogo da proposição de uma finalidade não compusesse uma projeção de causalidade. Com efeito, até nas construções ditas finais pode ser vista certa noção consecutiva, especialmente nos contextos (muito comuns) que envolvem necessidade[4]. Isso é bastante natural, já que a ligação entre um ato e sua finalidade encontra paralelo na ligação entre uma causa e sua consequência (e com fundo condicional), como se pode ver nestas frases, em que marcadamente se expressa uma necessidade:

- *Seria necessário que todos vissem **para que** tivessem mais humanidade no coração. (JM)*

Em primeiro lugar, a causalidade se explica em dependência de satisfação de condicionalidades. E, mais além, a noção de concessividade se explica pela própria desconsideração de que haja, ou não, a satisfação de condições[5], já que, numa relação concessiva, uma condição existe, mas, mesmo preenchida, ela não se efetiva como causa. É o que se verá mais adiante.

Facilmente se concordará com essa afirmação de que as linguagens naturais ativam, espelhadamente, as relações (lógico-)semânticas de causa e de condição, com a causalidade implicada na satisfação de condições[6]. Por outro lado, o não atingimento de causalidade pode significar hipoteticidade (não há satisfação de condições mas também não há impossibilidade dessa satisfação), ou pode significar, ainda, contrafactualidade (não há satisfação de condições e também não há possibilidade dessa satisfação).

Indo-se mais além, é exatamente na frustração de condicionalidades e causalidades que se vai encontrar a essência da concessividade, no paradoxo de que o que vem expresso na oração principal da construção concessiva independe do que vem expresso (causalidade ou condicionalidade) na oração concessiva. No sentido geral, pois, uma pretensa causa (ou uma condição) é encontrada na oração concessiva, mas aquilo que dela se pode esperar é desconsiderado, ou, mais que isso, é objetado na oração principal. É o que se vê na ocorrência

- **Embora** *a Lombardia fosse uma região fértil, o sistema de latifúndio deixava os camponeses na miséria. (APA)*

No comentário dessa construção, pode-se dizer que o fato de a Lombardia ser uma região fértil (oração concessiva) seria uma condição suficiente (e possível causa) para que o sistema de latifúndio não deixasse os camponeses na miséria (oração principal), e, entretanto, ele deixava. Isso significa que o que está afirmado na oração principal desconsidera o que quer que se coloque como condição suficiente, ou possível causa, na oração concessiva. Essa é, afinal, a essência do sentido deste trecho do poema *A morte*, de Fagundes Varella:

> Na flor dos anos conheci da vida
> Toda a triste ilusão,
> **Embora** os homens meu porvir manchassem,
> Não os detesto, não!
> **Embora** o sopro ardente da calúnia
> Crestasse os sonhos meus,
> Nunca descri do bem e da justiça,
> Nunca descri de Deus.

Por outro lado, um deslizamento quase imperceptível na relação entre condicionalidade e concessividade pode ser visto neste trecho da letra de música *Monte Castelo*, de Renato Russo, que aproveita a *Epístola de Paulo aos Coríntios* I, 13, 1-7:

> **Ainda que** eu falasse a língua dos homens
> E falasse a língua dos anjos,
> Sem amor eu nada seria.

Está pressuposto, aí, que *se* alguém falasse a língua dos homens e falasse a língua dos anjos, poderia ser muita coisa; entretanto, *mesmo* assim (mesmo satisfeitas tais condições), essa pessoa não seria nada, sem amor. E é exatamente o que diz o texto bíblico, este, porém, numa construção condicional:

- *Se eu falar as línguas dos homens e dos anjos, e não tiver caridade, sou como o metal que soa, ou como o sino que tine. (Coríntios, 13.1)*

Ora, ser como o metal que soa, ou como o sino que tine, é o mesmo que nada ser. Pode-se considerar que — embora com marca de conexão apenas condicional — a construção adverbial carrega, aí, um misto condicional-concessivo do mesmo tipo do que há, com marcação explícita, numa ocorrência como

- Claro, elas não precisam saber disso, mas eu acho que, **mesmo se** soubessem, nem ligariam. (EMC)

Afinal, no terreno das relações de causalidade entre orações combinadas, as construções concessivas e as construções causais ficam em extremos opostos: i) nas construções causais está afirmada uma relação de causa entre a oração causal e a principal (o que implica uma condição preenchida); ii) nas construções concessivas está negada uma relação de causa entre a oração adverbial e a principal (o que implica uma condição que, preenchida ou não, é insuficiente). Ou seja: na concessividade, há a sugestão de uma causa que obstaculizaria o evento da oração principal, mas que não se efetiva como tal, e, mais que isso, que liminarmente enfrenta uma objeção. Nesse ponto, já estamos a avaliar uma questão retórica, pragmática.

Pode-se dizer, também, que é no amplo espaço intermediário entre as construções causais e as construções concessivas que estão as condicionais, nas quais a relação de causa entre a oração adverbial e a oração principal não é nem afirmada nem negada, é simplesmente hipotetizada (com graus de factualidade), podendo, ainda, receber um matiz concessivo mais leve ou mais forte. Por exemplo, para uma construção como

- E **embora** estivesse no partido há menos de dois anos, era ele quem dava as cartas, com poder cada dia maior. (OLG)

pode-se entender que:
(i) ele estar no partido havia mais de dois anos era condição necessária para ele dar as cartas;
(ii) ele não estar no partido havia mais de dois anos era condição suficiente para ele não dar as cartas.
Entretanto: ele estava no partido há menos de dois anos e (contrariando o que era de esperar) *era ele quem dava as cartas*.

A construção concessiva liga-se, pois, com a não satisfação de condições e com a frustração de causalidades possíveis. Uma construção concessiva, ao mesmo tempo que subentende uma condicional, pode ser negada por ela. Assim, essa mesma frase que acaba de ser comentada constitui o oposto de uma condicional nestes termos: *Se ele estava no partido há menos de dois anos, não era ele quem dava as cartas.*

Outra indicação é que, à parte de implicarem, de algum modo, causalidade e condicionalidade, as construções concessivas podem instaurar uma relação de contraste entre o evento representado na proposição concessiva e o representado na oração principal. Por aí chegamos a um segundo terreno de complexidades no nosso campo de análise, aquelas em que ficam envolvidos cotejo e contraste, e em que, por isso mesmo, ficam facilmente envolvidas as correlações, com suscetibilidade à impressão de marcas no enunciado.

Neste momento, podemos voltar ao suporte temporal do conector *quando* nesse complexo de relações adverbiais já examinado, para mostrar que os conectores temporais também são fundo e base para todo esse complexo de relações difusas na combinação de orações que se põem em cotejo.

Partindo do suporte da temporalidade para definição mais acurada de tais relações, um caso exemplar é o das construções com a conjunção *enquanto*, que, em si, implica simultaneidade entre os dois eventos relacionados, e que, portanto, não é temporalmente neutra como *quando*. Abrigando aspecto durativo, essas construções licenciam para uma relação entre os dois eventos o significado básico de "ao mesmo tempo que", ou "durante o tempo em que". Essa simultaneidade intrínseca, por outro lado, favorece um valor de contraste entre os dois eventos, enfraquecendo a própria relação temporal, e enfraquecendo, mesmo, o estatuto hipotático da construção, como se vê em:

- *Examinados ambos verifica-se que,* **enquanto** *um era maduro física, fisiológica e psiquicamente, o outro permanecia criança. (AE)*[7]

Além disso, com determinadas correlações temporais (por exemplo, com o uso do futuro do pretérito), as construções com *enquanto*, embora sempre impliquem simultaneidade, deixam, mesmo, de sugerir um valor de construção temporal, como se vê nesta ocorrência:

- *A magia se definiria como um culto individual, tendendo para o privado,* **enquanto** *a religião constituiria um fenômeno coletivo e público. (MAG)*

Vai complicar ainda mais esse conjunto que aqui examino a indicação de que são bastante semelhantes as construções com *quando* de valor concessivo (de que já tratei) e as construções com *enquanto* de valor contrastivo. Se pospostas, as orações desses dois tipos são praticamente intercambiáveis, embora não se perca o estatuto mais subordinativo de *quando* e o estatuto mais coordenativo de *enquanto*. Por isso, as orações desse tipo com *quando*, tendo minimizado seu valor temporal, pendem mais para o sentido concessivo (mais para a hipotaxe) e as orações desse tipo com *enquanto*, também tendo minimizado seu marcado valor temporal, pendem mais para o sentido adversativo (mais para a parataxe). Compare-se esta ocorrência de *quando* (já apresentada)

• *A imprensa é lucrativa,* **quando** *deveria ser apenas autossuficiente. (RI)*

com esta ocorrência de *enquanto*:

• *Nos outros Estados, as mulheres eram sujeitas a patriarcas estáveis* **enquanto** *a paulista submetia-se ao patriarca itinerante. (DM)*

Estamos no exame das operações de cotejo, e nesse campo reina a comparação, que, como se sabe, é a aplicação básica da mente humana em funcionamento. Com efeito, a propriedade fundamental da racionalidade humana é a discriminação, sem a qual o espírito nada produz, e ela caminha para várias direções, produzindo um conjunto de operações diversas, mas de limites também difusos.

Comecemos pela ideia de que buscar conformidade entre as coisas é comparar: se alguém conclui pela conformidade, é porque comparou, e, com efeito, uma comparação que não desliza para a desigualdade é o que resulta em conformidade. Daí a polissemia do *como*, nesses casos: tanto ele marca uma comparação não seletiva como marca uma pura e simples conformidade, o que, afinal, é quase o mesmo, como se pode ver nesta ocorrência:

• *Quero falar* **como** *o Coronel Moreira. (ALE)*

Essas implicações mútuas vão mais longe, e isso será visto a seguir, partindo-se dessa mesma ocorrência.

Continuemos pela ideia de que comparar é cotejar os modos pelos quais se é algo ou se é alguém, se faz algo, se experimenta ou se sofre algo. Não ser *como* algo — ou não acontecer *como* algo, ou não fazer *como* alguém — corresponde, aproximadamente, a não ser ou não acontecer ou não fazer *do (mesmo) modo que* algo ou alguém, o que abrange um componente modal, ao mesmo tempo que abrange um componente comparativo (de igualdade). Assim, a ocorrência que acaba de ser apresentada corresponde, *grosso modo*, a *Quero falar* **do mesmo modo que** *o Coronel Moreira fala.* Não é por acaso que a conjunção *como* é de alta escolha nas construções comparativas de igualdade (as qualitativas) que implicam o significado modal: a diferença estaria em um menor empenho no valor modal, e uma força mais evidente do valor comparativo, nesses casos. Com efeito, a construção

- *Como fazem os modernos promotores, Pilatos resolveu promover-se às custas do condenado. (VDM)*

implica o "modo" de fazer, mas é menos modal que uma construção como

- *A carência de vitaminas prejudica a saúde do homem **do mesmo modo que** a falta de nutrientes atrapalha a vida da planta. (AZ)*

Por outro lado, embora não deixe de implicar uma comparação, tal construção é menos comparativa do que esta:

- *A praça é do povo, amiga, **como** o céu é do condor. (ABC)*

Na verdade, nem mesmo com apelo ao contexto se pode decidir se o mais acertado é classificar como comparativa, como conformativa ou como modal uma construção como esta, do poema *Mulher ao espelho*, de Cecília Meireles:

> Já fui loura, já fui morena,
> já fui Margarida e Beatriz.
> Já fui Maria e Madalena.
> Só não pude ser **como** quis.

Pode-se ir a muitas chaves naturais de interpretação, e o que talvez muito possa ajudar na decisão é o gênero do discurso: por exemplo, talvez sintamos que o verso que vem a seguir, do poema *Este é o lenço*, Cecília Meireles, é mais modal do que conformativo ou comparativo, simplesmente por sentir que tal valor está mais a serviço da poesia:

> Este é o lenço de Marília
> **como** foi bordado.

A distinção raramente é fácil, e, se a frase é considerada isoladamente, como aqui se fez, nem legítima é, dada a falsidade do procedimento de estabelecer-se o sentido de uma frase sem consideração do texto de que ela faz parte. Por outro lado, nem é necessária a exclusão pura e simples de possíveis valores, já que tem de ser reconhecido que os valores coexistem, variando o grau de relevância em cada caso. Limites precisos raramente se percebem, mesmo porque as noções se implicam mutuamente.

Indo mais além, não é difícil que as orações modais tenham algum valor conformativo, embora bem mais difuso. A conjunção *como*, que serve a comparação e a modo[8], também serve a construções conformativas, as quais não deixam de ter uma relação com modo, com diferenças difíceis de estabelecer. Assim, nada há de estranho em considerar que a ocorrência

- *Como se nota, Campos Sales almejava uma judicatura independente, ao contrário daquela inexpressiva dos tempos do Império. (FI)*

é apenas mais conformativa que modal, enquanto a ocorrência

- *Lembrou-se do presente que lhe dera a ele de manhã: uma camisa de tricoline, que ela mesma costurara, com o bolsinho de um lado, **como** ele pedira. (LOB)*

é apenas mais modal que conformativa.

Talvez por tudo isso, a *Nomenclatura Gramatical Brasileira* (NGB) tenha deixado de contemplar, entre as orações subordinadas adverbiais, a subclasse das modais, deixando tais construções subsumidas nos rótulos "comparativas" e "conformativas".

A complexidade do modo de estruturação sintática

Se montar correlações é distribuir marcas correlativas, como assumi, resta verificar que marcas são essas, a que categoria elas pertencem, e que função e efeito têm no enunciado.

Não estando aqui contemplada a correlação coordenativa, fica sem exame a maioria dos modos de marcação correlativa[9]. Fora de qualquer comentário ficam, especialmente, as correlações que representam simplesmente contrapor distributivamente dois segmentos[10], aliás, de pouca relevância na organização de relações semânticas no enunciado. Trata-se daquele tipo de paralelismo – um balanço – que a análise gramatical de algumas línguas (e aqui falo especificamente do grego) soube contemplar, ao estudar as chamadas "partículas" correlativas (por exemplo, as gregas *mèn...dé*) pelo que representavam de estruturação sintagmática e de equilíbrio estrutural, distanciando-se das construções em que a correlação tinha relevância para a organização e hierarquização das relações semânticas.

Entretanto, as categorias que intervêm nas diversas expressões correlativas em geral (com a pertinência que cada modo de expressão tem para a essência daquilo que é uma correlação) serão destacadas a seguir, com a atenção especialmente voltada ao que elas representam para a expressão adverbial. Vou passar por alguns dos expedientes que compõem as correlações.

Em primeiro lugar, cabe verificar a pertinência da polarização nesse processo: uma marca polar negativa – por exemplo, *não só*[11] ou *senão*[12] no primeiro membro – implica/obriga a sequência de uma contraparte que insista em uma marca positiva, para acréscimo, restabelecimento ou compensação de uma noção cuja presença foi minimizada, mal valorizada, ou, mesmo, negada. Esse acréscimo é feito, no caso de *não só*, por *mas*, *como* e outros[13], e, no caso de *senão*, por *ao menos* e *pelo menos*. Tais categorias também são responsáveis pela quebra de linearidade da sentença, pondo de lado sua sucessão temporal.

Do mesmo modo, uma marca de quantificação – por exemplo, *tanto*, no primeiro membro – também implica/obriga a sequência de uma contraparte correlativamente marcada que entre em cotejo com a primeira:

i) seja no mesmo plano, compondo-se uma relação comparativa de igualdade, como em

- *O senhor deve imaginar que é nosso dever - dever da polícia - tomar* **tantos** *depoimentos* **quantos** *sejam necessários para esclarecer a situação. (BB)*

ii) seja com dependência, compondo-se uma relação causativo-consecutiva, como em

- *Marieta, porém, encarou-o com* **tanto** *ódio,* **que** *ele insensivelmente voltou atrás, encostando-se à parede úmida. (FR)*

Por outro lado, uma marca de intensificação – por exemplo, *mais*, *menos*, *tão*, *tanto* no primeiro membro –, que também obriga/implica a sequência de uma contraparte, envolve maior complexidade. Por ser a intensificação uma relação adverbial de "modificação" (NEVES, 2000: 236-237), a contraparte pode vir no mesmo nível ou vir compondo níveis hierarquizados. No primeiro caso (parataxe), a sequência de um segundo membro correlativamente marcado (com *quanto* ou *como*) é requerida simplesmente para que se estabeleça um cotejo com o primeiro (comparação), com independência sintática entre eles, como em

- *Penitência que decerto não será tão difícil* **quanto** *a outra. (OMU)*

No segundo caso (hipotaxe de realce), a sequência de um segundo membro correlativamente marcado (com *que*) é requerida para que se feche a relação adverbial (núcleo-satélite) anunciada, o que dispara
    - ou uma comparação em desnível, como nestes versos do poema *Deus*, de Casimiro de Abreu:

> Que dura orquestra! Que furor insano!
> Que pode haver maior **do que o oceano**,
> Ou que seja mais forte **do que o vento**?!

    - ou uma relação causal-consecutiva, como nestes versos do poema *A doce canção*, de Cecília Meireles:

> Pus-me a cantar minha pena
> com uma palavra **tão** doce,
> de maneira **tão** serena,
> **que** até Deus pensou que fosse
> felicidade – e não pena.

Lembre-se que, na intensificação, devem ser incluídos e contemplados os casos de qualificação intensificada – com a marca de um intensificador como *tal* no primeiro membro –, que também obriga/implica a sequência de uma contraparte. Um ocorrência do tipo é:

- E **tal** foi o descontentamento popular trazido pelo êxodo da moeda divisionária **que**, em 3 de agosto de 1692, esse descontentamento se transformou em motim.

A quantificação e a intensificação constituem a peça central também da construção proporcional, altamente ligada à operação comparativa, e que é a mais correlativa das construções, com um sem-número de expedientes de correlação, embora nem todos produtivos atualmente. São alguns exemplos os versos
    - do poema *Cavalo marinho, criação e cantilena*, de Gilberto Mendonça Teles:

Quanto mais amo **mais** me derramo;

    - do poema *Espelho mágico*, de Mário Quintana:

Quanto mais leve **tanto mais** sutil
O prazer que das coisas nos provém;

- do poema *Tarde*, de Olavo Bilac:

> Poupa o riso e o prazer porque a alegria
> **Tanto** é **mais** doce **quanto mais** é parca;

- do poema *Sarças de fogo*, de Olavo Bilac:

> **Mais me embaraço quanto mais me agito!**

- do poema *A fantasia temerária*, de Carlos Nejar:

> E **quanto mais** imaginando, é tarde,
> **quanto mais** cedo o sonho se imagina.

Esse tipo de construção apresenta ainda um complicador, no equacionamento das funções: nessas combinações não ocorre conjunção, que é o elemento que, a rigor, marca a subordinação oracional, embora tradicionalmente essas orações iniciadas por *quanto* venham sendo apresentadas como subordinadas adverbiais proporcionais. Na verdade, entre as duas orações que se colocam em relação de proporcionalidade, uma delas (a que traz o elemento gramatical *quanto*)[14] apresenta-se como de nível inferior à outra, em termos de dependência sintática, mas a sua catalogação como subordinada, sem relativizações, é problemática. Assim, numa relação de proporcionalidade se encontra um elemento quantificado ou intensificado (que é fonte para a relação) e outro elemento proporcionalmente relacionado a essa quantificação ou intensificação (por isso, dependente), também quantificado ou intensificado, montando-se uma das duas direções que tem a proporcionalidade: direta ou inversa.

Por outro lado, na correlação que traz a segunda oração iniciada pelo mesmo elemento *quanto*, mas é do tipo essencialmente comparativo, o que existe é, linearmente, um elemento comparado e um elemento comparante em um mesmo nível, a ponto de uma inversão de posição entre as duas orações alterar apenas o estatuto informacional da sequência. Além disso, a correlação comparativa *tão/tanto ... quanto* pode chegar ao máximo da linearidade, a ponto de cada um desses elementos despir-se completamente de seu valor quantificador ou intensificador[15], para marcar apenas que o grau relativo de quantificação e intensificação que ambos obtêm na comparação é idêntico, e para, por aí, simplesmente operar uma conexão aditiva. É o caso de

- *Os médicos estarão **tão** distantes do organismo **quanto** os astrônomos dos planetas. (APA)*

Por isso, são frequentemente colocadas em conjunto para análise (NEVES e HATTNHER, 2002) essas construções e as construções correlativas aditivas do tipo de

- *Foi convidado a fazer parte do Conselho Imperial de Saúde, que **não só** elaborava normas sanitárias **como** era um centro de pesquisa epidemiológica. (APA)*

Eu diria que, neste último caso, pela adição se compara, e, no caso da construção comparativa, pela comparação se soma. Sutilezas? Ou complexidade, mesmo?

Em todos esses casos de construção correlativa, trata-se de um processo que pode genericamente ser catalogado como enfático, catalogação que, entretanto, merece especificação mais significativa, para que se verifiquem os efeitos produzidos: em geral, fazer uma correlação constitui um expediente para aproveitar a densidade semântica e a natureza dialógica/polifônica das relações não integrativas (a parataxe e a hipotaxe adverbial). É um campo de amplas possibilidades de criação de efeitos de sentido.

Ocorre que uma explanação linear dos expedientes que constituem gatilho para a expressão de marcas correlativas não penetra na complexidade das construções envolvidas no conjunto. Aditivas, comparativas, consecutivas, proporcionais, por exemplo, se enredam sob diversos aspectos, a ponto de as aproximações verificadas segundo um parâmetro se afrouxarem quando vistas segundo outro, e vice-versa.

O que se mostra, afinal

De fato, o que fiz neste espaço foi um ensaio, que não se detém ainda suficientemente em suas explicitações, que não esgota os casos existentes para estudo, e que, por tudo isso, reclama aprofundamento. Também reclama continuidade, para confrontar categorias da parataxe (adição, contraste, alternância) com categorías da hipotaxe (causalidade, condicionalidade, concessividade) e para incorporar na discussão a contraface de outras tríades, como, de um lado, junção, contrajunção, disjunção, e, de outro, factualidade, hipoteticidade, contrafactualidade.

O que fica evidente das reflexões é que, quanto mais se avança no exame desse territorio, mais ressalta a importância dos princípios funcionalistas de gradualidade no cumprimento das funções, e de não biunivocidade entre classes e funções, evidenciando-se que os aparentes conjuntos a que se tem chegado constituem apenas núcleos centrais de valores, os quais têm potencialidade para deslizar na direção dos outros, segundo as necessidades funcionais, nunca ficando verificadas lacunas ou carências ou atolamentos nos sistemas das línguas naturais.

Notas

[1] Morais (1981) se refere a José Oiticica e Rocha Lima, apontando que este último, mais tarde, mudou de parecer.
[2] Morais (1981) se refere a Gladstone Chaves de Melo.
[3] As siglas de nomes de obras são identificadas na seção Referências bibliográficas, ao final do livro. Todas as obras de tal modo referidas se encontram no banco de dados (cerca de 200 milhões de ocorrências) de português escrito (*Corpus* de Araraquara), disponível em meio digital no Laboratório de Estudos Lexicográficos da Faculdade de Ciências e Letras da UNESP, Campus de Araraquara.
[4] Blühdorn (2006) inclui entre as causais as construções tradicionalmente categorizadas como finais.
[5] Por enquanto, estou deixando de considerar o forte componente pragmático (dialógico) da relação concessiva, para ater-me às relações (lógico-)semânticas.
[6] Por enquanto, estou deixando de considerar o forte componente pragmático (dialógico) da relação concessiva, para ater-me às relações (lógico-)semânticas.
[7] A indicação de contraste fica acentuada e a indicação temporal fica ainda mais apagada, com o uso da locução *enquanto que*: *Enquanto que as facas de cima e de baixo tiram o material das duas faces da espiga, a serra apara-lhe o comprimento*.
[8] Observe-se que *como?* é o advérbio interrogativo de modo em português.
[9] Morais (1981) oferece exemplo de 33 diferentes expressões correlativas aditivas e de seis expressões correlativas alternativas, que recolheu na literatura de língua portuguesa. No caso das demais correlações (não coordenadas), a série de exemplos de Morais se reduz a sete.
[10] Por exemplo: *de um lado... de outro; por um lado... por outro; por uma parte... por outra; em parte... em parte*.
[11] Nega-se que haja inclusão de apenas um elemento, o que dispara a parataxe, com efeito de adição.
[12] Admite-se uma exclusão, o que dispara a hipotaxe, com efeito de inclusão reparadora.
[13] São exemplos de contraparte aditiva de *não só*: mas ainda; mas até; mas também; porém; como ainda; como também; que também; senão; senão que; senão que também.
[14] A última ocorrência apresentada traz o *quanto* nas duas orações, uma construção pouco comum, mas que pode ser invocada como evidência de que esse elemento não é uma conjunção.
[15] Uma evidência é que o elemento quantitativo *quanto* frequentemente cede lugar ao qualitativo *como*, no segundo membro da comparação. Observe-se, também, que a conjunção *como*, não correlativa, pode equivaler a *tanto quanto* (que sugere correlação), como nesta ocorrência já citada: *A praça é do povo, amiga, **como** o céu é do condor* (= tanto quanto o céu é do condor). Observo que, por limitações de espaço, ficam fora deste exame os conectores compostos adverbiais comparativos, consecutivos e proporcionais, cujo uso constitui casos de não correlação, por exemplo: *tanto quanto, assim como, tal qual, tal como, do mesmo modo que, de (tal) modo que, de (tal) maneira que, de (tal) sorte que, a tal ponto que, à proporção que, à medida que, ao passo que*.

Língua falada e língua escrita.
Uma busca da gramática que rege as formulações*.

> A conversação é a primeira das formas de linguagem a que estamos expostos e provavelmente a única da qual nunca abdicamos pela vida afora.
> (Luiz Antônio Marcuschi)

> Mas é a palavra escrita que dá permanência à linguagem, mesmo ao preço de roubá-la da sua vulgaridade democrática, e quase toda a nossa experiência literária é feita dessa segunda realidade.
> (Veríssimo)

Nos últimos tempos a linguagem falada tem sido objeto de investigação de pesquisadores que reconhecem a necessidade de que as análises de língua não se restrinjam à modalidade escrita, tradicionalmente valorizada para estudo, especialmente para o estudo da gramática da língua.

Ora, o analista que se ponha a investigar fatos de língua falada naturalmente se mune de pressupostos que o capacitem a essa tarefa específica de avaliar peças de linguagem oral. Entretanto, há a discutir se a investigação dessa determinada modalidade de língua toca a essência do sistema ou se, em princípio, fica considerada a existência de um sistema único, e a partir daí, nega-se que haja uma "gramática" da língua falada, avaliação que pode representar (até) negar-se a importância, e a própria pertinência, de estudos nessa área.

O que aqui se defende é a existência de um sistema único, mas defende-se também a pertinência de estudos do português falado sob um aparato teórico que contemple suas especificidades, segundo uma visão que

---

* Este capítulo é uma adaptação do artigo "Fala e escrita: a mesma gramática?", publicado no livro *Oralidade em textos escritos*. Projeto paralelo 10 - NURC/SP, organizado por Dino PRETI. São Paulo: Humanitas, 2009b. p. 19-40.

transcenda o núcleo duro da "gramática" da língua. Lembrando, mesmo, o difícil limite de distinção, do ponto de vista das estruturas básicas, entre a língua falada e a língua escrita, pode-se levar a discussão para os diversos compartimentos da "gramática", observando, por exemplo, que, em alguns campos, as diferenças se discutem mais fortemente no terreno da interação (modo de produção, condições de uso, interesses e propósitos específicos), enquanto em outros campos as diferenças já se discutem mais especificamente no nível do sistema. Em nenhum dos casos desaparece algum dos componentes (sintático, semântico ou pragmático) que se integram para compor a gramática da língua.

Além de tudo isso, neste capítulo dirige-se a reflexão para a questão da força socioculturalmente motivada da padronização linguística.

O objeto de análise

Retomo uma discussão que já fiz em outro trabalho (NEVES, 2002: 91-92), comentando conclusões a que chegou uma mesa-redonda de um colóquio sobre língua oral realizado em Gand, cujos resultados estão publicados em *Travaux de Linguistique* 21, novembro de 1990, páginas 47 a 50. O que se conclui aí é que os fatos orais e os escritos devem integrar-se num sistema linguístico único, embora haja linguistas que considerem absolutamente sem interesse a análise da língua oral, julgando que esses dados nada trarão de novo à teoria linguística. Defender um sistema único não implica defender um sistema monolítico: com efeito – conclui-se nessa mesa-redonda – no nível da sintaxe as diferenças dizem respeito ao modo de produção e às condições de emprego, não ao sistema, enquanto no nível da morfologia (um exemplo são as marcas de plural em francês) algumas diferenças tocam o próprio sistema da língua.

O caso se torna ainda mais complexo quando se leva em conta que a oposição entre a produção oral e a produção escrita não é tão límpida e fácil, implicando questões várias, por exemplo a oposição entre os enunciados conformes e os não conformes aos padrões, e a gradação entre enunciados mais formais e menos formais, nas duas modalidades. Trata-se de uma questão altamente pertinente, pelo que existe de diferença entre a padronização para o falado e a padronização para o escrito: basta lembrar certas indicações de lições prescritivistas que andam por aí propondo que na língua falada tudo seja permitido, enquanto a língua escrita será sempre mais "pura" e "limpa" de imperfeições.

A essa última questão, relativa à interação verbal, voltarei logo adiante.

Língua falada e língua escrita

Há um sem-número de propostas de qualificação dessas duas modalidades, algumas dicotômicas, outras com certa gradualidade no estabelecimento das comparações, o que, certamente, reflete maior acuidade de observação e de avaliação.

De todo modo, não há como deixar de encontrar indicações cabais de uma diferenciação entre língua falada e língua escrita – em si e por si, e em qualquer de suas realizações – no concernente a pelo menos quatro grandes campos: (i) envolvimento interpessoal; (ii) grau e localização temporal do planejamento; (iii) natureza dos procedimentos de formulação; (iv) características da organização do texto.

Vamos a uma reflexão sobre esta quarta e última indicação. Pode-se dizer, por exemplo, que a língua oral de certo modo se confunde com a forma mais natural de uso linguístico, a conversação, já que ela "é o veículo de comunicação usado em situações naturais de interação social do tipo de comunicação face a face" (TARALLO, 1986: 19). Ora, é dessas situações que tais fenômenos são constituintes essenciais. Haverá, com certeza, modos de representar, em um texto escrito, fenômenos típicos da emissão oral (hesitações, interrupções, inserções, correções, parentetizações, buscas de denominação, patinações, superposições), mas isso será quase sempre mera representação adicional. Essa representação terá algum objetivo particular pragmático, estilístico, literário, acrescido à formulação básica, pois, com certeza, a maior parte desses fenômenos intrínsecos à formulação oral não compõe a natureza da formulação que se opera por escrito. Entretanto, a própria possibilidade de criar tais efeitos de língua oral na língua escrita demonstra a existência de uma regularidade da língua em si, de um sistema que sustenta em comum os procedimentos de qualquer modalidade de formulação linguística. É essa a questão a que minhas indicações tópicas voltarão, na segunda parte.

Estou indo, pois, na direção da ideia de que língua escrita e língua falada são metodologicamente comparáveis, insistindo em que isso não implica propor uma dicotomia rígida, do mesmo modo que não implica considerar que a comparação seja suficiente para caracterizar cada uma das duas modalidades.

Com efeito, o falado e o escrito – excluída qualquer rigidez de dicotomização, insisto – diferem quanto aos modos de aquisição, métodos de produção, transmissão, recepção, e, mesmo, estruturas de organização. E, se há diferenças constitutivas de cada uma dessas modalidades, isso tem repercussão no produto. Não por isso, porém, se dirá que alguma das modalidades constitui um padrão único.

Em primeiro lugar, considerando-se a linha do tempo (a gênese), a fala precede a escrita. Por outro lado, levando-se me conta as funções de linguagem predominantemente acionadas, a fala, em princípio, ativa privilegiadamente a função interpessoal, enquanto a escrita ativa privilegiadamente a função ideacional (HALLIDAY, 1994), pois, na própria motivação, a fala se orienta predominantemente para o ouvinte, e a escrita, para a mensagem. Acrescento, para a modalidade escrita, a possibilidade de uma atenção particular na função textual.

Sobre as condições de produção, são banais as considerações que passo a fazer, mas elas são relevantes. As relações entre fala e escrita são marcadas como contraste, em primeiro lugar, entre presença e ausência do interlocutor, e isso implica contraste entre solidão e participação, no ato de produção. Acresce o contraste entre a necessidade de realização sequencial no tempo real, na fala, e a possibilidade de realização como processo global, com realimentações, na escrita. Somam-se as próprias características físicas ligadas à qualidade oral, diferentes da qualidade do veículo gráfico: é até óbvia a indicação de que, na fala, o emissor dispõe de um arsenal de recursos vocais, gestuais e posturais cujos efeitos de sentido podem até sobrepor-se aos dos dados segmentais. Essencialmente caracterizadora da produção oral é a concomitância com a recepção, neste particular em contraste absoluto com a produção escrita, que já nasce destinada a uma recepção posterior. Ora, quem fala desenvolve o discurso com a presunção de que todo segmento pronunciado chega ao interlocutor, e qualquer diferença do que lá chegou com o que ele realmente desejava dizer tem de ser reparada face a face com o(s) parceiro(s) de interlocução. Quem escreve, porém, (só) pode reparar seu texto em privacidade. Isso tem de ver, ainda, com as diferentes condições e oportunidades de planejamento verbal em cada uma das modalidades, obviamente com multiplicação das variáveis, em dependência do contexto e do registro de uso. Coroa o conjunto dessas diferenças aqui grosseiramente apresentadas o contraste entre a possibilidade (e a ameaça) de silêncio que envolve a interlocução oral e a ausência de possibilidade (e de perigo) de silêncio que marca a produção escrita: do falante se espera que fale durante todo o tempo que lhe é dado, isto é, que tenha a palavra enquanto tem o turno, mas quem escreve não sofre essa pressão.

Vamos às estratégias que, com ou sem dicotomização, têm de ser reconhecidas numa comparação entre produção oral e produção escrita. Mas, neste terreno, fica muito mais evidente a necessidade de relativizar as diferenças, na direção de considerar distintas produções orais e distintas produções escritas. Por isso, neste particular, a mais explícita amostra está na comparação entre a linguagem falada como fala espontânea, de planejamento simultâneo à produção, e a linguagem escrita como processo ligado a (forte) planejamento prévio.

Com essa relativização relaciono alguns contrastes. Em princípio, parece que, na fala espontânea, há de ver-se maior ênfase naquilo que se quer comunicar e no próprio ato de interação, enquanto na escrita bem planejada vai grande ênfase no como dizer para bem dizer, exatamente aquela diferença que apontei no privilegiamento das diferentes funções da linguagem. Do mesmo modo, é evidente que, na interlocução oral, a voz dos parceiros entra numa linearidade concertada, pactuada em presença, enquanto a linearidade estrita da produção escrita tem desenvolvimento na linha no tempo, ligada à linha do espaço. Em terceiro lugar, a diferença no processamento das duas modalidades aponta para a implicação, na interlocução oral, de monitoramento da produção (tanto do que já foi dito como do que se está a dizer) e também da recepção (sempre simultaneamente ao planejamento), enquanto a produção escrita, em princípio, se desvincula de monitoramento, prendendo-se, pelo contrário, à abertura para número indefinido de voltas e releituras do produtor. Liga-se a isso o peso de restrições ou interrupções no ofício de elaboração do texto falado, em contraste com a total liberdade que quem escreve tem para avaliar, direcionar e redirecionar sua elaboração textual. Coroam-se essas indicações com o contraste que há entre a impossibilidade de quem fala controlar permanentemente seus enunciados já produzidos e o total controle que quem escreve tem de tudo aquilo que enunciou, dado o registro gráfico à sua disposição.

Resta um último conjunto nessas comparações que tão timidamente se fazem aqui, e tal conjunto se liga à natureza da concretude da produção, ou seja, às suas características formais. Com certeza é a língua falada o lugar em que se esperam marcas de não acabamento do produto, enquanto na língua escrita o produto se tem sempre como (pelo menos provisoriamente) acabado.

Naquela as marcas desse processo hão de estar transparentes, enquanto nesta não se escancaram os processos de edição do texto. Basta lembrar o particular papel do computador, hoje em dia, na edição do texto escrito pelo próprio autor.

Obviamente – volto a dizer – toda essa questão estará sendo imperfeitamente vista se uma visão dicotômica radical opuser de um modo irrefletido os extremos das duas modalidades, a língua falada informal, distensa, e a língua escrita formal, cuidada. Exatamente por isso, muitas distinções que em geral se vêm fazendo entre língua escrita e língua falada não se sustentam. Por exemplo, não é privativa da língua falada a função construtora da realidade social e transmissora de seus valores – tão cara à etnografia –, como por vezes se indica, e, na outra ponta, não é privativa da língua escrita a ilustração das regularidades que subjazem a produção linguística. Do mesmo modo, embora o desenvolvimento dos estudos de língua falada tenha contribuído para a atenção maior ao texto e ao discurso como unidades de análise, entretanto a consideração dessa unidade é básica no estudo de ambas as modalidades, indiferentemente.

Mais ainda, a indicação de um primado da língua falada, sob a alegação de sua condição natural e inata, não pode nunca implicar uma consideração da língua escrita como mero registro da fala (BLOOMFIELD, 1933), como algo absolutamente desligado dela, com relevo apenas no seu aparato de técnica de representação gráfica, formal, artificial e normatizada. Dessa visão não apenas dicotômica mas ainda criadora de falsos conceitos e de preconceitos, ficou a língua escrita avaliada, sem maiores aprofundamentos, como necessariamente estruturada de modo muito mais elaborado, como necessariamente mais complexa, e, principalmente, como (mais) desligada das condições concretas de produção. Aliás, toda uma série de equívocos de avaliação facilitou a consideração de que a escola deve atentar especialmente para o tratamento da língua escrita, uma noção que faz, sim, muito sentido, mas que não tem exatamente os fundamentos com que se apresenta.

Esse estranhamento entre as duas modalidades de língua, colocadas *tout court* em polos opostos, como se não se implicassem mutuamente, como se o funcionamento de uma não tivesse relação com o funcionamento de outra, desrespeita a essência da linguagem, com o desconhecimento de que ambas as modalidades de desempenho constituem, para o homem, interfaces do exercício da faculdade da linguagem. Na prova, recorro a Coseriu (1988): (i) ambas as modalidades implicam (não importa se com implementação diversa) a capacidade de falar; (ii) ambas implicam (não importa se maneiras peculiares) o conhecimento de uma língua particular historicamente inserida, ou seja, têm como correlato um sistema único; (iii) ambas implicam a existência de uma atividade de interação (diferente que seja).

É verdade que a segmentação de unidades menores no texto se governa diferentemente na língua falada e na escrita. Sabemos que a Análise da Conversação tem instituída uma série de unidades – turno, troca, intervenção, ato – e tem muito relativizada a pertinência da unidade "oração" como básica no enunciado[1].

É verdade também que a regularidade linguística, que subjaz indiferentemente a produção linguística oral e a produção linguística escrita, coexiste com características organizacionais peculiares de cada modalidade. É verdade, afinal, que as diferenças que os produtos de elocução oral e elocução escrita apresentam entre si fazem parte do próprio objeto posto em exame quando se procede à análise desses produtos. Assim, fenômenos da língua oral, como repetições, superposições, patinações, parentetizações, buscas de denominação, etc., a que já me referi, têm de integrar a descrição gramatical, entendido que o apagamento absoluto desses fenômenos, que é bastante geral na língua escrita, conduz a modelos específicos da tradição escrita. Naturalmente editados, esses modelos são, por sua vez, o objeto privilegiado da descrição gramatical quando o que se põe como objeto de estudo é exatamente a língua escrita. Ao analista da língua oral, entretanto, não é lícito, de modo algum, prover uma edição do discurso oral segundo parâmetros da modalidade escrita. Foi o cuidado que tomou o Projeto Gramática do português falado – GPF (coordenado por Ataliba Teixeira de Castilho), que analisa o *corpus* da norma urbana culta brasileira (NURC) de cinco capitais brasileiras.

Por aí vai a amostra de reflexão que aqui trago, como se verá a seguir.

Há, pois, assentados sobre as regularidades da língua, recursos linguísticos e paralinguísticos associados tipicamente à língua oral, ou associados tipicamente à escrita, e há parâmetros ligados a cada uma dessas modalidades, os quais, de um lado, caracterizam genericamente os dois tipos de produção, e, de outro, refletem as condições de produção típicas de uma e de outra modalidade. Entretanto, é uma mesma gramática que põe à disposição dos usuários todas as opções para a escolha que esteja a serviço de cada uma das modalidades.

Um exercício de confronto das duas modalidades

Vou partir de algumas estratégias textual-discursivas que o subgrupo "Organização Textual-Interativa" do Projeto GPF elegeu para estudo, e o fez exatamente porque não despojou o texto oral de expressões que, a um exame ateórico, estariam atravessando as estruturas canônicas e, aparentemente, não encontrariam aparato formado de exame. Para minhas considerações, invoco algumas análises que pesquisadores desse subgrupo apresentam nos volumes VI e VII da coleção Gramática do português falado (NEVES [org.], 1999; KOCH [org.], 2002).

O que trago aqui é, especialmente, uma amostra de diferenças entre produções das duas modalidades de língua, a falada e a escrita, na implementação de estratégias, com grande intervenção do fato de haver maior frouxidão da obediência à norma na modalidade falada distensa, ou seja, na conversação, que é o tipo de interação que, no geral, vem ilustrar as indicações que aqui farei (em geral, de inquéritos dialógicos do córpus do NURC: diálogo entre dois informantes – D2; e diálogo entre informante e documentador – DID). Quanto à modalidade escrita, minhas observações vão, basicamente, para a escrita considerada padrão, nas quais se pode considerar bem ativadas as estratégias do desempenho linguístico escrito.

Estratégias preferenciais

Começo com certas estratégias que estão praticamente ausentes da língua escrita de escolarizados, porque refletem operações que não pertencem, canonicamente, à escrita.

CORREÇÃO (INCLUINDO HESITAÇÃO)

Na língua escrita, a rigor, se correções forem indicadas, isso será para algum efeito estilístico ou argumentativo. Veja-se, entretanto, a naturalidade desse processo na língua falada:

- *então por um lado **o que estão** o que está acontecendo... (D2 SP 62)*
- *levar ao senhor presidente... todas aquelas questões... **que diz que dizem** respeito... aos associados. (RE DID 131)*
- *A gente quer saber agora... quais as razões **que faz**.... **que fazem** com que... ah... (EF SP 338)*

- ***uma**... **um** objetivo a atingir, sabe? (D2 SP 360)*
- *me disse que era... que estava muito interessante **este seu**... **esta sua** crônica. (D2 SP 333)*

Ora, como dizem as autoras das análises concernentes a esse tema no Projeto GPF (FAVERO et al., 1999: 74), as correções "são produto de uma organização local específica da oralidade". A explicação invocada é que "as correções correspondem a um processo altamente interativo e colaborativo". Ou seja: se a escrita não apresenta marcas de correção ou de hesitação, ou apresenta marcação diferente, não está no núcleo duro da gramática a razão. A fala, quando traz marcas de correção, quer, de fato, corrigir, enquanto a escrita, em geral, quando registra propositadamente uma correção, utiliza-a como estratégia discursiva.

Afinal, observe-se que, tratando da "segmentação", Koch (2002: 49) registra:

> Frequentemente as construções segmentadas, por vezes precedidas ou seguidas de hesitações ou de marcadores discursivos (como *enfim, quer dizer, bom, bem*, entre outros) são resultados de estratégias de reformulação ou correção do texto falado.

REPETIÇÃO

As repetições, por sua vez, estão presentes nas duas modalidades, mas com caminhos muito diferentes de seleção de expedientes de marcação. Já tenho tratado disso (NEVES, 2003b: 104-108) examinando repetições de língua falada, de motivação claramente ligada ao canal oral de expressão, e repetições de língua escrita, muito geralmente destinadas a apreciação literária, como as do trecho de *A meu amigo, o Piracicaba* que adiante vem transcrito.

São de língua falada estes exemplos:

- *eu acho que é o **futebol**, que a gente só ouve falar em **futebol**... só **futebol**, né... (DID POA 45)*
- *quando eu tenho mais urgência **eu telefono** ... mesmo que seja pra Alemanha ou pra França **eu telefono**... (D2 RE 151)*
- *eles pescam muito **peixe de rio** e usam muito na alimentação **peixe de rio**... sabe...? (DID RJ 328)*

- **dormir bem** eu nunca **durmo bem**... com problemas diários não dá pra dormir bem... (DID POA 09)
- es/essas esses progressos... **houve** isso **houve** muito progresso. (D2 SP 333)

Trata-se claramente de um expediente a serviço da condição oral da língua falada. Ela se esgota e foge no tempo, não podendo ser freada nem mantida à disposição dos que se comunicam, a não ser por repetições e retomadas, já que o circuito de comunicação fatalmente se quebraria, e com frequência, não fosse o suprimento fornecido pelos segmentos reiterados, distribuídos estrategicamente no fluir da interação.

É fácil observar que a destinação das repetições do trecho escrito já anunciado é diferente:

A meu amigo, o Piracicaba

Xará, a gente não deve nunca cuspir num **rio**, por menor que seja esse **rio**, porque ninguém pode dizer dessa água não beberei. Um **rio** tem curvas e voltas. O **rio** é como a vida: mistérios, sombras, grotas, reflexos de prata, remansos e correntezas. O **rio**, por menor que seja, é uma lição de descobertas. Na escola as professoras mandam decorar que um **rio** é um curso de água que corre para o mar. Mas um **rio** é muito mais que isso. Um **rio** está acima das noções de Geografia; é mais que um traço trêmulo no mapa, é mais mistério que um artefato hidráulico. Um **rio** são os pedregulhos, a barranca, os chorões, os galhos debruçados sobre o espelho, anteriores às pontes de concreto. Um **rio** são os olhos insones dos peixes irrequietos, o lodo frio, a loca dos cascudos, o remoinho, a corredeira, o réquiem dos defuntos afogados, a urina dos moleques, o olor da pele das mulheres, o agachar das lavadeiras, o itinerário dos barcos e o silêncio dos pescadores.

O **rio** é o patrimônio das pessoas simples, das cabritas e dos pássaros.

O **rio** é o grande monumento da cidade.

Xará, diz-me que **rio** tens, te direi quem és.

Teu **rio** é o horóscopo de teu futuro: claro, pardo ou escuro.

Teu **rio** mostra o que pensas das pessoas, o que fazes com as pessoas e às pessoas; se és um homem livre, bom, sensato, feliz ou se és apenas um homem que não tem sequer a alegria de um **rio**.

O cheiro do **rio** é teu atestado de antecedentes.

Xará, um **rio** pode ser o riso líquido das crianças ou as lágrimas secas dos velhos.

O **rio** é a fração ideal de teus sonhos; o brinquedo que restou à humanidade salva do incêndio, que a espada de fogo ateou no paraíso perdido entre Tigre e Eufrates. Xará, o **rio** é tua carteira de identidade, teu certificado de sanidade,

teu comprovante de civilidade, teu errregê; registro de gente. Um **rio** é feito para ser amado, para correr e saltitar, para beijar as margens com volúpia. Um **rio** é feito para ser prestigiado, namorado, para ser mostrado aos turistas e aos de casa, com orgulho, assim [...]
     (DIAFÉRIA, L. *A morte sem colete*. São Paulo: Moderna, 1996:103)

 Como diz Marcuschi (2002), tratando de língua falada, é evidente o papel das repetições na "condução da argumentação" (p. 129), e isso é verdadeiro tanto para a fala como para a escrita. Entretanto, ao tratar da importância da repetição na "interatividade" (p. 133), Marcuschi destaca o peso particular que ela tem na interlocução oral, já que "promove a expressão de opiniões pessoais divergentes", além de "monitorar a tomada do turno", funções que sabemos ser de baixa representatividade ativa no desempenho por escrito.

Estratégias comuns com moldes preferenciais ou exclusivos

 Outras três estratégias formulativas que contemplo pertencem significativamente, tanto à língua falada como à escrita, e em cada uma a seu modo: topicalização, relevo e parêntese. Esses são expedientes altamente pragmáticos, mas que se põem a serviço tanto da função ideacional (o "campo" do discurso) como da interpessoal (a "relação" do discurso) (Halliday, 1994), sempre com diferenças segundo as duas modalidades.

TOPICALIZAÇÃO

 A primeira indicação é a de que são correntes na escrita canônica (digamos assim) aquelas topicalizações que têm abrigo na sintaxe convencional, considerada "padrão", e que adiante vemos em ocorrências de língua falada. São estes os tipos mais comuns:

 a) A extraposição de um adjunto adverbial de referência (aquilo que, na sintaxe do grego clássico, constitui o acusativo de relação):

- ***e no que tange a nossa música popular*** *eu acho que:: agora a televisão está abrindo as portas... para nossa música popular coisa que o rádio não faz. (D2 SP 333)*

- ***sobre o problema do primário...*** *essa reforma do primário e ginásio eu não estou muito a par, né? (DID SSA 231)*

Observa-se que o que discrepa da escrita não é a topicalização em si (que, tal como vem aí, tem espaço e eficiência tanto na fala como na escrita), é mais o modo de expressão da retomada anafórica subsequente.

b) A anteposição de um termo:

- *medicina* vc sabe que é prática. *(DID SSA 231)*
- *isso* eu repito. *(EF RE 337)*
- *de primeira classe* hoje em dia aqui temos poucas. *(D2 SSA 98)*

E essa estratégia não rompe necessariamente padrões de escrita cuidada, mesmo que seja complexa a construção. Entre os casos está, por exemplo, a anteposição de objeto direto constituído por anafórico:

- *aquelas matérias todas que publicam ali aquilo* até eu coleciono. *(D2 SP 255)*

Entretanto, certos moldes são praticamente inexistentes na língua escrita, e eles, de fato, rompem os padrões prescritivos a tal ponto que muitos dos tipos de textos escritos os proscrevem, realmente:

a) As topicalizações com repetição do sujeito (sujeito cópia):

- *eles* também *eles* comem muitas coisas. *(DID RJ 328)*
- *o Japão... ele...* desde o seu início... *(EF RJ 379)*
- porque *o Nélson...* fins de semana *ele* estuda. *(D2 SP 360)*
- *a minha de onze anos... ela* supervisiona o trabalho dos cinco... *(D2 SP 360)*

b) As topicalizações que ocasionam evidente anacoluto (abandono de construção), começando outra tematização completamente diferente. É um rompimento da norma que, por outro lado – sabemos –, pode ser aproveitado com efeito poético (figura de linguagem), e, muitas vezes, se alguém não usa esse tipo de construção, é tão somente para não se expor a cobrança de norma. Os trechos que vêm a seguir como amostra, entretanto, resultantes que são de um fluxo ligado a necessidades do caráter oral do enunciado, beneficiam-se desse tipo de topicalização:

- *peixe* aqui no Rio Grande eu tenho impressão que se come *peixe* exclusivamente na Semana Santa... *(D2 POA 291)*

- *um arquiteto que se forma, o salário inicial de **arquiteto** tá em torno de quatro mil e quinhentos cruzeiros... (D2 RJ 335)*

c) As topicalizações que se acompanham de patentes transgressões à norma, aquelas particularmente visadas pelos patrulheiros de plantão, por exemplo as que violam a regência prescrita (de que se trata, na segunda Parte deste livro, no capítulo "Tradição e vivência"). Da pessoa – especialmente da criança – que fizer construções como as que vêm exemplificadas a seguir se dirá que escreve como fala, ou seja, que não aprendeu a "escrever". Então, mais uma vez se pode dizer que, se alguém não usa esse tipo de construção na escrita, em geral é para não se expor à cobrança da norma.

- *merenda escolar eu tenho pouca noção. (DID RJ 328)*
- *isso eu já estou sabendo a causa. (D2 SP 343)*
- *a Air France a gente só ouve falar que dá prejuízo. (D2 RJ 355)*
- *as comidas baianas eu gostei muito... (DID RJ 328)*

d) As topicalizações que se fazem como uma chamada da retórica oral, figurando a expressão topicalizada como um verdadeiro título do que segue. São altamente eficientes na fala, mas ausentes da escrita canônica, porque há um rompimento sintático muito forte, que a escrita dificilmente tolera:

- *esse problema de **puxar pela criança** – "Ah, não se deve **puxar pela criança**" eu acho que isso não funciona – muito. (DID SSA 231)*

RELEVO

Pode-se dizer que, em princípio, o relevo é uma estratégia de atribuição de importância, por parte do falante, a porções do conteúdo do que ele diz, mas, implicadamente, também às direções argumentativas do discurso comunicado, tudo ligado a uma curva de conferimento de destaque ao contrato interpessoal que se reafirma a cada passo. Travaglia (1999: 127) fala em instruções que o falante dá ao ouvinte com sua marcação de relevo, tais como: "Dê importância [ou não dê] maior a tal elemento e não a outro", e "por isso, leve [não leve] isso em conta". Ora, de um modo ou de outro, bastante distanciadas quanto aos recursos – mesmo os segmentais, pelo que o arranjo segmental representa de diferença no estilo –, língua falada e língua escrita constroem linguagem sempre sobre a construção dos relevos.

O relevo está, pois, nas duas modalidades, embora com diferentes caminhos de seleção de expedientes/marcações dos tipos apontados a seguir, e com diferenças que superficialmente vêm apontadas. Alguns expedientes de expressão do relevo são apenas da língua falada; se ocorrerem na escrita, representarão apenas simulacros gráficos convencionados. Na verdade, pela qualidade física do veículo, eles só são perceptíveis, realmente, na modalidade oral:

a) A altura de voz
- com o relevo incidindo na sílaba tônica:

- *diSSEram, deMAIS (D2 SP 496); aGOra (DID SSA 231);*

- com o relevo incidindo na sílaba tônica do vocábulo primitivo:

- *imporTANtíssimo, eXAtamente, BAsicamente (EF SP 76);*

- com o relevo incidindo em sílaba não tônica, geralmente a primeira:

- *REalmente, MAravilha, MAravilhoso (D2 SP 941);*

- com o relevo incidindo no vocábulo todo:

- *SOZINHA, EXISTE, AFIRMO (EF REC 170);*

- com o relevo incidindo em porção maior do texto.

- *MUITO IMPORTANTE, preCISA TER IGUAL (D2 SP 311);*

b) O recorte silábico:

- *SEN-sa-cio-nal (D2 POA 375);*

- *ma-ca-co (D2 POA 250);*

c) O alongamento:

- *mu:::ito (D2 POA 361);*

- *e::::é... o conde Prates o conde::... Pentea::do:: enfim eram meia dúzia de milionários (D2 SP 396).*

Há, ainda, a velocidade da fala, cuja representação, entretanto, é impossível aqui, por escrito.

Por outro lado, outros expedientes de expressão do relevo são das duas modalidades, embora com diferença de frequência e de generalização. Geralmente eles são de maior frequência na língua falada. As clivagens e as pseudoclivagens, por exemplo, especialmente alguns de seus tipos, são claramente opções da fala, pelo que representam de desvio em relação à norma:

- *eu comi ali foi um coelho... (D2 POA 291)*

Cabe, afinal apontar que, na língua falada, em geral as marcas de relevo aparecem misturadas com outros tipos de marcas já apontadas:

- ***esses biscoito tipo integral**... é que eu como mais mesmo de manhã... de manhã... (DID RJ 328)*
- ***aquele ketchup que estava sendo servido era ela que** tinha feito... (D2 POA 291)*

PARÊNTESE

Essa é de uma das estratégias de discursivização e de textualização de maior relevância, pelo que traz de representação das hierarquias, em todos os níveis de constituição do enunciado (tanto na sintaxe, ou seja, no sintagma, na oração e na frase, como além dela, nas porções maiores) e em todos os planos de funcionamento linguístico (tanto na comunicação de conteúdos como na troca interpessoal), e, além do mais, também na própria construção do texto, aquela zona que fica no domínio da "função textual" (HALLIDAY, 1994). Especialmente no caso de uma ativação privilegiada da "função interpessoal" (HALLIDAY, 1994), caso específico da linguagem falada, são visíveis as intersecções. É o que sugere Jubran (1999: 134), quando diz que os parênteses que recaem preponderantemente sobre o tópico discursivo fazem diminuir "a expressão do processo interativo na materialidade linguística do texto". Na verdade, na língua escrita esses parênteses (de conteúdo) seriam privilegiados em relação àqueles que recaem no locutor, no interlocutor e, principalmente, no ato comunicativo em si (também tratados por Jubran). Todos esses são mais diretamente atuantes na função interpessoal, que é maximizada na interação face a face, ou seja, na linguagem falada.

Especialmente o último tipo de parêntese – aquele referente ao ato comunicativo em si –, diretamente comprometido com a "garantia da existência da interação verbal e, consequentemente, do texto, produto dessa interação" (JUBRAN, 1999: 155), constitui, evidentemente, um esforço praticamente dispensável na modalidade escrita da linguagem. Assim, pode-se entender que são praticamente exclusivos da língua falada os parênteses que, no dizer de Jubran

(1999: 156), visam ao "estabelecimento da modalidade do ato comunicativo" (por exemplo, se haverá uma exposição ou um diálogo), ou os que visam ao "estabelecimento de condições para realização ou para prosseguimento do ato comunicativo", ou os que visam à "quebra de condições enunciativas", ou, ainda, os que visam à "negociação de turnos".

Assim, algumas funções apontadas por Jubran (1999) para os parênteses na linguagem falada (bem como os respectivos expedientes de elaboração linguística) estarão praticamente ausentes no discurso de expressão escrita. É o caso, por exemplo, de alguns parênteses que têm foco no interlocutor, nomeadamente os que visam a "testar a compreensão do interlocutor" ou os que visam a "atribuir qualificações ao interlocutor para a abordagem de um tópico" (JUBRAN, 1999: 152-153). Um exemplo é:

- *quer dizer uma uma situação... eu vou repetir... muito diferente do início da economia americana... [tá dando pra situá a diferença?] (EF RJ 379, p. 152)*

Mas, ainda assim, cabe relativizar. O que dizer de determinados gêneros de expressão escrita, como o discurso oratório, no qual é crucial a maximização da importância do auditório? E na maioria dos gêneros de expressão escrita (assim como em todos os de expressão oral), o que dizer da grande necessidade de segmentos que "atravessem" a organização tópica exatamente para "evocar conhecimento compartilhado do tópico" (JUBRAN, 1999: 151)?

Entre os parênteses que têm foco no locutor, alguns não serão (salvo em determinados gêneros) de escolha privilegiada na expressão escrita, por exemplo os que visam a "qualificar ou desqualificar o locutor para discorrer sobre o assunto", enquanto outros teriam grande papel em qualquer uma das duas modalidades (e em variados gêneros), como os que fazem "manifestações atitudinais do locutor em relação ao assunto" (JUBRAN, 1999: 147-149). Exemplo:

- *como é que são as marcações no estado... [bom você devia perguntar isso ao técnico e não a mim eu sou apenas... um: um usuário das marcações] eu acho que aqui nós já temos certas estradas relativamente bem sinalizadas... (D2 SSA 98, p. 147)*

Especialmente os parênteses relacionados, segundo a classificação de Jubran (1999), à "formulação linguística" do tópico (metalinguísticos, mas dentro da elaboração tópica do texto) e os relacionados à "construção textual" (metadiscursivos, mas dentro da elaboração tópica do texto) seriam funcionais, embora de diferente modo, nas duas modalidades, a escrita e a falada, vistas de um modo geral. Exemplo:

- *e agora saíram uns... uns temperos mais... mais novos [<u>digamos assim... porque têm dois anos mais ou menos</u>]... que é esse puro purê... (D2 POA 291, p. 141)*

E a mesma gramática se responsabilizaria pela formulação interacionalmente adequada às diversas peças de linguagem. Veja-se, neste trecho de uma crônica de Rachel de Queiroz, cinco parênteses (cinco entre as centenas que suas crônicas oferecem, naquela cadência de oralidade que a autora sabe trazer à crônica):

> Já o rumo a que me atiro – **e com tão pouco resultado que nem entendem o que quero** – é mais na linha tradicional dos regionalistas (**embora eu tenha horror a essa palavra**) – linha traçada pelo velho Simões Lopes e **companheiros**: apenas tento registrar expressões costumeiras, botar em uso a sintaxe já existente – **e aí é que está o ponto** – acomodando-me eu a ela, em vez de acomodá-la a mim, como é o caso do mestre Rosa. Enfim, a nossa diferença é que não pode dar nenhuma margem a confusões é que ele compõe a sua música – **e que beleza de música compõe o danado do mineiro!** – enquanto eu apenas toco.
> (Rachel de Queiroz, Crônica "Língua"; apud SILVA, 2007; Apêndice)

O que se mostra, afinal

Todas essas indicações relativas a distintas destinações e motivações de escolha, dentro da estratégia de manifestação parentética (e de outras manifestações de que tratei) explicam-se, no fundo, pelas concernências das diferenciações entre língua falada e língua escrita que já apontei e que agora ligo diretamente à destinação específica ditada por cada uma dessas duas modalidades: (i) grau de envolvimento interpessoal; (ii) grau e oportunidade do planejamento; (iii) natureza dos procedimentos de formulação; (iv) características intrínsecas da organização do texto. Entretanto, explicam-se também pelas aproximações entre zonas, em cada uma das duas modalidades. Acima de tudo, demonstram um fazer que apenas se diferencia nas escolhas determinadas pela adequação a cada modalidade, em cada um dos gêneros em que elas se manifestam, porque, afinal, esse fazer se comanda pela mesma gramática, "que organiza as relações, constrói as significações e define os efeitos pragmáticos que, afinal, fazem de texto uma peça em função" (NEVES, 2006g: 11).

Com efeito, dizer que o sistema gramatical é único não implica desconsiderar que essa unicidade fica no plano da abstração: estruturas e processos têm as mesmas regularidades em qualquer modalidade de língua, mas as determinações do sistema se resolvem diferentemente nos diferentes enunciados, e isso se liga, em princípio, às condições de produção e de recepção, entre as quais se inclui a própria natureza do suporte em que se vazam os enunciados. Mas, mais que isso, liga-se às diferentes destinações implicadas nos diferentes gêneros que se abrigam nas duas modalidades.

Vista a questão no sentido oposto e complementar, assume-se, aqui, que a análise não pode concentrar-se apenas na realização (condições de emprego, variações, quantificação), ignorando o sistema que regula igualmente todos os enunciados da língua, quaisquer que sejam suas qualidades particulares. A linguagem, em qualquer modalidade, é, afinal, a língua em função.

Nota

[1] Lembro a emergente Gramática Discursivo Funcional da Holanda, que já coloca no modelo o *move* (entidade discursiva) como ponto de partida da consideração gramatical (HENGEVELD e MACKENZIE, 2008).

PARTE II:
A realidade da linguagem e o estudo da língua

Sempre fui um dedicado professor de português, o senhor me conhece bem, tantas vezes me elogiou... Trabalho no ensino fundamental de sua escola há mais de vinte anos! Desde quando ainda se dizia "1º grau"! Sempre tive devoção pela língua portuguesa! É uma verdadeira religião para mim! Luto contra as gírias, os estrangeirismos e os erros gramaticais como um cristão contra os hereges. Minha luta pelo emprego do português correto é uma verdadeira cruzada! Uma guerra santa!

(Ivan Jaf)

Linguagem e ação escolar.
Alguns aspectos da gramática de usos na escola

> Discordâncias à parte, gramática é um negócio importante e gramática
> se ensina na escola – mas quem, professoras, nos ensina a viver?
> (Moacyr Scliar)

Esta segunda parte começa recolhendo algumas das propostas discutidas nos diversos capítulos da primeira parte, no sentido de direcioná-las para a questão do tratamento escolar da gramática[*].

Voltemos ao primeiro capítulo da primeira parte deste livro para afirmar, inicialmente, que é determinante o papel da ação escolar na definição do padrão linguístico de uma comunidade. O caráter conservador e a influência dos padrões europeus sobre o antecedente histórico da variedade culta do português brasileiro, que, como lá observei, perduraram até depois de proclamada a Independência, em 1822, têm sido relacionados com o fato de que, mesmo durante o século XIX, eram em sua maioria oriundos de Portugal os professores de língua portuguesa nos colégios brasileiros (CUNHA, 1970, apud LUCCHESI, 2002: 77).

Como disciplina escolar, a Língua Portuguesa só foi inserida em nossos currículos no final do século XIX, mas a Reforma Pombalina de meados do século XVIII já havia tornado obrigatório o ensino da língua portuguesa e proibido o uso de qualquer outra língua no país, como "meio dos mais eficazes

---

[*] Este início de capítulo aproveita parte do artigo "O Brasil no contexto da construção de uma Linguística no mundo lusófono", publicado no livro *Estudos em homenagem ao professor doutor Mário Vilela*. v. II, organizado por Graça Maria RIO-TORTO, Olívia Maria FIGUEIREDO e Fátima SILVA. Porto: Faculdade de Letras da Universidade do Porto, 2005c: 643-655.

para desterrar dos povos rústicos a barbaridade dos seus antigos costumes" (SOARES, 2002: 159).

Aqui se registra esse trecho do decreto do Marquês de Pombal, de 1757, como o primeiro grande exemplo brasileiro – de legítima inspiração europeia – de como os documentos oficiais de ação escolar marcam posições e direções de efeitos decisivos quanto à consideração do papel da escola na sociedade. Pensa-se, especialmente, no estatuto da "língua" que se há de cultivar no trabalho escolar, necessariamente uma modalidade una, afinal um "padrão" de norma corrente.

Em continuação, voltemos, mais uma vez, ao capítulo inicial deste livro, onde apontei a existência natural, nas comunidades, de uma busca espontânea de padronização, de constituição de uma norma que dê certa unicidade à heterogeneidade e à multiplicidade sempre existentes em uma língua. Observo, neste ponto, que essa tensão, refletida, de um modo ou de outro, nos instrumentos de suporte para a atuação linguística, tem presença marcada na ação escolar, outro forte componente do contínuo processo de definição de padrão linguístico em uma comunidade. E também aqui se pode buscar na nossa história, de tão demorado período de influência da matriz europeia nos colégios, a explicação para o esforço inicial de manutenção dos padrões lusitanos na definição do que seria a língua das classes escolarizadas.

Nessa ação pesa sobremaneira a história político-cultural, e aí continua forte entre nós a presença de uma força de conservação a tolher o acolhimento de alterações, facilmente tidas como modernidades da filial a conturbar a segurança herdada da matriz, com prejuízo da identidade fixada em padrão mais elevado.

Tudo isso tem sido um leito de repouso para a nossa definição de tratamento escolar da língua (e da linguagem). Nossos currículos, bem como nossa escola refletem uma insensibilidade notável quanto à sua missão como órgão essencial de direcionamento da visão de língua e de linguagem na comunidade. Na escola, quando os alunos são postos a falar da língua que sustenta sua identidade na sociedade em que interagem – a nossa língua portuguesa –, eles teriam de ser levados desprender-se de um tradicional discurso sobre a língua que a retira completamente do uso, para, assim, poder mover-se sustentavelmente no mundo da linguagem. Por exemplo, as aulas de Língua Portuguesa, têm de satisfazer aquelas necessidades do educando que, em geral, as aulas de outras disciplinas satisfazem, necessidades como: a de agir refletidamente; a de enfrentar desafios e discutir questões; a de aperceber-se da funcionalidade das escolhas; a de subtrair-se a atividades mecânicas; a de subtrair-se a bloqueios de usos; e, afinal, no caso específico de estudos da linguagem, a de manter contato consentido com os grandes criadores da palavra. Por aí vão as reflexões deste capítulo.

A necessidade de provocar reflexão nas aulas de língua/linguagem[*]

A sala de aula é, em primeiro lugar, um espaço de reflexão, e as atividades têm de caminhar sempre sobre essa base. O que se traz neste tópico é um exemplo significativo de criação de oportunidade para que o aluno, em sala de aula, seja instado a refletir sobre o uso linguístico, ou seja, sobre a língua e também sobre a linguagem.

Obviamente, não é apenas do modo a ser aqui exemplificado que se provoca reflexão em sala de aula, mas vou dar o exemplo significativo desse tipo de oportunidade, que é o trabalho com o humor. Pode até parecer estranho dizer isso, mas as piadas são textos particularmente provocadores de reflexão, instigantes, e por isso mesmo, de boa escolha para o trabalho com língua e linguagem nas escolas. Considero muito evidente a suposição de que, para qualquer pessoa sensível interessada na linguagem, depois do riso que a piada provoca ainda fica a alegria de ver e admirar de que modo o jogo de obtenção de sentido e de efeito de humor foi explorado.

São, especialmente, desajustes no acionamento das estruturas linguísticas, ou em seu preenchimento, que fazem rir. Por exemplo, no nosso dia a dia, desperta-nos riso o fato de alguém, por ignorância, ou mesmo por distração, descuido ou falta de atenção, operar algum desvio em uma construção, como nesta frase que encontrei em um cartão de Natal: *Que as alegrias deste Natal tragam todas as realizações possíveis e imaginárias!;* ou nesta que li como manchete de jornal paulista: *Bin Laden quer morrer antes de ser preso*.

Se se operam os mesmos desajustes para efeito tencionado de fazer rir (uma piada, uma tira, uma história em quadrinhos, lances divertidos em uma

---

[*] O texto deste tópico é adaptação de artigo publicado com o título de "Na base da piada - como uma simples anedota pode ajudar a reflexão da linguagem" na revista *Língua Portuguesa*, n. 12. São Paulo: Segmento, out. 2006d, p. 45-48.

crônica, ou até mesmo em uma conversa informal), em vez de rir do autor, a gente ri com o autor. Captar esses desajustes é algo natural, é parte da competência de cada um, especialmente do falante nativo da língua, que sabe, justamente com isso, desfrutar do efeito de humor pretendido.

Do ponto de vista construcional, podemos pensar nessa questão partindo da observação dos processos básicos de constituição dos enunciados, e comprovaremos que desajustes propositados no seu acionamento são a chave de humor de muitas das piadas que correm por aí.

Pensemos no próprio processo de predicação, o mais básico de todos, o da formação das orações, já que é bastante evidente que, ao falarmos, vamos construindo predicações, ou seja, usamos verbos e em torno deles ajustamos os participantes do evento. Formar uma predicação é nada mais do que falar de algo ou alguém, e dele dizer algo, tudo isso orquestrado conforme a natureza do centro da predicação, que é o verbo: por exemplo, se há ação, haverá um agente compatível com ela, podendo outros participantes terem outros papéis semânticos, tudo conforme a estrutura que aquele verbo acionar para que seja obtido o efeito de sentido pretendido. Por exemplo, na frase *João foi receber sua mãe lá na porta*, expressa-se uma ação, *João* é agente (semanticamente) e é sujeito (sintaticamente), e o significado do verbo é "acolher". Se o verbo *receber* não é usado para indicar uma ação, não só não haverá sujeito agente (não haverá alguém que "acolhe", por exemplo) como não haverá outro participante a quem se dirige essa ação (alguém que "seja acolhido"). Assim, quando usamos o verbo *receber* numa frase como *João recebeu seu salário*, nós não colocamos como sujeito (função sintática) um agente (papel semântico), mas preenchemos o sujeito com um termo que desempenha outro papel semântico (o de beneficiário), e o resultado de sentido é aquele acionado por essa estrutura de papéis. Ora, a tensão entre essas duas possibilidades de uso do verbo *receber* é o que é explorado nesta piada[1]:

       – Sua mãe tá aí. Você não vai receber?
       – Receber por quê? Por acaso ela me deve alguma coisa?

Também exploram desajustes no acionamento da estrutura argumental de verbos polissêmicos piadas como estas:

       – Escuta, Godói! Não é melhor a gente tomar um táxi?
       – Não, obrigado. Hoje eu não quero misturar mais nada.

       – Não quer trocar de lugar?
       – Trocar? Mas com quem?

A garçonete vem atender o médico coçando o nariz sem parar. O médico lhe pergunta:

– Você tem um eczema?
– Tudo o que tenho está aí no cardápio.

E nesta tira humorística, mais uma vez se pode ver como o jogo da relação entre um verbo e os participantes que a predicação aciona pode ser explorado para efeito de humor:

(Quino. *Mafalda*. São Paulo, Martins Fontes. 1993, v. 7, p. 64-5.)

Ainda falando de predicação, podemos focalizar as atribuições (por exemplo, feitas pelos predicativos, ou do sujeito ou do objeto), para mostrar que a criação de situações em que uma atribuição pode ser entendida como feita a um elemento, ou a outro, pode ser a fonte de piadas, como ocorre nesta:

O bebum entra no consultório, e o médico diz:
– Eu não atendo bêbado.
O bêbado:
– Quando o senhor estiver bom eu volto.

Podemos extrapolar a formação nuclear da predicação (verbo e participantes da estrutura argumental, como sujeito, objeto direto, objeto indireto, com seus atributos) e buscar, na relação que se estabelece entre essa predicação nuclear e as indicações adverbiais (de lugar, de tempo, de modo, de meio, etc.), desacertos intencionais que visam a provocar riso. Ocorre que as indicações adverbiais têm a natureza de satélites, isto é, elas giram em torno de algum dos elementos da predicação central já constituída, e, portanto, seu significado se compõe em conjunto com essa porção nuclear sobre a qual elas incidem. O que faz a graça da tira que vem a seguir é justamente a incapacidade de compreensão atribuída ao ingênuo Recruta Zero: ele não se dá conta de que fazer alguma coisa *com perfeição* só constitui elogio se aquilo que se faz é digno de elogio.

RECRUTA ZERO/Mort Walker

Deslizamentos na marcação da incidência dos adjuntos adverbiais são fonte de relações não esperadas, facilmente aproveitadas para fazer rir. São exemplos estas piadas:

> – Doutor, já quebrei o braço em vários lugares.
> – Se eu fosse o senhor, não voltava mais pra esses lugares.

> O policial aborda uma senhora na rua:
> – Com licença, estamos procurando um ladrão com um carrinho de bebê.
> – Não seria melhor se vocês usassem um carro da polícia?

Pensemos, agora, no processo de referenciação. Ao falar, vamos criando objetos de discurso com os quais povoamos o universo de referência do texto, e episodicamente vamos voltando a esses mesmo elementos para compor uma rede referencial. O modo de fazer as referências tem de permitir que elas sejam recuperadas pelo interlocutor tal qual foi pretendido, pois, do contrário, a referência ao elemento x pode ser entendida como referência ao elemento y, e aí falha toda a interação verbal. Ou não, ou se diz muita coisa, com esse deslizamento! O desajuste pode estar sendo explorado justamente para causar riso, e esse é outro campo profícuo de piadas, como é o caso destas duas que vêm a seguir, a primeira montando confusão numa referência que envolve os próprios interlocutores (*nós* = eu + você/vocês; ou *nós* = eu + ele/eles), e a segunda fazendo confusão na retomada (pelo *ela*) de uma referência já feita no texto

> Duas "Cobras" olhando o céu, numa noite estrelada:
> – Como nós somos insignificantes.
> – Você e quem? (L. F. Veríssimo)

> – Não deixe sua cadela entrar na minha casa de novo. Ela está cheia de pulgas.
> – Diana, não entre nessa casa de novo. Ela está cheia de pulgas.

E se extrapolarmos o nível construcional e pensarmos, de um modo geral, no próprio processo de interação linguística, também podemos compreender de que modo rupturas que, no uso comum, poderiam ser consideradas falhas da comunicação – enganos, distrações ou imprecisões – podem ser utilizadas para provocar riso. Assim, por exemplo, piadas como as que seguem ilustrariam, se fossem narrativas de fato real, uma falha decorrente de mau ajustamento entre o universo de referência (o conhecimento de mundo) do falante e o do ouvinte, mas, no gênero em que se encontram, fazem rir.

    A garotinha visita a tia. Ouve o priminho chorando e pergunta:
    – O que é que ele tem?
    – Seus primeiros dentes estão nascendo.
    – E ele não quer eles?

    – Então o senhor sofre de artrite?
    – É claro! O que o senhor queria? Que eu desfrutasse de artrite, que eu usufruísse artrite, que eu me beneficiasse de artrite?

Do mesmo tipo são as duas tiras a seguir (que encontrei ao abrir o jornal *O Estado de S. Paulo* em 06 ago. 2006).

Ora, em qualquer dos casos ilustrados até aqui, há ensejo para reflexão sobre a linguagem, seus processos, seus elementos, suas condições. Com razão se diz que, em geral, as piadas são linguísticas, já que o que elas exploram é exatamente a natureza da linguagem, desde as construções propriamente ditas, sua organização sintático-semântica, até a situação de comunicação, o contexto interacional: quem é que fala, para quem, querendo dizer o quê, conseguindo ou não ter recuperada a sua intenção, etc. Por isso, há um condicionamento especial de interpretação para um piada sobre um português, ou sobre um alemão, ou sobre um brasileiro, ou sobre um político; para uma piada que envolve crianças, ou idosos, homens, ou mulheres, pobres, ou ricos, sãos, ou doidos, almofadinhas ou roceiros; para uma piada que tem ambiente em Brasília, em Washington, em Berlim, no Egito, no Nordeste do Brasil, no espaço sideral, numa família ou num escritório; para uma piada do tempo bíblico, dos tempos dos faraós, da época da Copa do Mundo, de séculos vindouros; e assim por diante. Tudo é pragmaticamente válido e pertinente, formando o contexto que condiciona o modo como são produzidos os enunciados, como são escolhidas as palavras, como é estabelecida a ordem, e até a força, o tom, a duração, a carga emotiva de cada segmento de fala.

A piada é um gênero altamente ilustrativo de todo esse complexo. Seu exame, evidentemente, pode conduzir a uma reflexão produtiva sobre o processo de interação linguística, uma reflexão altamente desejável na atividade escolar com a linguagem. Com as piadas se vai com facilidade ao léxico e à gramática, aos participantes da interação, à situação de comunicação, ou seja, a tudo que compõe a significação. Com ela se reflete vantajosamente sobre linguagem... e com bom humor. E esses ingredientes são mais do que bem-vindos na escola.

A necessidade de lançar desafios/provocar discussões nas aulas de língua/linguagem[*]

Aprendemos durante a vida toda que adjetivo é a palavra que qualifica o substantivo. Como ocorre com tudo o que se aprende de "gramática" na escola, ninguém nos desafiou a pôr essa definição à prova. Ninguém nunca

---

[*] O texto deste tópico é adaptação de artigo publicado com o título de "Os segredos do adjetivo" na revista *Língua Portuguesa*, n. 3. São Paulo: Segmento, dez. 2005d, p. 46-47.

nos pediu, por exemplo, que disséssemos qual a qualidade que está sendo atribuída ao substantivo *hospital*, quando a ele se junta o adjetivo *infantil* (*hospital infantil*) ou ao substantivo *perícia*, quando a ele se junta o adjetivo *médica* (*perícia médica*).

Se tivessem feito isso enquanto éramos aluninhos, já naquela primeira vez em que a categoria "adjetivo" nos foi apresentada, com certeza nos teriam posto em situação de dizer *Não sei*, e de provocar alguma discussão. Como teria sido bom, já que discutir questões, afirmações, categorizações é o que mais a escola tem de fazer! Saídos da escola, profissionais já, possivelmente até professores de português, talvez ainda nos perturbemos um pouco se tivermos de pôr tal definição de adjetivo à prova.

Como se percebe, a conceituação que nos dão é, no mínimo, inexata. O conceito de adjetivo teria de ser tratado de forma complementar ao de substantivo (comum). A característica do substantivo é constituir a descrição de uma classe de elementos, isto é, a expressão do feixe de propriedades de uma classe. Com efeito, *hospital* é substantivo porque nomeia qualquer entidade que tenha as propriedades que façam dela um "hospital", e *infantil* é adjetivo porque vem trazer a esse feixe mais uma propriedade (a propriedade: *que atende crianças*), a qual restringe o conceito àqueles hospitais que fazem atendimento a crianças (observando-se que as propriedades de *hospital* se mantêm). Com o conjunto de substantivo e adjetivo, estaria referido um certo subtipo de hospital, uma subclasse.

A restrição do feixe de propriedades que conceitua "hospital" poderia ter sido de outra ordem, por exemplo, se se dissesse *hospital conceituado*. Do mesmo modo a referência já não seria a qualquer hospital, apenas a alguns, só que a restrição agora seria por qualificação, e aí, sim, poderíamos dizer que o adjetivo está qualificando o substantivo. Com o conjunto de substantivo e adjetivo, estaria atribuída a um hospital uma qualidade (no caso, boa, positiva).

A importância de fazer saber isso está em ficar evidenciada uma preocupação com o rigor dos conceitos. É algo que afeta a formação geral de todos, e de que, portanto, nunca se pode abrir mão. Repetir definições errôneas é, afinal, bloquear progresso na construção do conhecimento.

Testar definições de qualquer ordem que nos sejam dadas prontas não é o que teremos de fazer pela vida fora. Mas o importante na questão é que ou conceituamos com consistência e com rigor as entidades, quando nos detemos a fazer definições, ou descartamos a tarefa, o que será uma boa opção, se, por exemplo, na escola, ela resultar de um bom planejamento que escalone os conceitos que devem ser trabalhados, numa boa progressão.

Basta olhar para o famoso quadro da gramática tradicional denominado **Grau dos adjetivos** para ver que alguma coisa está errada no andamento das lições: qual o comparativo de superioridade de *infantil*, na expressão *hospital infantil*? *Mais infantil que*? E qual o superlativo? *Muito infantil*? *Infantilíssimo*?

Dizemos, sim, *Fulano teve um comportamento muito infantil, infantilíssimo*. Aí é que vemos como funciona a língua, conforme explico adiante. Ela combina léxico (o vocabulário) e gramática (a organização). Quanto ao léxico, busquemos os dicionários e veremos *infantil* com a acepção de "para crianças" (um adjetivo classificador), mas também com a acepção de "próprio de criança", "ingênuo", "tolo" (um adjetivo qualificador). Quanto à gramática, veremos que adjetivos que não indicam qualidade, mas marcam subtipos (os classificadores), como em *perícia médica*, não podem ser intensificados (formando superlativos), e só em casos especiais podem ser quantificados (formando comparativos), porque essas operações gramaticais de intensificação e quantificação não incidem, em geral, sobre a indicação de uma simples subtipologização de pessoas, objetos, entidades.

Assim, combinando léxico e gramática no exame do real funcionamento da categoria a que chamamos **adjetivo**, chegaremos a verificar que adjetivos do tipo de *estudioso* e *bochechudo* (que têm sufixos que indicam abundância, como *-oso* e *-udo*) e do tipo de *hipervazio, supersimplificado* (que têm prefixos que intensificam, como *hiper-* e *super-*) sempre exprimem qualificação, mas que adjetivos do tipo de *monocromático* e *ambivalente* (que têm prefixos de valor numérico, como *mono-* e *ambi-*) são sempre adjetivos de (sub)classificação.

Não é dar denominações a subclasses da categoria adjetivo que interessa propriamente (embora, em qualquer ramo de conhecimento, tenhamos sempre de ter nomes para falar das coisas), mas é importante falar de gramática tendo em mente que ela é a própria organização dos enunciados, e falar dela é falar do uso linguístico. É dar conta da língua em função, que é extremamente complexa e multifacetada, até para poder dizer tudo o que temos de dizer e queremos dizer.

A necessidade de observar a funcionalidade das escolhas nas aulas de língua/linguagem[*]

Quem é que, em uma aula de gramática, já não teve a tarefa de encontrar esse sujeito que alguém, não se sabe por quê, "ocultou"? Encontrado um pronome pessoal (*eu*, *ele*) que volte a ocupar seu lugar junto ao verbo, fica considerado que se aprendeu tudo o que se tinha de aprender sobre "sujeito oculto".

O que faço não é uma crítica, nem à denominação da entidade nem aos professores que cumprem esse ritual. Apenas abro uma reflexão sobre os procedimentos tradicionais de tratamento da gramática na escola. É normal que qualquer pessoa considere que uma entidade rotulada como **sujeito oculto** tenha as propriedades significadas nessa expressão. Aí poderíamos até cobrar que **sujeito não expresso** seria um nome mais exato, mas não é o nome que tem levado a um trabalho tão mecânico e ineficiente. Então, mantenhamos o rótulo e vamos à essência. Porque, de fato, saber responder que o sujeito oculto de uma oração como *andou de bicicleta* é *ele* ou *ela* não significa saber nada sobre língua ou sobre linguagem.

Em primeiro lugar, "ocultar", ou não, o sujeito (ou qualquer outro termo "ocultável") não é nenhum joguinho ativado para que alguém vá procurar e consiga encontrar a peça faltante, e se sinta vencedor. O jogo da linguagem é alguma coisa que faz parte de tudo o que as pessoas fazem na vida e da vida, de como elas se apresentam, pedem e dão, definem os outros e se definem, modificam os outros e se modificam. Enfim, cada peça do jogo é essencial no todo da interação e da coparticipação, e, por isso, a movimentação de cada peça é sempre uma escolha. Aqui no nosso caso: deixar um sujeito não expresso, ou colocar como sujeito um sintagma nominal (*o menino*), ou um pronome (*ele*), tudo representa escolha, e sempre com razões e consequências.

Vamos a um texto, a fábula de Monteiro Lobato "A rã e o boi" (já comentada em NEVES, 2006g: 41), que assim se inicia:

> Tomavam sol à beira de um brejo **uma rã e uma saracura**. Nisto chegou **um boi**, que vinha para o bebedouro.

Nesse primeiro parágrafo introduziram-se as personagens, como ocorre na estrutura canônica das fábulas. Trata-se de um ponto em que é necessária

---

[*] O texto deste tópico é adaptação de artigo publicado com o título de "Um personagem revelado" na revista *Língua Portuguesa*, n. 5. São Paulo: Segmento, março 2006h, p. 48-49.

a identificação da natureza das personagens que se alternarão na sequência das falas subsequentes, e, alternando-se na fabulação:

— Quer ver, disse **a rã**, como fico do tamanho deste animal?
— Impossível, rãzinha. Cada qual como Deus o fez.
— Pois olhe lá! retorquiu **a rã** estufando-se toda. Não estou "quasi" igual a ele?
— Capaz! Falta muito, amiga.
A rã estufou-se mais um bocado.
— E agora?
— Longe ainda!...
A rã fez novo esforço.
— E agora?
— Que esperança!...

A alternância da fala e das ações das personagens é percorrida com facilidade pelo leitor, porque Lobato repete o sujeito *a rã* quatro vezes. Servindo ao sentido da peça, ele preterce a saracura, só usando esse substantivo quando apresenta a situação, e nunca o retomando durante o texto. Ora, a saracura é personagem secundária, coadjuvante, de tal modo que ela não entra nem no título nem no desfecho, pois é à rã que o boi traz a sua sentença: *Quem nasce para dez réis não chega a vintém*. Antes dessa "moral" da fábula, há ainda dois últimos parágrafos que se iniciam, respectivamente, com os sujeitos *a rã* e *o boi*, as duas personagens que dão título à fábula e formam o seu eixo:

A rã, concentrando todas as forças, engoliu mais ar e foi-se estufando, estufando, até que, plaf!
O boi, que tinha acabado de beber, lançou um olhar de filósofo sobre a rã moribunda e disse:
— Quem nasce para dez réis não chega a vintém.

Por outro lado, em nenhum momento é usado o expediente de "ocultar" o sujeito nem é usado o pronome pessoal como sujeito. Em alguns pontos, a forma *ela*, ou a ausência de qualquer forma (sujeito oculto), levaria ao perigo de mais de uma interpretação. Em outros pontos seria mais evidente a referência à rã, mas de algum modo a leitura estaria perturbada, porque a saracura continuaria candidata a preencher o lugar.

A tradição gramatical descarta o fato, mas não é apenas o sujeito que se "oculta", e há sempre uma determinação discursivo-textual no modo de preenchimento dos termos que se constroem com um verbo. Estudos feitos com diversas línguas, inclusive com o português, mostraram, que, em orações que têm objeto direto, é raro que os dois termos, sujeito e complemento, sejam representados por um sintagma nominal, e isso porque ao fluxo informativo do discurso não convém que se introduzam dois elementos informativamente "novos" simultaneamente (resultado verificado em diversas línguas: DU BOIS [1985, 1987]; ENGLAND; MARTIN [s/d]; KUMPF [1992]; ASHBY; BENTIVOGLIO [1993]; BENTIVOGLIO [1994]; e, para o português, DUTRA [1987], NEVES [1994], PEZATTI [1996]).

Além disso, existindo esses dois termos em uma mesma oração (o que não é, no geral, o caso dessa fábula), é muito mais frequente que o sujeito, e não o objeto direto, apareça representado por pronome pessoal, porque geralmente o sujeito é um elemento já dado ou conhecido no texto, e o objeto direto traz a informação nova. É importante, portanto, que haja uma "descrição" desse elemento que é a novidade, descrição de que dá conta um substantivo, nunca um pronome pessoal (que apenas faz a referenciação).

Trata-se, pois, de escolhas pragmáticas de padrões sintáticos, as quais dependem do fluxo de informação no discurso. Nas construções transitivas há uma pressão da continuidade tópica do discurso, que leva à manutenção de protagonistas, o que dispensa novas menções com núcleo substantivo nos sujeitos, mas não nos objetos diretos, mais variados, porque mais frequentemente introdutores de elementos novos.

Entretanto, nada disso pode ser oferecido em aulas de gramática rituais, como se tudo na produção dos enunciados fossem fórmulas prontas. Na nossa fábula, por exemplo, os sujeitos das orações trazem quase exclusivamente a rã e o boi, e, entretanto, não há nenhum sujeito oculto, nem sujeito pronominal. Lobato insistiu em sintagmas nominais, e isso não é pobreza, como poderia concluir um leitor desavisado. Pelo contrário, há evidente obtenção de efeitos de sentido dirigida por boas escolhas: em primeiro lugar, o padrão que serviu em geral à nossa narrativa não foi o de orações com objeto direto (aquelas em que a eficiência provada é de sintagmas nominais como complemento), e, em segundo lugar, fica evidente que determinações do todo do texto dirigiram as escolhas.

O que vale, portanto, não é sair mecanicamente à caça de formas "ocultas", mas é entender e sentir o que foi que se conseguiu, no texto, "ocultando" – ou não – essas formas.

A necessidade de fugir a atividades mecânicas nas aulas de língua/linguagem*

Sempre aprendemos nos bancos escolares que pronome possessivo é aquele que indica posse. Isso é verdade? Parece que sim, quando se encontra o "possessivo" *seu* em uma construção como

Entretanto, temos de nos perguntar *Quem possui o quê?*, quando se usam as formas *minha*, *nosso* e *seu* como nas frases que apresento a seguir:

---

* O texto deste tópico é adaptação de artigo que publicado com o título de "A posse dos possessivos" na revista *Língua Portuguesa*, n. 9. São Paulo: Segmento, jul. 2006a, p. 50-52.

Problema da denominação? Não necessariamente, já que não necessariamente o nome de uma categoria deixa – ou precisa deixar – transparente um determinado conceito que se estenda a todos os membros que compõem essa categoria. Realmente, não se pode julgar que é partindo de uma denominação (consagrada ou não) que se chegará, sem dúvidas e sem problemas, ao estabelecimento do conceito de uma classe.

Já na gramática grega que se instituía mais de um século antes de Cristo, a denominação de elementos como *seu, minha, nosso* se relacionava com o verbo *possuir*. O nome dado a essa classe de pronomes era *ktetikós*, termo ligado ao verbo *ktáomai*, que significava "adquirir", "ganhar", "obter", e, a partir daí, "possuir", "ter". Esses pronomes eram conceituados como correspondentes à indicação do caso genitivo de um substantivo: veja-se que o gramático Apolônio Díscolo (século I d. C.) ensinava que *meu filho* (*emòs país*) significava "filho de Apolônio" (*Apollóniou país*), expressão em que o substantivo Apolônio se encontra no caso genitivo (que é genericamente correspondente a uma expressão com a preposição *de* + o substantivo). Por isso mesmo, ao lado dessa subclasse de "pronomes possessivos", os gramáticos gregos também reconheciam a existência de "substantivos possessivos", aqueles que, sendo substantivos e não pronomes, faziam o mesmo tipo de indicação semântica, como, por exemplo, na expressão *pegadas humanas*, em que *humanas* corresponde a "de homem".

Para quem nunca teve contato com uma língua de casos, como o grego ou o latim, pode ser lembrado o genitivo do inglês, que não é um correspondente exato do genitivo dessas línguas, mas que pode ser tomado como exemplo: em inglês, a expressão com genitivo *Mrs. Johnson's passport* significa "o passaporte *da Senhora Johnson*" (uma indicação realmente de posse), mas a expressão também com genitivo *a women's college* significa "um colégio *de/para mulheres*"/"um colégio *feminino*" (uma expressão em que não há indicação de posse). Aliás, os manuais de gramática inglesa tomam o cuidado de distinguir os genitivos "de posse" dos genitivos "de origem", "de medida", "subjetivos", "objetivos", etc., distinções a que vamos chegar, ao final.

Aí voltamos aos nossos pronomes possessivos e às nossas lições tradicionais de gramática. Retomando nossos exemplos iniciais, vemos que: (i) quando alguém diz *a culpa é minha*, a pessoa se está colocando como "aquele que tem a culpa", mas esse verbo *ter* não faz indicação de posse, apenas estabelece entre o *eu* e a culpa uma relação de "subjetividade": o *eu* é o sujeito da culpa, a culpa está nele, ele é o culpado; (ii) quando alguém diz *nosso casamento*, a pessoa se está colocando como "um daqueles que se casaram": *eu* e *tu/você* (a mulher e o marido) são, ao mesmo tempo, o sujeito e o complemento da ação de casar (um casou-se com o outro, reciprocamente), e se alguém quiser entender que, por causa disso, um "possui" o outro, trata-se de pura ilação, porque, se essas pessoas vierem a falar de divórcio, também poderão dizer *nosso divórcio*; (iii) quando alguém diz *como foi o seu dia?*, ele está colocando seu interlocutor como "aquele que teve um determinado dia", mas esse verbo *ter* apenas estabelece uma relação bastante frouxa e indefinida entre o interlocutor (*tu/você*) e o dia que se passou: o dia passou e a pessoa esteve temporalmente incluída nele.

Realmente, o verbo-suporte da relação dita **possessiva** é o verbo *ter*, cujo significado, entretanto, não se restringe à indicação de uma relação muito precisa de "posse", mas se estende para as mais diversas relações possivelmente existentes entre dois referentes, as quais têm de ser apreendidas de todo o contexto em que o verbo *ter* (e, portanto, cada possessivo) aparece. Vou comparar três construções que encontrei:

- Em *Você sabe que li a sua carta para Júlia?*, "suas" se refere a quem assinou a carta e (provavelmente) a escreveu e enviou.

- Em *Escrevo as suas cartas, faço as suas contas*, o "suas" se refere a quem assinou e enviou (ou mandou enviar) as cartas, mas não as escreveu.

- Em *O carcereiro abria suas cartas e escolhia as que podia ou não receber*, "suas" se refere à pessoa a quem está endereçada a carta, e não entra em questão quem possa ter escrito a carta ou quem possa ter ter feito seu envio.

O certo é que o possessivo coloca em relação duas entidades, duas "pessoas do discurso", o que nos licencia afirmar, como já o faziam os primeiros gramáticos gregos, que o pronome possessivo é, na verdade, um pronome "bipessoal": ele relaciona uma pessoa do discurso, representada por um substantivo (uma 3ª pessoa, aquela que é tradicionalmente conhecida como o "possuído"), a uma outra pessoa do discurso (1ª, 2ª ou 3ª, aquela que é tradicionalmente conhecida como o "possuidor", exatamente a que determina a forma do possessivo). Assim, *sua carta* é a expressão de uma relação entre uma *carta* (um substantivo, uma 3ª pessoa) e quem a escreve/assina/envia/recebe/lê, etc. (que será ou o locutor/a pessoa que fala, ou o interlocutor/a pessoa com quem ele fala, ou nenhum deles, isto é, uma terceira pessoa).

Algumas vezes – e somente algumas – se poderá falar, propriamente, em "posse", como definição da relação estabelecida numa construção com "pronome possessivo".

A necessidade de fugir a bloqueios que descaracterizam a própria atividade da linguagem espontânea[*]

Um dos usos menos sujeitos a norma, na nossa língua, talvez seja o do infinitivo flexionado, e o falante comum não tem sido devidamente despertado para isso, o que tem causado bloqueios desnecessários, uma espécie de pavor injustificado.

A verdade é que, em princípio, podemos considerar opcional esse uso, na maioria dos casos. Nele fica muito evidente a liberdade de escolha do falante, da qual fala a teoria funcionalista da linguagem e da qual resulta a obtenção de efeitos, de marcas pessoais, de singularidades, de estilo.

Como primeiro exemplo, observe-se que a decisão entre dizer *É preciso fazer isso hoje* e dizer *É preciso fazermos isso hoje* não se prende a nenhuma prescrição gramatical. Trata-se simplesmente de uma escolha do falante sobre um enunciado que venha a dizer exatamente o que ele quer dizer: a pergunta é se sua intenção é dizer que "é preciso resolver isso hoje (seja quem for que resolva)", ou que "é preciso nós (e não uma outra pessoa qualquer) resolvermos isso hoje". É fácil entender que são dois enunciados muito diferentes, e que a diferença é dada apenas pela flexão, ou não, do infinitivo.

Essa é uma primeira indicação sobre o uso do infinitivo flexionado, a qual ainda tem a vantagem de lembrar a todos que temos muito mais controle sobre nossos enunciados do que pensamos quando nos preocupamos mais com chaves de desempenho salvadoras do que com a construção de um enunciado que bem consiga expressar nossa intenção comunicativa. Obviamente, os usos de infinitivo flexionado não se reduzem a esse tipo de ocorrência, mas há muitos outros tipos que também se decidem com a mesma transparência demonstrada nesse caso, por exemplo: *Vale a pena tentar mais uma vez* (seja lá quem for que

---

[*] O texto deste tópico é adaptação de artigo publicado com o título de "Pavor injustificado" na revista *Língua Portuguesa*, n. 8. São Paulo: Editora Segmento, jun. 2006e, p. 50-51.

tente), *Vale a pena os contribuintes tentarem mais uma vez* (especificamente eles), *Vale a pena tentares mais uma vez* (especificamente *tu*), etc.

São mais sutis diferenças que o falante obtém flexionado ou não infinitivo em casos em que a flexão não muda a referência, apenas a deixa registrada: *O comandante vai dar um tempo para desembarcar. O comandante vai dar um tempo para desembarcarmos.* Nesse caso, se quem fala é uma das pessoas que estão na embarcação, numa e noutra frase quem vai desembarcar são exatamente as mesmas pessoas, mas, com a forma *desembarcarmos*, fica explicitado exatamente que quem fala se inclui entre essas pessoas. E, afinal, o que o falante faz com a escolha da forma de infinitivo é optar por registrar, ou não, tal referência. Mas, sempre, menor preocupação com prescrições e maior consciência do controle do próprio texto por parte do falante vão evitar "traumas" em situações como as dos dois grupos seguintes, que aqui trago como amostra.

Vamos ao primeiro grupo: *Precisamos resolver o caso. Prometeste vir hoje. Orgulham-se de ser brasileiros.* Na primeira frase, *nós* é que precisamos resolver, na segunda, *tu* é que prometeste, na terceira, *eles* é que se orgulham, mas, nos três casos, a pessoa e o número já estão marcados no verbo conjugado que se constrói como o infinitivo (*vamos, prometeste* e *orgulham-se*, respectivamente), e facilmente se vê que essa marcação vale para o conjunto verbal, sendo desnecessário flexionar o infinitivo. Assim mesmo, o falante tem a opção de reiterar a referência pessoal, se ele julgar que ela deve ser mais fortemente configurada, como, por exemplo, em *Orgulham-se de serem brasileiros*.

Vamos ao segundo grupo: *O patrão nos dará um tempo para resolver. Compete a eles mesmos decidir.* Na primeira frase, *nós* é que vamos ter de resolver, na segunda, *eles* é que vão ter de decidir, mas isso já se depreende da oração anterior, que traz o *nos* e o *eles*, respectivamente. Se não houvesse esses termos, o falante só conseguiria dizer que a responsabilidade de resolver é nossa e que a competência para decidir é deles se flexionasse o infinitivo (*resolvermos* e *decidirmos*). No entanto, ainda com a ocorrência desse *nos* e desse *eles* na primeira oração, é fácil perceber que poderia vir mais marcada a responsabilidade dessas pessoas, e isso se conseguiria com a flexão do infinitivo: *Eles nos darão um tempo para resolvermos. Compete a eles mesmos decidirem.*

E nesta reflexão geral sobre o infinitivo flexionado chegamos aos casos em que ou a flexão é impossível ou ela é necessária, casos, entretanto, em que o falante que simplesmente não se deixe bloquear por medo de "errar" não terá problemas. Facilmente ele há de perceber que não há nada de "pessoal" nas referências que fazem os infinitivos de frases como *Saber viver é um grande lema. Avante, marchar! São problemas a resolver.* E facilmente ele há de perceber que é necessariamente "pessoal" – e isso tem de ser marcado – a referência que fazem os infinitivos de frases como *Fiz tudo para meus filhos terem uma boa educação. Seria melhor todos saírem mais cedo.*

A necessidade de evitar generalizações indevidas no tratamento da língua/linguagem

Em 2008 dei uma entrevista a uma revista não especializada (*Venda mais*) sobre o chamado "gerundismo", ou seja, sobre frequentes usos atuais de *estar* + gerúndio que vêm incomodando os normativistas de plantão, assim como os usuários da língua atentos à adequação de suas formulações (NEVES, 2007c). Falo de orações do tipo de "Você pode estar me concedendo uma entrevista?" (frase que a jornalista não me disse, ressalvo).

Três aspectos dirigiam as perguntas que me foram feitas, e, de fato, eles cobriram o geral da questão:

a) O aspecto pragmático:

1ª pergunta) Quanto à finalidade de uso desse tipo de construção: O uso do tempo verbal no gerúndio transmite objetividade ou prontidão no atendimento em centrais de *call center*?

A pergunta adveio, obviamente, do fato de que esse tipo de construção é, realmente, muito comum na fala (uma fala quase automática, quase "eletrônica") de atendentes desse ramo de serviços, e seria de esperar que ela tivesse funcionalidade pragmática no serviço.

Mas a resposta é "não". Com o gerúndio junto de um verbo conjugado forma-se uma construção perifrástica, ou seja, um torneio de construção. Ora, ou esse torneio tem pertinência, porque, de fato, o aspecto verbal durativo que o gerúndio traz à construção é o desejado e se tem uma daquelas construções comuns das interlocuções (como em *Aguarde um momento, que estou anotando o seu pedido.*), ou esse aspecto durativo não tem cabimento e quem recebe a mensagem tem de ignorá-lo, ao interpretar a construção (como em *Amanhã vou estar retornando a sua ligação.*), o que rompe o contrato natural da interlocução, causando estranheza. Nenhum componente de objetividade ou de prontidão está envolvido no uso do gerúndio, pelo contrário, o que há é, no caso dessa última frase, por exemplo, um rodeio desnecessário e perturbador.

2ª pergunta) Ao utilizar o gerúndio, pode-se passar a sensação de uma ação futura, distante, gerando a insegurança no cliente sobre quando aquilo será feito? Isso diminui, de certa forma, o comprometimento do atendente?

A pergunta adveio, mais uma vez, da frequência dessas construções na fala de atendentes de serviços, que, de fato, não podem fixar, junto do cliente, nenhum comprometimento para a firma a que servem. Eles não apenas têm de mostrar-se impessoais e neutros, mas também – tal como máquinas programadas – carecem de autonomia para adiantar soluções, garantias, promessas ou mesmo empenho particular na resolução dos problemas que estejam sendo trazidos ao serviço.

Mas a resposta é, mais uma vez, "não", ou, "não exatamente". Em primeiro lugar, pelo simples gerúndio não se expressa ação futura. Na linguagem de atendimento comercial as construções com gerúndio são muito comumente de futuro, sim, um futuro que se faz com o verbo auxiliar de futuro *ir*, como em ***vou estar*** *providenciando*. Ademais, o fato de usar-se o futuro em si não geraria insegurança quanto ao comprometimento do atendente, porque qualquer providência que se tome será, inevitavelmente, sem que ninguém o diga, posterior ao atendimento, e, portanto, futura. Entretanto, o fato de o gerúndio ressaltar o desenvolvimento da ação ou do processo (minimizando a ação e o processo em si) pode trazer o componente de diluição do comprometimento.

3ª pergunta) Qual o papel do gerundismo nas relações socias? É a polidez ou o descompromisso?

Não há nada de polidez. O descompromisso, sim, facilmente se obtém com as construções perifrásticas de gerúndio, exatamente porque o torneio obtido minimiza a força da ação que o verbo exprime: uma afirmação como *vou providenciar* fixa-se na ação de providenciar, e apenas a coloca num futuro (pois, de fato – repito – uma providência necessariamente é subsequente ao atendimento), enquanto uma frase como *vou estar providenciando*, com o gerúndio, assinala um desenvolvimento da ação no futuro, um aspecto verbal que, se tem alguma função no compromisso assumido, é a de dissolvê-lo no tempo. Uma evidência disso é que essa construção não se combinaria bem com uma data rigidamente marcada para início efetivo das providências, algo como: "Vou estar providenciando na próxima quarta-feira".

4ª pergunta) Se o gerundismo está ligado ao descompromisso, normalmente ele seria usado por profissionais antiéticos ou em situações nas quais não se tem plena da certeza da realização do que é prometido?

A resposta é novamente "não". Acredito que o torneio possa ter surgido, sim, em atitude de defesa contra cobranças sobre datas, sobre efetividade das providências, etc. Mas virou jargão, que agora parece generalizar-se e perder força de expressão. Além disso, nessas frases de atendimento quase automático todos já têm como certo que nada é "prometido", realmente.

5ª pergunta) Por que muitas pessas acham que o gerúndio é um padrão mais educado de passar as informações para o cliente?

Não há nenhuma sustentação para essa ideia. De fato, como já acentuei, o gerúndio tem sido muito usado em expressões de futuro, especialmente as que envolvem solicitação de ação por parte do cliente, por exemplo, esta que uma atendente telefônica me disse: *A senhora vai estar retornando amanhã, ou eu vou estar ligando novamente?* Ou esta que uma vendedora de loja disse a uma cliente, para instruí-la a que não preenchesse manualmente o cheque: *A senhora pode estar assinando o cheque, que a máquina preenche.* Ora, expressões desse tipo podem soar para determinadas pessoas como menos injuntivas, menos imperativas, por causa do rodeio que se faz na construção. Mas será simples aparência, ou mau exame.

b) O aspecto funcional.

6ª pergunta) O uso indiscriminado dessa forma verbal criou uma certa aversão aos usuários mais cuidadosos. Por que o gerundismo irrita as pessoas?

A aversão tem sua razão de ser. Nas construções do tipo dessas que venho citando o gerúndio realmente não é funcional, e os falantes em geral têm uma consciência natural de que tudo na língua, se não é funcional, é postiço, espúrio. Na verdade, ninguém percebe exatamente a que se consegue chegar quando se entope o texto desses gerúndios. Veja bem: se fosse muito transparente o efeito desse uso (que é que se deseja em linguagem), não haveria tanto jornalista procurando saber o que é que ele "transmite".

7ª pergunta) Algumas pessoas não fazem mais uso do gerúndio, com receio de errar. Será que essa forma verbal está fadada à exclusão da língua portuguesa? Ou ainda é possível que as pessoas façam bom uso dele? Como?

As pessoas se importam muito com o julgamento que sua linguagem obtenha, e, agora, realmente, elas estão com medo de ser mal avaliadas se usarem o gerúndio em perífrases verbais, tanta é a celeuma em torno do fato. São muito frequentes as perguntas sobre quando "se pode" usar gerúndio, e muita gente já resolveu que não vai mais usar o gerúndio, para não correr risco. Mas é absurdo ligar o fato com algum "perigo" de desaparecimento da forma de gerúndio: as funções que essa forma desempenha nos enunciados permanecem vivas, seja em construções de gerúndio independente seja nas construções em que o gerúndio é usado com o auxiliar *estar*. O interessante é que as pessoas, em geral, sempre usaram o gerúndio de um modo natural, sem dúvidas, e agora há um estigma que as faz temer o "mau uso", e elas já nem sabem mais distinguir quais os usos que adotavam sem problemas. Se uma pessoa deixar de dizer *Não me ligue amanhã, que estarei viajando*, para evitar o gerúndio, e disser *Não me ligue amanhã, que viajarei*, ela não estará dizendo a mesma coisa, isto é, ela simplesmente terá dito que praticará a ação de viajar, mas não terá assinalado a existência de um período em que estará viajando.

E voltando ao cerne da pergunta, que é a dúvida sobre se "ainda é possível que as pessoas façam bom uso" do gerúndio. É óbvio que as pessoas continuam, sim, fazendo bom uso do gerúndio, tanto do gerúndio independente (como em *Saindo dali eu vou para o trabalho*.) como do gerúndio em perífrase verbal (como em *Não vá achar que com essa conversa você está agradando*.). Uma categoria funcional da língua não desaparece assim, só porque com ela se criaram cacoetes ou chavões, ou seja, só porque ocorreram disfunções.

A necessidade de levar a criação artística pela palavra à sala de aula[*]

Nos capítulos "Vivência linguística e visão de linguagem" e "Gramática e poética", da Parte I deste livro, detivemo-nos no modo de ver a linguagem e a língua que os textos de alguns dos mais relevantes nomes de nossa história literária nos revelam. Cada um com seu móvel, cada um com seus recursos,

---

[*] Este tópico aproveita partes do artigo "Como reconhecer na escola a nossa língua como 'instrumento vivo' (Mário de Andrade) que constitui 'a nacionalidade do pensamento' (José de Alencar)", publicado no livro *Língua portuguesa*: Cultura e identidade nacional, organizado por Neusa Maria Barbosa BASTOS. São Paulo: EDUC, 2010.

cada um no seu tempo e na sua escola, cada um na sua estética e no seu tipo de engajamento prático, todos eles, exemplares de usuários privilegiados da língua, dão lições sobre língua, gramática, estilo, e, afinal, exibem facetas da formação e da afirmação de identidade linguística de um povo.

Cada um entendendo o termo **gramática** a seu modo, todos se posicionam e querem posicionar seus leitores na visão do que, para eles, constitui a sua língua (que é brasileira porque é do e no Brasil), a sua língua portuguesa. E, mais, do que constitui a entidade LÍNGUA.

Móveis há, e não apenas estéticos (de escola, de viés estético-teórico, de sensibilidade, de influência literária da época), mas ainda práticos. E não adianta escamotear, porque é a lida do dia que amassa o pão: um é escritor e não quer fazer outra coisa, outro é escritor e precisa fazer outra coisa, um é escritor e é editor, outro é escritor e é político (com tudo o que isso envolve), outro é escritor e vegeta numa repartição pública, outro é escritor e nem emprego consegue, outro é escritor e tem limitações de saúde. Tudo isso lá está na palavra de cada um, na visão da língua, de seu papel, de sua força, de seu encanto, de sua mágica, até de seu perigo...

A língua é o aconchego de todos, mas a ela eles se entregam com a carga e o peso de sua vida total, de uma vivência que é só sua, especial, diferente. É um poço de revelações que nunca se completam, ficando sempre algo nos subterrâneos, que é disso que se faz a magia da linguagem.

Entretanto, a cada edifício de consideração e sentimento de língua que um escritor vai montando enquanto inventa, com a língua de que dispõe – no privilégio do gênio –, a natureza da língua aflora, seu funcionamento e seu domínio, configurando-se, muito mais do que em qualquer lição fria e avulsa que se possa obter num frio compêndio. Porque, ao montarmos o que chamamos "gramática", por exemplo, perigosamente nos posicionamos fora do processo de "invenção" com a linguagem, entretanto o único processo que a desnuda.

Como diz Houaiss (1956), referindo-se especificamente a Lima Barreto (ver o capítulo "Vivência linguística e visão de linguagem") "poucos, pouquíssimos escritores" – provavelmente nenhum, digo eu – "poderão enfrentar todas as sanções de todos os planos" de julgamento, quanto aos pontos regrados nos manuais, mas a visão deles, de vivência e inventividade, com certeza é soberana.

E nós, pobres mortais, arrastando-nos no chão de nossa lida comum com a linguagem (eficiente que seja), quem sabe – e quem dera! – possamos levar ao cultivo da escola esse processo mágico de descoberta.

A necessidade de considerar o uso colocando sob análise os diversos componentes da gramática*

No capítulo que vem a seguir, "Tradição e vivência", faço o estudo de uma amostra de enunciados reais para confronto entre uso linguístico e norma prescritiva no campo da regência verbal.

As análises contaram com a verificação, em um amplo conjunto de gramáticas tradicionais, de livro didáticos diversos e de manuais de bom uso[2], das lições normativas relativas à manifestação da transitividade verbal em português, para caracterização e subtipologização, e recorreram ao exame dessa tensão entre uso e norma, para avaliação das tendências que orientam a normatização prescritivista.

Quanto à natureza dos resultados do exame, o que se pode indicar já de início (e pode orientar o acompanhamento dos resultados) é, em resumo, que:

a) a questão da transitividade e da complementação verbal é sempre alocada na parte relativa à Sintaxe, mas sua resolução não se mantém nesse campo;

b) os gramáticos, em geral, distinguem o objeto direto do objeto indireto por menção ao uso da preposição (em tese, um critério formal, sintático), mas essa questão não é problematizada nem posta em relação com uma conceituação dessas duas funções sintáticas, pelo contrário liga-se geralmente a indicações de inspiração semântica;

c) a gramática tradicional aceita geralmente a construção com voz passiva de verbos considerados transitivos indiretos[3], sem explicação que distinga essa construção de uma correspondente ativa, com objeto direto, e que legitime o fato de apenas esta última ser registrada como desabonada[4];

d) alguns estudos feitos por doutrinadores normativos a respeito da regência verbal não englobam as mudanças dessas regências, ao contrário dos estudos feitos por linguistas;

e) alguns autores tradicionais se valem de nomenclatura divergente para referir-se aos termos associados à regência verbal, mas, apesar disso, o

---

* Este tópico retoma parte do artigo "A regência verbal e seu campo de estudo", publicado no livro *Sentido e significação*: em torno da obra de Rodolfo Ilari, organizado por Lígia NEGRI, Maria José FOLTRAN e Roberta OLIVEIRA. São Paulo: Contexto, 2004, p. 48-76.

tratamento da regência é similar na maioria das obras, especialmente as de cunho didático;

f) em geral, o elenco de verbos postos em exame e a natureza do exame nos manuais desse tipo é basicamente o mesmo.

No confronto entre a análise de estudiosos da linguagem, gramáticos tradicionais e autores de dicionários de regência (como, por exemplo, Mário Barreto, Rocha Lima e Celso Luft, respectivamente) e a de simples divulgadores, verifica-se que estes são muito mais pontuais, menos abrangentes e absolutamente prescritivistas ao tratarem a regência verbal. Entretanto, mesmo nesses textos também pode ser captada certa sensibilidade às mudanças ocorridas na língua, e, portanto, eles constituem importante fonte de análise da influência do uso real na gramática tradicional. E, afinal, nas obras de grandes gramáticos, por exemplo, Bechara (1999), encontra-se comprovado o reconhecimento da existência da variação, bem como o reconhecimento da ação da mudança linguística: o uso das formas de regência conformadas à língua-padrão aparece relacionado especialmente com a linguagem mais formal, e, portanto, fica sugerida a força da ação social no uso linguístico.

E resumindo a posição normativista de alguns de nossos gramáticos (ver NEVES, 2003b: 21), pode-se apontar, generalizando, a existência de: (i) uma primeira posição, que tem os padrões buscados nos escritores modelares de épocas anteriores (clássicos), como faz Cláudio Brandão (1963), que qualifica como de falar plebeu alguns usos que escapam aos parâmetros da gramática tradicional; (ii) uma segunda posição, que tem os padrões buscados nos escritores modelares mas reconhece a existência de variação, como faz Carneiro Ribeiro (1956 [1890]), que aponta que a língua não é homogênea, embora, ao mesmo tempo, valorize apenas a norma dos bons escritores e dos gramáticos, não a do usuário comum; (iii) uma terceira posição, que tem os padrões buscados em escritores, mas apenas "do Romantismo para cá", especialmente os contemporâneos, com reconhecimento da existência de variação, como faz Celso Cunha (1980), que ainda ressalva que, se a sua obra se restringe à norma culta, é porque os manuais de gramática, por sua finalidade, devem fundar-se num claro conceito de norma e correção

A comparação mostra, em resumo, que alguns autores dão contornos e põem barreiras no uso, limitando seus exemplos a escritores de um tempo remoto até em relação ao próprio gramático. Outros empenham-se em prezar a elegância e a beleza da língua sem valorizar as possíveis modificações feitas pelo falante na língua. Encontram-se, afinal, gramáticos que apresentam o português em sua forma culta, mas preocupados em tratar os fatos da linguagem coloquial, fundando-se num conceito de norma implicado na gramática descritiva. Em cada um dos grupos poderiam ser apontadas resoluções para a regência verbal governadas por essa visão particular da gramática da língua.

Os livros didáticos, por sua vez, em geral se limitam a indicações absolutamente pontuais de casos já escolhidos a partir da presunção de que eles constituem amostras exemplares de "escorregões" em relação à norma preceituada. Um exemplo é o que se verá no capítulo que vem a seguir, com o caso da regência verbal. Vê-se que os verbos escolhidos para oferecimento de moldes de uso "correto" (que é o que parece que, em geral, importa) são apresentados com as suas possibilidades de construção (todas) oferecidas em sequência aleatória, sem ao menos buscar-se uma discriminação entre aqueles casos que oferecem variação (ou seja, na visão normativista, aqueles que oferecem "perigo" de "erro") e aqueles em que nem existe variação. São, por exemplo, respectivamente, construções como *Mandei aspirar o pó* e *Gosto de pagar tudo depressa* (regências de objeto direto).

Notas

[1] As piadas que aqui se apresentam foram, em geral, extraídas do livro *Os humores da língua*. Agenda 2003 (POSSENTI, 2002).
[2] Escuso-me de apresentar referências dos manuais simplesmente prescritivos, escritos por divulgadores, todos muito semelhantes, limitando-me a registrar que foram consultados os de maior circulação. A algumas das grandes gramáticas tradicionais faço referências tópicas, quando é o caso de aproveitar algum conceito específico.
[3] Trata-se, geralmente de verbos que já foram usados por escritores "modelares" como transitivos diretos e que eram prescritos com essa regência por gramáticas normativas da época.
[4] É preciso ressalvar que, enquanto alguns gramáticos se restringem a condenar o uso do objeto sem preposição com tais verbos, outros, observando os usos reais, consideram que esses verbos sejam duplamente regidos.

Tradição e vivência.
Uma reflexão sobre o empenho em normas de conduta nas lições de gramática, com foco na regência verbal*

> É claro que um código normativo de falar e escrever "corretamente" (isto é, de acordo com uma convenção social, bem radicada, que põe numa escala estimativa as diversas modalidades de língua vigentes no país) é útil – e mesmo necessário – por motivos a bem dizer extralinguísticos. À estratificação na maneira de falar e à dialetização no espaço se contrapõe, nas sociedades mais ou menos politicamente coesas, uma "língua-padrão", mais unitária e homogênea, e é dela que se tiram os lineamentos para o ensino da língua materna na escola.
> (Mattoso Câmara Jr.)

Vários temas de gramática da língua sempre nos aparecem como negativamente marcados, e especialmente porque, durante toda a nossa vida escolar – tenha ela durado quanto for, até agora –, esses rótulos encabeçaram lições normativas. Ora, sempre soubemos que dessas lições o que havia a esperar eram restrições, nunca aportes que nos preparassem a obter um desempenho mais seguro e confortável na atividade de interação linguística, afinal o que naturalmente o estudante quer obter na vivência escolar em que se insere. Em geral o que indicam essas lições são construções que usamos (e que todos usam), mas que nos dizem que deveremos deixar de usar, construções que, satisfatoriamente para nós, dizem exatamente o que

---
* Este capítulo constitui uma reformulação do artigo "A regência verbal e seu campo de estudo", publicado no livro *Sentido e significação*: em torno da obra de Rodolfo Ilari, organizado por Lígia NEGRI, Maria José FOLTRAN e Roberta OLIVEIRA. São Paulo: Contexto, 2004, p. 48-76.

queremos dizer e que, por mais atenção que nelas prestemos, não entendemos por que têm de ser alijadas (por exemplo frases como *Você assistiu o filme? Você gostou do filme que você assistiu?*). Esse é o campo minado da regência verbal na vida escolar, e há de haver cuidado no pisar.

Há outro campo, também, até mais perigoso, que aqui não será discutido especificamente, mas do qual ainda se deve dizer alguma coisa. É o campo da concordância verbal. Neste, também as lições sempre nos vieram em forma de recomendações de uso, mas, já neste caso, nós sempre nos colocamos mais receptivos às normas, e isso por duas razões, uma decorrente da outra. Em primeiro lugar, trata-se de um fenômeno por natureza superficial, e, por isso mesmo, naturalmente mais suscetível de regramento externo ao funcionamento linguístico propriamente dito. Ou seja, nada nesse funcionamento nos há de dizer que a forma externa de uma palavra (por exemplo, uma forma de plural de substantivo) obrigatoriamente tem de acompanhar a forma externa de outra (por exemplo, uma forma de plural de artigo), para que a mesma indicação (a sinalização da categoria plural) seja feita. Basta uma indicação dessa categoria gramatical de plural (obviamente feita no elemento colocado em primeiro lugar na ordem de emissão), e isso é muito fácil de ver. Em segundo lugar – e em decorrência, mesmo, dessa aceitação de que há um regramento de norma externa, prescritiva, que prescinde de justificativa teórica – o falante, especialmente se inserido no sistema escolar, é muito consciente da necessidade e da importância de ser reconhecido como escolarizado no ambiente social em que vive, o que exige adequação a normas de evidência superficial tão forte.

Voltemos, pois, ao tema da regência verbal, que nele haveria necessidade de compreensão de lições muito mais abstratas para que o falante/estudante entendesse as lições regradoras, e a elas aderisse com compreensão dos fatos.

O campo de análise da regência verbal

O ponto central que se oferece à discussão é o campo de análise linguística em que se situa a questão. Sabemos que voltar às lições dos bancos escolares significa colocar as entidades verbo transitivo, verbo intransitivo, objeto direto e objeto indireto no capítulo sobre sintaxe e, por outro lado, defini-las, em geral, por critérios semânticos, coisas deste tipo: verbo intransitivo "é aquele cuja ação não passa além do sujeito, (...) é o verbo que por si só exprime sentido completo (GÓIS, 1943: 74); objeto direto "é o que representa o paciente ou o resultado da ação do verbo ativo" (SOUZA LIMA, 1945: 48-49), ou é o "complemento que, na voz ativa, representa o paciente da ação verbal" (ROCHA LIMA, 1974: 212), ou é o termo que tem de ser usado quando "a significação do verbo não basta para dizer tudo" (NOGUEIRA, 1944: 18).

A análise lúcida de Luft (1987) assume a semântica no centro dessa questão, afirmando que "regência em sentido estrito é a necessidade ou a desnecessidade de complementação implicada pela significação de nomes (substantivos, adjetivos, advérbios) e verbos" (p. 5), mas ele mesmo, quando examina o nome **verbo transitivo circunstancial**, usado no Dicionário Aurélio para verbos como *ir* e *vir*, faz crítica dizendo que **circunstancial** "é classificação semântica e não sintática: não há oposição entre "(in)direto" e "circunstancial"; quando muito, serviria para subclassificar: verbo transitivo indireto (circunstancial)" (p. 11). De todo modo, Luft afirma que "a semântica dita a regência" e que "os traços semânticos do verbo é que preveem a presença ou ausência de complementos" (LUFT, 1987: 13).

Simplificando muito, pode-se dizer que também essa é a lição geral de linguistas que se dedicaram à questão da estrutura argumental dos verbos, em todas as teorias.

Uma visão dos fatos em base funcionalista

Neste texto, porém, limito-me a uma amostra da visão da teoria funcional da gramática no âmbito da questão da denominada **regência verbal**, observando, como ponto de partida e de um modo bem genérico, a característica integrativa que sustenta as propostas do funcionalismo, propostas como a de redes sistêmicas (hallidayana), a de integração de componentes (dikiana), e a de estruturação de domínios em um organismo (givoniana). No fundo, o que se assume, na média das concepções, é a integração da semântica na gramática, e, necessariamente, implicada na semântica, a pragmática, a base experiencial da criação do significado.

Como se examina no Capítulo "Texto e contexto" deste livro, Halliday equaciona todas as questões em uma teoria sistêmica (baseada na teoria de Firth, derivada dos princípios de Hjelmslev e inspirada em ideias da Escola de

Praga), na qual o termo **sistema** é usado no sentido firthiano de "paradigma funcional", mas é desenvolvido no constructo formal de uma rede sistêmica, o que configura uma teoria que tem a língua como recurso para criar significado pela escolha, portanto um sistema semântico. Obviamente, o termo **semântica** não se refere, aí, apenas ao significado das palavras, mas é todo o sistema de significados da língua. A linguagem adulta construiu estruturas semânticas que permitem "pensar sobre" a experiência, isto é, interpretá-la construtivamente: por serem plausíveis, elas fazem sentido e o homem pode agir sobre elas. Os sistemas de significados, por sua vez, geram estruturas lexicogramaticais que são igualmente plausíveis: fincando-me no campo que aqui interessa, é dizer que há verbos e substantivos para enquadrar a análise da experiência em processos e participantes. Como diz Halliday (1994), é assim que as crianças são capazes de construir uma gramática: elas podem fazer uma ligação entre as categorias da gramática e a realidade que está em seu redor, conseguindo, dentro de sua cabeça, ver o sentido por trás do código. Se, de um lado, um texto é uma unidade semântica, e não gramatical, de outro os significados são compreendidos por meio de uma "colocação em palavras" (*wordings*), e, sem uma teoria de "colocação em palavras", isto é, sem uma gramática, não há como explicitar uma interpretação do sentido de um texto.

Explique-se que a relação entre a semântica e a gramática é de interpretação: os *wordings* interpretam o significado, e são, por sua vez, interpretados pelo som ou pela escrita. Não é possível perguntar o que cada elemento significa isoladamente: o significado é codificado no *wording* como um todo integrado: a escolha de um item pode significar uma coisa; seu lugar no sintagma, outra; sua combinação com outro elemento, outra; sua organização interna, outra, ainda. O que a gramática faz é separar todas essas variáveis possíveis e atribuí-las às suas funções semânticas específicas. Uma gramática funcional destina-se, pois, a revelar, pelo estudo das sequências linguisticas, os significados que estão codificados por essas sequências. O fato de ser "funcional" significa que ela está baseada no significado, mas o fato de ser "gramática" significa que ela é uma interpretação das formas linguisticas. A análise linguistica, num primeiro nível, permite mostrar como e por que o texto significa o que significa, e, num segundo nível, permite dizer por que o texto é ou não é um texto efetivo, pelos propósitos que tem.

Toma-se, pois, como base, a semântica, entendendo-se que fica configurada uma gramática natural, que se organiza em torno do texto, ou discurso.

É tratando da organização semântica que Halliday coloca o texto como representação linguística da experiência extralinguística, tanto do mundo exterior como do mundo interior (pensamentos, percepções, sentimentos). Como em tudo, na organização do conteúdo cognitivo são necessárias opções que, no nível da frase, são refletidas pela transitividade (o campo de reflexão, nas considerações deste capítulo), e, no nível do texto, se marcam pela coesão, obtida por meio de recuperações e de projeções semânticas extrafrásicas. Responsável pela organização semântica no nível frasal, a transitividade é o sistema que dá conta basicamente da seleção de processos e relações e de seus participantes, e, assim, da seleção de funções sintáticas na estrutura da frase.

O que fazem as diferentes redes sistêmicas propostas por Halliday é codificar diferentes espécies de significado, ligando-se, pois, às diferentes funções da linguagem. Assim, o sistema de transitividade, especificando os papéis dos elementos da oração, como Ator, Meta, etc., codifica a experiência do mundo, e liga-se, pois, com a função ideacional; o sistema de modo (do qual deriva o de modalidade), especificando funções como sujeito, predicador, complemento, finitude, diz respeito aos papéis da fala, e liga-se, pois, com a função interpessoal; os sistemas de tema e de informação, especificando as relações dentro do próprio enunciado, ou entre o enunciado e a situação, dizem respeito à função linguisticamente intrínseca, a função textual (ver Neves, 1997: 58-75).

A gramática funcional da Holanda, por seu lado, numa direção menos sistêmica mas não menos orgânica, acentua a integração de semântica e sintaxe, dentro do quadro abrangente da pragmática, posta a sintaxe como instrumental em relação à semântica, e posta a semântica como instrumental em relação à pragmática, o que não deixa lugar para uma sintaxe autônoma (DIK, 1989a e 1997). A teoria da gramática integra o estudo da forma, do significado e do uso de tal modo que, assim como os traços linguísticos formais, também os semânticos e os pragmáticos são abrigados numa perspectiva teórica mais geral, que inter-relaciona análise dos dados e formação da teoria (DIK, 1989b).

Posta a atenção no tema particular deste estudo, pode-se afirmar que a transitividade é, em especial, uma das questões em que a gramática funcional pode ser invocada para ilustrar a integração de fatores sintáticos e semânticos, bem como sua colocação em um tratamento que incorpora a consideração de um componente discursivo.

Em Dik (1989a; 1997), a descrição de uma expressão linguística começa com a construção de uma predicação subjacente que é, então, projetada na forma da expressão por meio de regras que determinam a forma e a ordem em que os constituintes da predicação subjacente são realizados. A predicação subjacente é basicamente formada pela inserção de termos (expressões que podem ser usadas para referir-se a unidades em um dado mundo) em estruturas de predicado (esquemas que especificam um predicado juntamente com um esqueleto das estruturas nas quais ele pode aparecer). Os predicados constituem os blocos de construção mais básicos no nível morfossemântico da organização linguística. Para a construção de predicações subjacentes são necessários, então, pelo menos, um conjunto de estruturas de predicado e um conjunto de termos. A esses dois conjuntos reunidos, Dik (1989a: 51ss.) chama "fundo da língua". Dentro do "fundo", está o léxico, que contém as expressões básicas da língua, isto é, os predicados básicos e os termos básicos; cada um desses dois subconjuntos pode ser estendido por meio de regras sincronicamente produtivas, formando, respectivamente, predicados derivados e termos derivados. Tanto a formação de predicado como a formação de termo têm propriedades recursivas, e, assim, o "fundo" oferece um estoque praticamente ilimitado de esquemas de predicado e de estruturas de termos para a construção de predicações.

O predicado é, pois, o primeiro nível exigido para que se organize uma estrutura subjacente de frase. O predicado – que designa propriedades ou relações – se aplica a um certo número de termos – que se referem a entidades – produzindo uma predicação, que designa um estado de coisas, ou seja, uma codificação linguística (e possivelmente cognitiva) que o falante faz da situação.

Considerada a integração dos três componentes – sintático, semântico e pragmático – assim se organizam as predicações: em uma oração como *José entregou o presente a Mário*, entende-se que *entregar* é um predicado (verbo) e *José, o presente* e *Mário* são argumentos que têm não apenas funções semânticas (Agente, Meta e Recebedor, respectivamente) e funções sintáticas (Sujeito, Objeto e Dativo, respectivamente), mas, ainda funções pragmáticas (Tópico e Foco, as noções pragmáticas mais centrais na gramática funcional), determináveis apenas em frases enunciadas, que constituem o lugar em que se pode verificar em torno de qual termo o falante organizou a frase – isto é, o Tópico – e qual o termo que carrega a informação mais saliente – isto é, o Foco.

O funcionalista forte Givón (1984) também tem como objetivo preparar "um quadro explícito, sistemático e abrangente de sintaxe, semântica e pragmática unificadas como um todo" (p. VII). Considera ele que a gramática não constitui uma mera lista não ordenada de domínios funcionais não relacionados, mas é internamente estruturada como um organismo, dentro do qual alguns subsistemas são mais proximamente relacionados entre si – tanto em função como em estrutura – do que outros, e no qual existe uma organização hierárquica. A sintaxe é vista como a codificação de dois domínios funcionais distintos: a semântica (proposicional) e a pragmática (discursiva). Uma sentença que presumivelmente contenha apenas informação semântica e que não apresente função pragmática realmente não existe na comunicação, apenas pode representar um segmento artificialmente isolado de seu contexto, para fins de análise.

A própria transitividade é vista como um metafenômeno responsável pela codificação sintático-estrutural das funções de caso semântico e pragmático, e Givón (1984) aponta a estrutura temática como observável tanto no âmbito da frase como no âmbito do discurso, isto é, das proposições concatenadas. Como a função primeira da linguagem é a de estabelecer a comunicação entre os homens, todas as manifestações linguísticas devem apresentar estrutura temática coerente, estrutura que é observável tanto no âmbito da frase como no do discurso multiproposicional (NEVES, 1997: 24).

A codificação sintático-estrutural da língua reflete um sistema de topicidade (pragmático) que decorre dos processos de transitividade: o sujeito e o objeto, dois elementos que pertencem ao sistema de marcação de caso, atuam no sistema de continuidade de tópico. O sujeito, que é o tópico oracional primário, codifica o tópico discursivo mais importante, mais recorrente e mais contínuo; o objeto direto, que é o tópico oracional secundário, codifica o segundo tópico mais recorrente e contínuo. A partir dessas noções, Givón estabelece, para as diversas funções de caso semântico, uma hierarquia de acesso a tópico e a sujeito, acesso que corresponde ao estabelecimento da função de caso pragmático.

É de especial menção o trabalho dos funcionalistas Hopper e Thompson (1980), que, ao apontar o mecanismo da transitividade como a propriedade central do uso linguístico (p. 251), apresenta-a como uma propriedade escalar condicionada por fatores sintáticos e semânticos, e também pelo texto, já que sua gradualidade é ligada às necessidades de expressão dos usuários, dirigida pelos propósitos da comunicação, isto é, sensível a fatores discursivos.

Para comprovação dessa dimensão comunicativa do arranjo da transitividade, Neves e Braga (1998: 193) chamam a atenção para o fato de que há íntima correlação entre grau de transitividade e relevo discursivo: baixa transitividade se liga a menor relevância, ou segundo plano (fundo), e alta transitividade se liga a maior relevância, ou primeiro plano (figura). Apontam, ainda, que em cada um desses dois planos, outras propriedades se agregam: à noção discursiva de fundo como plano de menor relevância, por exemplo, se ligam outras noções gramaticais, como a minimização da dimensão dêitico-temporal, isto é, o uso de formas finitas imperfectivas e formas infinitivas (HOPPER e THOMPSON, 1980).

Com tais princípios e pressupostos o que tento desenvolver, afinal, é a hipótese de que, no uso da língua, a depreensão do conceito de transitividade não pode prescindir da semântica, nela implicada a pragmática, que dirige as escolhas.

Uma amostra de análise da regência em português

O universo de análise pertinente nos diversos verbos

Seleciono, aqui, para exame, onze dos verbos mais contemplados nas lições normativas, e a primeira verificação que registro quanto ao tratamento tradicional da questão é que, tendo elegido os verbos cuja regência devem prescrever, os manuais normativos, em geral, tratam esses verbos numa visão horizontal, passando igualmente, de modo superficial, por todas as possíveis acepções e os possíveis empregos. Desconhecem o fato de que, no caso de alguns verbos, é reduzido o universo para análise de seguimento ou não seguimento das regras normativas, e especialmente pelas seguintes razões:

1) ou porque apenas em alguma ou algumas acepções – e, portanto, em apenas alguns usos – o verbo oferece possibilidade de transgressão de norma; por exemplo, no caso de *assistir*, só quando o significado é o de "presenciar";

2) ou porque apenas em alguma ou algumas construções – e, portanto, em apenas alguns usos – o verbo oferece possibilidade de transgressão de norma; por exemplo, no caso de *pagar*, só quando ocorre unicamente o complemento relativo ao credor, que, segundo a norma, deve ser objeto indireto (com preposição);

3) ou porque apenas em alguma ou algumas acepções e também apenas em alguma ou algumas construções o verbo oferece possibilidade de transgressão de norma; por exemplo, no caso do verbo *ir*, só quando ele

é usado como verbo de movimento e com o complemento de direção expresso, o qual, segundo a norma, deve ser iniciado por uma preposição de expressão direcional.

Considerados os verbos aqui selecionados para exame, no primeiro caso estão *aspirar, visar, assistir* e *lembrar*, no segundo caso estão *pagar, perdoar* e *preferir*, e no terceiro caso estão *ir* e *chegar*. Não se enquadram em nenhum dos três casos os verbos *obedecer, lembrar-se* e *esquecer(-se)*.

O universo de análise em cada um dos verbos

- *Aspirar, visar, assistir* e *lembrar*

O verbo *aspirar* é sempre indicado com duas acepções: a de "inspirar" (que encontrei em 50,3%, 86 ocorrências em 171) e a de "almejar" (49,7%).

O verbo *visar* é em geral indicado com três acepções: a de "ter em vista" (que encontrei em 95,2%, 177 ocorrências em 186), a de "mirar" (3,2%), a de "pôr visto em" (1,1%). Resta a acepção de "estar *vis-à-vis* com" (0,5%), que os manuais tradicionais ignoram.

Do mesmo modo, o verbo *assistir* é em geral indicado com três acepções: a de "estar presente a", "presenciar", "ver"[1] (que encontrei em 92,5%, 649 ocorrências em 702), a de "prestar assistência a" ou "socorrer" (6,5%), e a de "residir", "morar" (0,1%). Também com este verbo resta uma acepção, a de "caber" ou "competir" (0,9%), que os manuais tradicionais, em geral, ignoram.

A forma não pronominal *lembrar* é geralmente indicada em três acepções: "recordar", "relembrar" (que está em 67,2% dos casos), "trazer à lembrança" (em 26,9% dos casos) e "fazer recordar", "sugerir" (em 5,9% dos casos). Trata-se, pois, de um uso raro. São duas as possibilidades de construção, de que são exemplos, respectivamente:

- *Ele **lembrou aos** filhos o amor, os sacrifícios, os desvelos e as lutas do chefe de família. (VID)*[2]

- *O dono da pensão **me lembrava do** acordo que tínhamos estabelecido. (BL)*

Com essa acepção apenas se foge à norma se o complemento for oracional, construção de que encontrei somente uma ocorrência:

- *Quero **lembrar o nobre orador que** o seu tempo já se esgotou há alguns minutos. (JL)*

Verifica-se que as lições da norma, entretanto, só servem, no caso de *aspirar*, para a acepção "almejar", no caso de *visar*, para a acepção "ter em vista", e, no caso de *assistir*, para a acepção "presenciar", embora se deva salientar que, com *visar* e com *assistir*, essas são as acepções quase únicas com que os verbos são usados. Isso significa que, com esses dois verbos, de fato as lições prescritivas sobre regência vão a mais de 90% dos casos, mas não invalida a crítica ao modo de condução das lições, que dão à apresentação das diversas acepções um tratamento superficial uniforme, sem preparar o universo em que tais lições deveriam circunscrever-se.

- *Pagar, perdoar* e *preferir*

Na análise dos tipos de complemento do verbo *pagar*, encontram-se 90,1% do total (238 casos em 264) em que não há o que examinar quanto à relação entre uso e prescrição normativa. Elas se referem

a) às ocorrências do verbo *pagar* (16) com dois complementos, um de coisa (a dívida) e outro de pessoa (o credor), casos que não deixam possibilidade de variação, como

- *No intervalo que vai da derrubada à formação das pastagens, ele faz a sua lavoura, pagando **a devida renda ao proprietário**. (BF)*

b) às ocorrências do verbo *pagar* (92) com complemento de coisa (a dívida), casos em que não há variação de uso, quanto à manifestação da regência, como

- ***Paga a despesa** e vai para casa. (AGO)*

c) às ocorrências (54) apenas com complemento de valor, casos em que também não há variação de uso, quanto à manifestação da regência, como

- *As demais **pagam quantias** proporcionais à sua participação no mercado. (VEJ)*

d) às ocorrências (7) em que ocorre a construção "pagar por alguma coisa", casos que são admitidos por manuais normativos, como

- *O policial nos diz que a comunidade **paga pela** segurança. (MEN)*

e) às ocorrências (12) com complemento constituído pelos pronomes oblíquos de primeira e de segunda pessoa cujas formas (*me, te, nos*, etc.) impedem que se distingam entre as funções sintáticas objeto direto e objeto indireto, casos como

- **Pague-me** *quando estiver com dinheiro. (ACM)*

f) às ocorrências (57) em que o verbo se usa sem complemento, casos como

- **Pagou**, *deu dois passos, um tiro soou. (BH)*

Do mesmo modo, analisando-se os tipos de complemento do verbo *perdoar*, encontram-se 82,2% do total (236 ocorrências em 287) em que não há o que examinar quanto à relação entre uso e prescrição normativa. Elas se referem

a) às ocorrências do verbo *perdoar* (22) com dois complementos, um de coisa (a falta, ofensa, crime) e outro de pessoa (o faltoso, ofensor, criminoso), casos que não deixam possibilidade de variação, como

- *Todos nós, seus admiradores, nunca* **perdoamos ao professor Milet a estupidez** *de pôr na urna um ponto de tamanha inferioridade na opulenta seara do Direito Civil. (EM)*

b) às ocorrências do verbo *perdoar* (44) com complemento de coisa (aquilo que é perdoado), casos em que não há variação de uso, quanto à manifestação da regência, como

- *Querida,* **perdoa a admoestação**... *(TRH)*

c) às ocorrências (11) em que se tem a construção "perdoar alguém por/ de alguma coisa"[3], casos que, embora apresentem complemento referente a pessoa sem preposição, não são, em geral, condenados pelos manuais normativos, como

- *Os corintianos não* **perdoavam Jorginho por** *ter jogado tanto tempo no seu arqui-inimigo. (PLA)*

d) às ocorrências (102) com complemento constituído pelos pronomes oblíquos de primeira e de segunda pessoa (*me, te, nos*, etc.), cujas formas impedem que se distinga as funções sintáticas objeto direto e objeto indireto, casos como

- *Deus* **me perdoe**! *(MAR)*

e) às ocorrências (2) com um complemento preposicionado que não necessariamente se classifica como objeto indireto, pois o núcleo pronominal também pode fazer supor a função objeto direto (preposicionado), casos como

- Tinha *perdoado a todos*. *(ALF)*

f) às ocorrências (55) em que o verbo se usa sem complemento, casos como

- *Bem – disse Nando – perdoar sempre. (Q)*

Especialmente com o verbo *preferir* é muito reduzido o universo (11,5%, 46 ocorrências em 366 em que se pode investigar se a norma está sendo seguida ou não. Trata-se dos casos em que o verbo ocorre com dois complementos, um direto (que representa aquilo que é preferido, em detrimento de outra coisa) e um indireto, aliás de tipo especial, um complemento de comparação (que representa aquilo que não tem preferência, é preterido em favor de outra coisa).

- *Ir* e *chegar.*

O verbo *ir* usa-se como verbo de movimento (que encontrei em 25,6% das ocorrências, 129 em 504), como auxiliar (66,3%), e em outros tipos de construção (8,1%), como, por exemplo, em expressões, em indicação de origem e como verbo de ligação. O verbo *chegar* usa-se como verbo de movimento (que encontrei em 74,8% das ocorrências, 454 em 607), como auxiliar (13,5% dos casos) e em outros tipos de construção (11,7% dos casos), como, por exemplo: com a acepção de "atingir" (8,4%, casos como *nem toda intoxicação chega ao envenenamento* [TC]) e de "bastar" (2,7%, casos como *Chega de conversa!* [CCI]); indicando movimento espacial, com a acepção de "ir/vir para perto de", "encostar"[4] (0,3%); constituindo simples marcador discursivo (0,3%, casos como *Já na parte final eu cheguei para o Jorge Bornhausen e disse: nós temos que sair disso.* [SI]).

Recomendações normativas só podem referir-se aos casos em que os verbos *ir* e *chegar* são usados como verbos de movimento e com o complemento de direção expresso, prescrevendo as lições normativas que esse complemento deve ser iniciado pelas preposições *a*, *para* ou *até*, que são as preposições de direção em português.

Além disso, em determinadas construções não há o que examinar quanto à relação entre uso e prescrição normativa, como indico, a seguir, para cada um dos dois verbos.

Para o verbo *ir*, elas se referem aos casos em que esse verbo é usado com o complemento de direção introduzido por essas preposições, mas nos quais também vem indicada a origem, casos como[5]:

- *Ele me odiava de um ódio que oscilava e suas esferas, e **ia do** sentimento de entusiasmo mais exaltado, à mais completa repulsa. (CCA)*
- *A onda revolucionária colheu-o desde moço, no período agitado que **vai da** loucura de sua mãe, a desditosa rainha D Maria I, à sua volta a Lisboa. (TGB)*

Quanto ao verbo *chegar*, trata-se de:

- construções (12,9%, 29 em 224 casos de verbo de movimento com complemento) com complemento representado por advérbio pronominal, casos como

- *Todos **chegam aqui**. (CHR)*
- *Ainda não **chegamos lá**, mas vamos chegar. (MD)*

- construções (3,6%, 8 casos) com complemento constituído pelos pronomes oblíquos de primeira e de segunda pessoa cujas formas (*me, te, nos*, etc.) impedem que se distinga entre as funções sintáticas objeto direto e objeto indireto, casos como

- *E posso anunciar-vos que, em tempo breve, tão pronto **me cheguem** os resultados desses estudos, expedirei esse diploma legal básico dos funcionários públicos. (JK)*
- ***Chega-nos** pela mediação das etnologias, para apossar-se da cultura inventora. (DCM)*

Desse modo, a zona ligada ao conflito entre uso e norma atinge, para o verbo *ir*, apenas 12,9% do total (65 ocorrências em 504), e, para o verbo *chegar*, apenas 30,8% do total (187 ocorrências em 607).

A análise dos dados

Por características comuns ligadas à regência verbal, alguns dos verbos aqui estudados podem ser examinados aos pares, casos de *aspirar* e *visar*, de *obedecer* e *assistir*, de *pagar* e *perdoar*, de *ir* e *chegar*, de *lembrar(-se)* e *esquecer(-se)*.

- *Obedecer* e *assistir*

Dois dos verbos mais tratados pelos manuais normativos quanto à regência são *assistir* e *obedecer*. Como apontei, enquanto o verbo *obedecer* tem apenas uma acepção básica, o verbo *assistir* tem pelo menos quatro acepções, mas as recomendações prescritivas dizem respeito apenas ao caso do significado "presenciar", ou "estar presente" (maciçamente o mais frequente), indicando como transgressão à norma-padrão o uso de complemento sem preposição (com a lição adicional de que esse objeto indireto não pode ser representado por pronome pessoal oblíquo átono). Para *obedecer*, também se prescreve que o complemento (geralmente referente a pessoa) tem de ser introduzido pela preposição *a*.

Tanto no caso de *obedecer* como no caso de *assistir* (nessa acepção), o que se verificou na análise efetuada foi que, prevalentemente, embora não de modo idêntico, os usos examinados seguem as prescrições normativas: 85,2% (370 em 434) para *obedecer* e 76,8% (499 em 649) para *assistir*, na acepção levada em conta.

- *Pagar* e *perdoar*

De acordo com a indicação tradicional, o verbo *pagar* constrói-se com dois complementos, um sem preposição (objeto direto), e o outro iniciado pela preposição *a* ou *para*. O primeiro se refere àquilo que é pago e o segundo (que pode ser expresso pelo pronome *lhe*) se refere à pessoa (instituição, etc.) a quem se faz o pagamento.

Do total das 264 ocorrências do verbo *pagar* encontradas, consideraram-se pertinentes para este estudo, que se centra na avaliação do confronto entre o uso e a norma, apenas aquelas (26) em que o verbo se construiu apenas com o complemento de pessoa. Nesses casos o falante:

a) ou seguiu a norma (15 ocorrências) e fez a construção com objeto indireto, como em

- *O advogado me disse que eu poderia ser detido por suborno se confirmasse a história, já que **paguei ao** guarda. (NBN)*
- *Para isso nós **lhe pagávamos**. (MEC)*

b) ou não seguiu a norma (11 ocorrências) e fez a construção com objeto direto, como em

- *Tenho pena do infeliz, botou fora 18 braças de campo (26 hectares) **pagando o advogado**. (REA)*
- *O jornal disse oitenta – bem, não **pagaram a costureira** que aceitou fazer pelo reclame, fosse pagar seria oitenta mesmo. (BP)*

Verifica-se, pois, que em 52% dos casos se segue a prescrição de preposicionar o complemento referente a pessoa, prevalecendo, pois, embora ligeiramente, a conformidade da língua escrita ao que prescreve a norma.

Quanto ao verbo *perdoar*, de acordo com a prescrição normativa, ele se constrói com dois complementos, um sem preposição (objeto direto), e o outro iniciado pela preposição *a*. O primeiro se refere àquilo que é perdoado, e o segundo (que pode ser expresso pelo pronome *lhe*) refere-se à pessoa (instituição, etc.) a quem se dá o perdão.

Do total das 287 ocorrências do verbo *perdoar* encontradas, consideraram-se pertinentes para este estudo, que se centra na avaliação do confronto entre o uso e a norma, somente aquelas (51) em que o verbo se construiu apenas com o complemento de pessoa. Nesses casos o falante:

a) ou seguiu a norma (13 ocorrências) e fez a construção com objeto indireto, como em

- ***Perdoar a** uma cascavel: exercício de santidade. (AVE)*
- *Ao pai de Dadá, **perdoou**, mas não **perdoou à** família de Cazuza. (REA)*

b) ou não seguiu a norma (38 ocorrências) e fez a construção com objeto direto, como em

- ***Perdoa o pobre do seu velho?** (VI)*
- *Não **perdoarei quem** desrespeitar as minhas ordens. (BN)*

Verifica-se, pois, que em 74,5% dos casos não se segue a prescrição de preposicionar o complemento referente a pessoa, prevalecendo, pois, a não conformidade da língua escrita ao que prescreve a norma.

- Aspirar e visar

Como apontei, tanto *aspirar* como *visar* têm várias acepções, mas as recomendações prescritivas se fixam, para *aspirar*, apenas no caso da acepção "almejar" (49,7% dos casos, 85 ocorrências em 171), e para *visar*, apenas no caso da acepção "ter em vista" (95,2% dos casos, 177 ocorrências em 186). Indicam as lições como transgressão à norma-padrão, em ambos os casos, o uso de complemento sem preposição (com a lição adicional de que esse objeto indireto não pode ser representado por pronome pessoal oblíquo átono).

O que se verificou na análise foi que, no caso de *aspirar* ("almejar"), o uso segue as prescrições normativas em 75,3% dos casos (64 ocorrências em 85) e no caso de *visar* ("ter em vista"), o uso segue as prescrições normativas em 66,7% dos casos (118 ocorrências em 177).

- Ir e chegar

As recomendações prescritivas para o verbo *ir* e *chegar* restringem-se aos casos em que eles são usados como verbos de movimento, indicando-se que seu complemento (de direção) deve ser iniciado pelas preposições de direção (o que excluiria a preposição *em*). Como apontei, a zona ligada ao conflito entre uso e norma abrange, para o verbo *ir*, 65 ocorrências, o que corresponde a apenas 13,9% do *corpus* total, e, para o verbo *chegar*, 187 ocorrências, o que corresponde a apenas 30,8% do *corpus* total.

Nesses casos, os resultados quanto ao confronto entre o uso e a norma na regência de *ir* indicam que em 93,8% dos casos (61 em 65) há obediência ao que prescreve a norma, e em apenas 6,2% (4 em 65) não há obediência.

Nos casos de obediência à prescrição normativa, verificam-se as seguintes variações quanto à preposição (de direção) escolhida:

a) 28 ocorrências (45,9%) construídas com a preposição *a*, casos como

- *Preferia não **ir a** lugar nenhum. (MD)*
- *Acertarás **ir** só à casa dos teus amigos? (ATR)*

b) 17 ocorrências (27,8%) com a preposição *para*, casos como

- *Eu, Lorenzo e Bruno **iríamos para** a vila, no carro de Lorenzo. (ACM)*
- *Deixavam o monstro negro dormindo e **iam para** casa. (EX)*

c) 10 ocorrências (16,4%) com a preposição *até* (seguida ou não de *a*) casos como

- *Vai até a janela para abri-la. (NOF)*
- *Depois, Canoá foi até ao pote e trouxe uma caneca d'água. (ARR)*
- *Pretendendo ir até onde? (SEN)*
- *Eu queria saber até aonde é que ia o rio. (JT)*

    d) 6 ocorrências (9,9%) com a preposição *a/para* + *onde*, casos como *Assim tão gentil, com tantas flores, aonde vais, Leornó?* (ANA)

- *Para onde ia? (DM)*

Verifica-se que há uma preferência muito grande pelo uso da preposição *a*, em comparação com *para* e *até*.

Com relação aos casos em que não há obediência à norma, encontram-se:

a) 3 ocorrências (75%) com a preposição *em*, casos como

- *Foi então que comadre Miúda me lembrou: por que eu não ia no candomblé de Maria de Iansan? (PP)*

b) 1 ocorrência (25%) com *onde*:

- *Até à chegada do novo Diretor, a escola não passava, a rigor de um local vulgar, onde a maioria, simplesmente, ia para ganhar o dinheiro do Estado (...). (ORM)*

Os resultados quanto ao confronto entre o uso e a norma na regência de *chegar* indicam que em 79,7% dos casos (149 casos em 187) há obediência ao que prescreve a norma, e em apenas 20,3% (38 casos em 187) não há obediência.

Nos casos de obediência à prescrição normativa, verificam-se as seguintes variações quanto à preposição (de direção) escolhida:

a) 136 ocorrências (91,3%) com a preposição *a*, casos como

- *A cavalo num instante se chega a outra cidade! (PEM)*

b) 13 ocorrências (8,7%) com a preposição *até* (seguida ou não de *a*), casos como

- *E foi com este pensamento que chegou até a casa do mestre. (CA)*
- *As vertentes apresentam um equilíbrio dinâmico, que pode chegar até ao estado de estabilidade. (GEM)*

Verifica-se que há uma preferência muito grande pelo uso da preposição *a*, em comparação com *até*.

- Lembrar(-se) e esquecer(-se)

As ocorrências do verbo *lembrar(-se)* examinadas no *corpus* foram 478, encontrando-se 53% de construções pronominais e 47% de construções não pronominais.

As ocorrências do verbo *esquecer(-se)* examinadas no *corpus* foram 461, encontrando-se apenas 29% de construções pronominais e 71% de construções não pronominais. O primeiro resultado é, pois, a indicação de que *lembrar* e *lembrar-se* têm porcentagem equilibrada de ocorrências, enquanto a forma não pronominal *esquecer* é usada em mais de 70% dos casos.

O verbo *esquecer(-se)* tem apenas um significado básico, mas, como apontei, o verbo *lembrar(-se)*, quando não pronominal, é normalmente indicado com três significados, restringindo-se ao caso da acepção "recordar", "relembrar" (67% das ocorrências) as recomendações normativas quanto à regência. Indica-se como desobediência à norma-padrão o uso do verbo, nessa acepção, com complemento preposicionado, como em

- **Lembra de** mim? (AGO)

Os resultados quanto ao confronto entre o uso e a norma na regência de *lembrar* (não pronominal), na acepção de "recordar", "relembrar", mostram que houve 84% de obediência ao que prescreve a norma, e 16% de não obediência.

Quanto à forma pronominal *lembrar-se* ("recordar-se"), a recomendação normativa é que se use complemento iniciado pela preposição *de*, seja ele oracional ou não.

Os resultados quanto ao confronto entre o uso e a norma na regência dessa forma verbal *lembrar-se* (pronominal) mostram aquela mesma elevada porcentagem de obediência à norma que se encontra na regência de *lembrar* (não pronominal) com acepção semelhante (84%, casos como *Alguém **se lembra** que o Inter é pentavice?* [CPO]), devendo-se observar que todos os casos de infringência são de construções com complemento oracional.

As recomendações prescritivas para o verbo *esquecer* (não pronominal), indicam como desobediência à norma-padrão (assim como ocorre com o verbo *lembrar* na acepção de "recordar", "relembrar") o uso de *esquecer* com complemento preposicionado (casos como *Esqueça **disso**...* [CHI], no lugar dos quais ficam recomendadas construções do tipo de *Esqueça **tudo mais**.* [A]).

Os resultados quanto ao confronto entre o uso e a norma na regência de *esquecer* mostram que em 86% dos casos há obediência ao que prescreve a norma, resultado muito semelhante ao obtido na análise de *lembrar* com a acepção de "recordar", "relembrar", que é de 84%.

Quanto à forma pronominal *esquecer-se*, a recomendação normativa é que se use complemento iniciado pela preposição *de*, seja ele oracional ou não (a mesma recomendação de *lembrar-se*), construções como

- *Não **te esqueças do** nosso pacto de honra. (FA)*

Os resultados quanto ao confronto entre o uso e a norma na regência de *esquecer-se* mostram que, nas formas pronominais desse verbo, há ainda maior obediência (96%) ao que prescreve a norma, mas a grande frequência do uso (recomendado) da preposição não se estende ao caso de complemento oracional (casos como *Não **te esqueças que** meu arroz é de primeira.* [ATR]).

- Preferir

Quanto ao verbo *preferir*, em apenas 11,3% dos casos usa-se um segundo complemento. Dentre esses casos, quase exclusivamente (97%), esse complemento se inicia com a preposição *a*, o que constitui o modo de introdução do segundo complemento recomendado pela gramática normativa. Portanto, apenas 3% dos casos de segundo complemento representam o uso de complemento com *do que*, condenado pelas lições normativas (*preferir X do que Y*). Isso significa que a obediência à norma-padrão nesta amostra de língua escrita é muito elevada, no caso da manifestação da transitividade do verbo *preferir*.

Outros expedientes usados para acrescentar ao que é preferido (objeto direto) a noção daquilo que é preterido são acréscimos ao objeto direto, obtendo-se, com isso, alguma expressividade, e sem "desobedecer", propriamente, à lição mais contundente da norma. São expressões como:

- em vez de:

- *Como seria absurdo um leão **preferir** uma picada aberta na selva pelo explorador, **em vez da** própria selva que para ele é um caminho permanente, sem riscos e sem mistérios. (AL)*

- ao invés de:

- *Eu **preferiria** flutuar despreocupado na correnteza do rio da história, **ao invés de** me opor a ela. (CEN)*

- *e não*:

- **Preferimos** *gastar trinta por cento a mais* **e não** *vender o suco concentrado como nossos concorrentes. (AGF)*

Considero que essas construções, vistas em algumas obras tradicionais como enfáticas, não chegam a opor-se às recomendações normativas, já que nelas se usa um adjunto ou se faz expansão por coordenação, e não se usa um segundo complemento, como o complemento de comparação iniciado por *(do) que*, que, como acabo de apontar, ocorreu com frequência mínima no *corpus* em exame. Entretanto, cabe registrar que, incluídas essas construções no cômputo daquelas em que existe referência a um segundo elemento da comparação (que são 46), encontram-se os seguintes índices: 82% de casos de obediência à norma mais restrita (objeto indireto com a preposição *a*); 2% de desobediência à norma explícita (complemento com *do que*); 16% de casos em que um adjunto de substituição (*em lugar de, em vez de, ao invés de*) se acrescenta à construção com objeto direto. Outro uso encontrado foi aquele em que a preferência vem acentuada com o uso do advérbio *antes*:

- *Não me animei a isso,* **preferindo antes** *aquietar os humores com Lia. (MAR)*

São casos invocados como infrações à norma, em alguns manuais tradicionais.

Uma discussão da análise: a integração de componentes na visão dos fatos

Para cada um dos verbos cuja regência examinei podem fazer-se considerações na direção de uma interação dos diversos componentes (sintaxe, semântica e pragmática) propostos aqui, na teoria de base, como integrados no funcionamento linguístico.

Em primeiro lugar, reforço a afirmação de que os traços semânticos do verbo são fundamentais para a compreensão das mudanças e variações de regência verbal. O que defendo (assumindo a proposta de Luft (1987)[6] é que a regência se prende a traços semânticos, e que, mudando os traços semânticos, é de esperar que mude também a regência do verbo.

Quanto aos verbos *obedecer* e *assistir*, pode-se começar apontando que, no caso de *obedecer*, o próprio universo de análise em relação ao seguimento da norma ficou reduzido pelo fato de esse verbo ter uma taxa elevada de uso com elipse de complemento, enquanto *assistir* tem elipse em apenas 5% dos casos, e que isso se deve ao diferente valor semântico dos dois verbos: um complemento relativo ao alvo de uma experiência, como o de *assistir* ("presenciar", "ver") é menos facilmente dispensável do que um complemento de verbo atitudinal, como *obedecer*. Essa redução de universo também deve ter influído no resultado de maior conformidade à língua padrão para *obedecer* (85%), já que, nos casos de elipse do complemento – que geralmente ocorre em textos ou trechos mais informais, nos quais seria mais de esperar a construção menos normatizada – não é possível dizer nem que há nem que não há obediência ao padrão. Até para o caso do verbo *assistir* com a acepção de "prestar assistência a" ou "socorrer", caso em que não se registra prescrição quanto à forma do complemento, pode-se trazer uma explicação semântica referente à regência. Luft (1987) observa que a regência primitiva do verbo *assistir*, nessa acepção, era *assistir a alguém*, sendo a forma *assistir alguém* uma "evolução regencial, certamente devida à pressão semântica dos sinônimos *ajudar, auxiliar, proteger, acompanhar, confortar*, etc." (p. 79)[7]. Luft (1987) cita Nascentes (1960: 48), que diz que "o brasileiro atual [...] transitivou o verbo no sentido de "socorrer", e cita também Lessa (1976: 158), que, apoiado em pesquisa, afirma que "na literatura contemporânea a tendência, ao que parece, é para complemento direto".

A redução sinonímica parece estar na base de um conjunto de casos em que ocorrem mudanças desse tipo que Luft (1987) denomina "evolução regencial". Para *assistir* na acepção de "presenciar" – zona central das restrições normativas relativas a esse verbo – o autor considera que, "por pressão semântica dos sinônimos "ver", "presenciar", "observar", é natural a inovação regencial *assistir algo, assisti-lo*". Novamente Luft cita Lessa (1976: 156), que encontrou, em 29 casos de uso desse verbo, 11 infringências à norma (37%)[8], e também cita Cunha (1972: 483), que diz que "na linguagem coloquial brasileira, o verbo constrói-se em tal acepção de preferência com objeto direto" e que "escritores modernos têm dado acolhida à regência gramaticalmente condenada". Nessa mesma linha, é legítimo afirmar que *aspirar* sofre pressão semântica do sinônimo *almejar*, que *visar* sofre pressão semântica do sinônimo *ter em vista*, e que *obedecer* sofre pressão semântica do sinônimo *seguir*.

De base semântica é, ainda, a explicação que se pode encontrar para os casos da variação relativa às preposições usadas com os verbos *ir* e *chegar*. Mais do que analisar por via prescritiva a variação entre *a* e *em* na complementação desses verbos, cabe observar a diferença de sentido que cada uma das duas diferentes construções obtém: *ir em*, e, especialmente, *chegar em* são construções em que o complemento locativo indica "inserção *em* um lugar", e não, propriamente, "movimento em direção *a* um lugar", que é o que se exprime com a preposição de direção *a* ou com as preposições alternativas de direção *para* e *até*, cada uma delas, também, com suas especificidades de significado, dentro do espectro de "direção". Basta examinar os diferentes efeitos de sentido nas frases aqui trazidas quando se fez a análise das ocorrências com *ir* e com *chegar*:

- (...) **ir a** *lugar nenhum*
- (...) *todos aqueles que* **chegam ao** *Brasil*
- (...) **iríamos para** *a vila*
- **vai até** *a janela*
- (...) **chegou até** *a casa do mestre*
- (...) *eu não* **ia no** *candomblé*
- *a linguiça* **chega nos** *supermercados*

No caso de *visar*, ocorre uma particularidade interessante quanto à delimitação do universo em que é pertinente o regramento de regência, pois a acepção em que a prescrição aparece (a acepção de "ter em vista") ultrapassa 95% do total das ocorrências. Com isso, fica quase eliminado o uso de *visar* nas outras acepções, todas elas prevendo complementos diretos, e, com isso, não resta ensejo para construções de objeto direto e de objeto indireto em competição. Desse modo, a construção direta (sem preposição), que não é a recomendada para o uso com acepção de "ter em vista" mas é a que responde à pressão semântica dessa acepção, ocupa terreno, limitando a 66% a porcentagem de seguimento da norma (complemento iniciado pela preposição *a*). Ligada a essa particularidade deve estar o fato de ser esse o verbo em cujo tratamento a gramática tradicional tem feito mais concessões, relativizando suas indicações normativas (especialmente na complementação com infinitivo).

Para o caso da manifestação da estrutura argumental do verbo *preferir* há um componente particular a ser destacado, também fortemente semântico: em geral (quase 90%) o falante se contenta com a expressão daquilo que é preferido, prescindindo de enunciar o que é preterido, já que essa informação não é a central. Quando ele a enuncia, configuram-se duas situações básicas: nos casos de maior formalidade de expressão, pressionado pela norma prescritiva ele usa um complemento relativo, o objeto indireto iniciado pela preposição *a*; nos casos de expressão mais frouxa – que na língua escrita são menos numerosas – ele traz um segundo elemento (o preterido), instaurando uma situação de cotejo entre os dois elementos, ou simplesmente comparando-os (isto é, de uma forma mais neutra), ou indicando-os como em situação de substituição (isto é, de uma forma mais enfática), como já verificado, aqui.

Quanto aos verbos *lembrar(-se)* e *esquecer(-se)*, a desabonação normativa se refere principalmente ao uso das formas não pronominais (*lembrar*, na acepção de "recordar", e *esquecer*) com complemento preposicionado, e, no reverso, ao uso das formas pronominais (*lembrar-se*, na acepção de "recordar-se", e *esquecer-se*) com complemento não preposicionado[9]. Por alguns considerados casos de cruzamento ou contaminação sintática, explicam-se essas construções muito provavelmente pelo fato de que, especialmente no português do Brasil, construções pronominais e não pronominais se alternam com o mesmo comportamento e o mesmo significado básico (*ajoelhar* = *ajoelhar-se*; *sentar* = *sentar-se*; *deitar* = *deitar-se*; *abrir* = *abrir-se*; etc.).

Por último comento o caso dos verbos *pagar* e *perdoar*, que, nesta pesquisa sobre o seguimento da norma-padrão quanto à regência verbal, ofereceram resultados diferentes dos que foram obtidos para os demais verbos, quase todos eles com elevada porcentagem de obediência (da língua escrita) às prescrições da norma[10]. De todos os verbos geralmente contemplados nas lições sobre regência dos manuais normativos, a mais alta porcentagem de desobediência à norma é a desses dois verbos, que têm recomendação de uso de preposição com o complemento representado por nome referente a pessoa. Observe-se que *pagar* teve quase 50% de casos de infração da norma e que *perdoar* foi o único dos verbos estudados que apresentou mais casos de infração do que de obediência à norma (75%).

Em ambos os verbos, a infringência se liga à ocorrência de apenas um complemento, aquele que se refere a pessoa, correspondente a quem recebe o que se paga, no caso do verbo *pagar*, e a quem recebe o perdão, no caso do verbo *perdoar*.

Ora, nos dois casos, o próprio critério de distribuição e de substituibilidade no contexto responde por essa escolha do usuário, já que o falante entende que esteja colocando como complemento o participante direto da ação de pagar e da ação de perdoar, respectivamente[11]. E, de fato, do ponto de vista semântico, por redução sinonímica automática, o falante, quando diz

- *Tenho pena do infeliz, botou fora 18 braças de campo (26 hectares) **pagando o advogado**. (REA)*

  entende que diz

- *Tenho pena do infeliz, botou fora 18 braças de campo (26 hectares) **compensando (financeiramente) / ressarcindo / reembolsando o advogado**.*

  e, quando diz

- **Perdoa o pobre do seu velho?** *(VI)*

  entende que diz

- *Escusa / desculpa o pobre do seu velho?*

Obviamente, nos casos em que também ocorreu o objeto direto, isto é, nos casos em que se declarou também aquilo que é pago (a dívida) e aquilo que é perdoado (a falta), a sugestão dessa sinonímia fica, em maior ou menor medida, prejudicada:

- *Um dia também **me pagarás esse favor**. (ATR)*
- *? Um dia também **me compensarás (financeiramente) esse favor**.*
- *Eu próprio não **me perdoaria o tratar-vos com cerimônia**. (ESP)*
- *? Eu próprio não **me escusaria o tratar-vos com cerimônia**.*

A indicação final, quanto a esses dois verbos, é que as recomendações da norma merecem questionamento por incoerência, já que elas não são sensíveis ao funcionamento que se acaba de explicitar quando consideram legítimas construções que nada mais fazem do que acrescentar a essas últimas que examinei um complemento iniciado pela preposição **por**, como as seguintes:

- *Um dia também **pagarás a mulher por esse favor**.*

  que corresponde a

- *Um dia também **compensarás financeiramente a mulher por esse favor**.*

Foi por essa visão que, no caso desses dois verbos, reduzi o cálculo às construções em que não ocorre a expressão dos dois complementos, exatamente a zona em que, pelo próprio sentimento do preenchimento dos papéis semânticos os usuários são "convidados" a expressar o complemento [Humano] em termo sem preposição. Lembre-se que, com o verbo *pagar*, há 16 construções com os dois complementos expressos e 26 só com o complemento [Humano] expresso, e com o verbo *perdoar*, os números são, respectivamente, 22 e 51.

O que se mostra, afinal

A tônica das reflexões se centra na necessidade de integrar os diversos componentes da gramática para exame da língua em uso.

O exame da regência verbal em usos reais deixa evidente, em primeiro lugar, que a semântica não pode entrar na questão apenas de viés, quase como uma escorregadela cometida no curso de uma explicação que se pretendia de cunho sintático, como ocorre, em geral, em exposições normativas tradicionais. Além disso, usando-se categorias de Givón (1984: 30), pode-se dizer que fica implicado na semântica o funcionamento discursivo, já que a codificação sintática dá conta não apenas da semântica lexical (o significado) e da semântica proposicional (a informação), mas também do domínio funcional (a pragmática discursiva).

Fica evidente, ainda, que, numa lição gramatical sobre o modo de preenchimento da regência, a invocação de qualquer mudança linguística ocorrida no correr do tempo não pode ser feita como simples acidente a amenizar a gravidade do fato de ter havido alteração Pelo contrário, variação e mudança, longe de serem processos marginais e paralelos ao funcionamento da linguagem, e apenas intervenientes episodicamente neles, constituem evidências de que as diferentes manifestações – vistas no correr do tempo ou no conviver de um mesmo tempo – estão na essência do funcionamento das línguas naturais, que, por definição, são historicamente inseridas. Sobre isso não deixa dúvida o edifício teórico que a Sociolinguística construiu.

Ora, na verdade, a invocação explícita da semântica para dar conta do preenchimento da estrutura argumental de verbos não está de todo ausente dos trabalhos tradicionais, especialmente dos trabalhos de estudiosos de visão como Luft (1987), para quem "a regência dos verbos é governada pelos traços semânticos destes" (p. 15) e "são os traços semânticos do verbo que preveem ou selecionam esta ou aquela preposição, cujos traços combinem com os daqueles"[12] (p. 16). Explicando os critérios que adota em seu dicionário de regência, ele chega a dizer que "o princípio de que a semântica rege a sintaxe explica por que em diversos pontos tiveram de ser abandonados velhos métodos de classificação e de distribuição" (p. 16).

Nem está ausente desses estudos o reconhecimento de variação e mudança. Novamente cito Luft (1987: 15), e, com ele, Nascentes (1960: 18), para quem "a regência, como tudo na língua, a acentuação, a significação, etc., não é imutável" e, assim, "cada época tem sua regência, de acordo com o sentimento do povo, o qual varia, conforme as condições novas da vida", não se podendo "seguir hoje exatamente a mesma regência que seguiam os clássicos". Invoco, ainda, o clássico Carneiro Ribeiro (6ª ed., 56), que já em 1890 se refere a um "uso atual", com complemento indireto, dos verbos *obedecer* e *perdoar* (este com regime referente a pessoa), que "antes" tinham complemento direto. Registro, ainda, que Fernandes (1955 [1940]), ao tratar do verbo *obedecer*, diz que "não obstante condenado por alguns autores de boa nota, é comum encontrar-se nos clássicos antigos o verbo *obedecer* construído com objeto direto". Documenta com três passagens dos *Sermões* de Vieira: *Nem a Deus se podem perguntar os porquês: **obedecê-los**, sim, muda e cegamente.* (I, 257); *Não só não ofendiam a Antônio, mas **o obedeciam** e reverenciavam.* (IV, 30); *Quem me ama (diz Cristo) **obedecerá** e guardará **meus preceitos**.* (VII, 160). É significativo o fato de, hoje, pregar-se como "correta" exatamente a regência inversa. E completo com a indicação de que, no reconhecidamente normativista Carlos Góis, em 1943, está a indicação de que esses dois verbos (entre outros), "já" aceitam a voz passiva.

Resta fazer algum comentário sobre a face social da questão, ou seja, sobre a natureza extralinguística das justificativas para exigência de conformidade a apenas uma das construções variantes, em cada caso.

A primeira observação diz respeito ao fato de que os manuais gramaticais – uns de maior outros de menor carga normativa – têm procedido a certa relativização das prescrições, embora sem uma orquestração que revele base segura de procedimento. Até em obras de cunho marcadamente normativista, mas de autor de sensibilidade, aparece alguma relativização da norma. Por exemplo, Brandão (1963, portanto já há mais de quarenta anos) diz que, com o verbo *obedecer*, o objeto indireto é "preferível", e que *perdoar*, quando a coisa perdoada não aparece, pode ser transitivo direto, embora o gramático ressalve que, sendo o uso do objeto direto o mais comum no Brasil, ele não é, entretanto, o emprego "mais acertado e mais frequente nos clássicos". Cegalla

(1999) aponta que "no português moderno, é corrente a construção *perdoar alguém*, ainda que contrarie o ensino dos gramáticos" (p. 316). Luft (1987) chega a dizer que não há motivo para gramáticas e dicionários continuarem reprovando essa sintaxe, mas opta por "aconselhar a sintaxe primária, lógica, para a linguagem culta formal" (p. 399).

Com base na hipótese de que, em textos de linguagem mais tensa, se usaria com maior preferência a regência recomendada pela norma prescritiva, fixei a análise em diferentes tipos de formas verbais, tendo encontrado alguns resultados interessantes, que confirmam o esperado:

a) Com todos os verbos examinados verificou-se que as formas de tempos verbais consideradas mais usuais em textos formais tiveram porcentagem muito elevada de uso da regência padrão, como era de esperar: são especialmente os casos de segunda pessoa, de futuro do pretérito, de subjuntivo e de infinitivo flexionado. Com os verbos *perdoar*, *lembrar-se*, *esquecer-se* e *chegar*, por exemplo, houve algumas dessas formas com 100% de obediência às prescrições.

b) Correlativamente, é baixa a frequência de construção desabonada pela norma prescritiva com formas verbais próprias de registro mais tenso, como as de futuro (do presente e do pretérito) ou de construções mais complexas, como as de subjuntivo. Com o verbo *pagar*, por exemplo, não há nenhuma dessas formas com infringência da norma.

c) Também pendem ao uso-padrão as formas pluralizadas, com todos os verbos examinados.

d) As formas de tempos verbais características de tipos textuais mais coloquiais, como, por exemplo, o pretérito perfeito – típico de primeiro plano de narrativa (WEINRICH, 1964), ou típico da "história" (BENVENISTE, 1976), – apresentam uso-padrão abaixo da média: por exemplo, 68% para o verbo *assistir* em geral, e 40% para a forma *assisti*, de pretérito perfeito em primeira pessoa, forma de narrativa pessoal, mais informal ainda.

Afinal, à parte de renovar-se, aqui, a opção por um exame de componentes integrados – e com direção central de uma determinação semântica de implicações discursivas – cabe concluir com a lembrança da importância do aspecto social da questão, o qual sempre dirige recomendações de norma e prescrição: embora se deva ressalvar que, no exame efetuado, a obediência às prescrições da norma foi, no geral, muito elevada, os resultados permitem relacionar o uso da norma-padrão mais diretamente, ainda, com as formas de linguagem mais tensa, o que confirma a hipótese de que essa obediência constitui um ajustamento a exigências sociais, e não uma parametrização de base propriamente linguística.

Notas

[1] Os manuais normativos não registram "ver" como significado do verbo *assistir*, mas, na verdade, na maior parte das ocorrências essa seria a mais feliz redução sinonímica que se poderia fazer, e minha hipótese é que isso pesa decisivamente na escolha da regência.
[2] As siglas de nomes de obras são identificadas na seção Referências bibliográficas, ao final do livro. Todas as obras de tal modo referidas se encontram no banco de dados (cerca de 200 milhões de ocorrências) de português escrito (*Corpus* de Araraquara), disponível em meio digital no Laboratório de Estudos Lexicográficos da Faculdade de Ciências e Letras da UNESP, Campus de Araraquara.
[3] Na análise das construções com *perdoar alguém por/de alguma coisa*, observa-se que, em 90% dos casos, há preferência pela preposição *por*, e em apenas 10% dos casos usa-se a preposição *de*.
[4] Nesses casos, usa-se, ou não, a forma pronominal *chegar-se*. São construções do tipo de *Aproxima-se, **chega** no meu ouvido e parece querer me dizer um segredo* (AVI) e *Nesse justo instante **chegou**-se a eles o cavalheiro Sebastião Afonso* (SD).
[5] Não desconheço que há diferença de acepção, mas isso não interfere no exame que aqui se faz neste momento.
[6] Chafe (1979, capítulo 9) fala em "unidades semânticas" presentes no verbo.
[7] Luft (1987) recorre frequentemente à noção de "evolução regencial", que consiste em a regência de origem, geralmente preposicionada por razão da formação morfológica do verbo, passar regência não preposicionada. São os casos, por exemplo de *aspirar* e de *assistir*, em que se parte da matriz [prefixo *a*- Verbo + preposição *a*], considerada "redundância", para uma regência de objeto direto.
[8] Observe-se que o estudo de Lessa é sobre textos modernistas, enquanto o *corpus* sobre o qual trabalho neste estudo é diversificado, com amostra dos diversos tipos textuais, incluindo-se tipos mais formais e mais regrados (como peças de oratória, textos didático-científicos, e, mesmo textos da imprensa), embora também estejam abrigados textos bastante informais (como peças de teatro). No nosso caso (quase 30 anos depois da pesquisa de Lessa), foi de 23% a porcentagem de casos de desobediência à norma.
[9] Lembre-se que a infringência da norma só ocorre com complemento oracional, como nos casos já mostrados: *Alguém **se lembra que** o Inter é pentavice?* e *Não **te esqueças que** meu arroz é de primeira*.
[10] *Aspirar* 75%; *assistir* 77 %; *obedecer* 85%; *preferir* 97%; *chegar* 80%; *ir* 94%; *esquecer* 84%; *esquecer(-se)* 96%; *lembrar* 84%; *lembrar(-se)* 94%. Com menos de 70% de obediência à norma está apenas *visar* (66%).
[11] Fica evidente, nos dois casos, qual a entidade "coisa" que ocuparia o lugar destinado ao objeto direto: o verbo *pagar*, por si só, já implica pagamento de dívida (seja de que tipo for, concreta ou abstrata) e o verbo *perdoar*, por si só, já implica perdão de falta (seja de que tipo for, concreta ou abstrata). Luft (1987) explica essas construções de *pagar* (p. 388) e de *perdoar* (p. 399) com objeto direto de pessoa pela possibilidade de, na ausência do objeto direto (de coisa), o objeto indireto (de pessoa) tomar-lhe o lugar, estabelecendo-se diferente estrutura para a mesma semântica. Brandão (1963), já há mais de quarenta anos, referindo-se a essa construção com *perdoar*, registra que, quando a coisa perdoada não aparece, o verbo pode ser transitivo direto, e que esse é o uso mais comum no Brasil (embora insista em que a construção indireta é mais acertada e mais frequente nos clássicos).
[12] São exemplos os elementos *de* (origem) e *a, para* ou *até* (direção), sempre selecionados pelo verbo, segundo traços semânticos. A isso voltarei logo adiante, nos comentários relativos aos verbos *ir* e *chegar*.

Diretrizes oficiais e ação efetiva.
Reflexões sobre propostas oficiais de trabalho escolar com a língua portuguesa no Brasil e sobre o quadro das ações efetivas

> A nova crítica do ensino de Língua Portuguesa, no entanto, só se estabeleceria mais consistentemente no início dos anos 80, quando as pesquisas produzidas por uma linguística independente da tradição normativa e filológica e os estudos desenvolvidos em variação linguística e psicolinguística, entre outras, possibilitaram avanços nas áreas de educação, psicologia da aprendizagem, principalmente no que se refere à aquisição da escrita.
> (*Parâmetros Curriculares Nacionais*)

Diretrizes oficiais e definição de identidade linguística na comunidade

Este livro começou (primeiro capítulo) pelo tema da construção e manutenção de identidade linguística em um determinado espaço "simbólico" (FIORIN, 2006). Invoquei categorias como dominação linguística e dominação cultural (que, obviamente, se vertem na linguagem que acompanha a vida político-social da comunidade) e, entre outros textos, propus para a avaliação, de um lado, o estudo da criação literária bem como o discurso sobre ela, e, de outro lado, os estudos (meta)linguísticos (gramáticas, dicionários, ensaios, tratados) bem como sua análise e crítica, tudo a desembocar no discurso de ação escolar.

Nesse campo de ação escolar, tratado agora mais diretamente nesta Parte II do livro, cabe discutir alguns aspectos das tentativas de condução do ensino escolar de língua pátria, especialmente aquelas operadas por documentos oficiais. E justamente a primeira observação vai dizer que não é no campo do exame de identidade linguística que, em nosso país já independente, ações oficiais desse tipo merecem avaliação. Há a atravessar essa questão o já referido grande dado histórico da Reforma Pombalina, que, anteriormente à nossa Independência (1757), tornou obrigatório o ensino da língua portuguesa e proibiu o uso de qualquer outra língua no país, como "meio dos mais eficazes para desterrar dos povos rústicos a barbaridade dos seus antigos costumes" (SOARES, 2002: 159).

Há ainda a retomar a indicação de que a Língua Portuguesa só foi inserida como disciplina em nossos currículos escolares no final do século XIX, e de que o caráter conservador e a influência dos padrões europeus sobre o português brasileiro em sua variedade culta perduraram além de 1822, o que tem natural ligação com o fato de que, na época, eram portugueses os professores de língua portuguesa nos colégios brasileiros.

O primeiro capítulo deste livro também comenta, com base em Nascentes (2003: 309-316), um episódio avulso de tentativa de aprovação de um documento oficial de natureza impositiva quanto à definição de língua no país, já do século XX. Trata-se de um frustrado projeto apresentado à Câmara Municipal do Distrito Federal (Rio de Janeiro) em 5 de julho de 1935, determinando que livros didáticos, programas de ensino e denominações das "cadeiras de ensino" passassem a referir-se à "língua pátria" como "língua brasileira". O projeto chegou a ser aprovado na Câmara, mas foi vetado pelo prefeito Pedro Ernesto em 7 de agosto, com o laudo de que o projeto feria "a verdade científica" (NASCENTES, 2003: 310). Um dos argumentos para o veto foi a afirmação de que "reconhecem todos os filólogos ser portuguesa a língua falada no Brasil" (p. 311). Retomo, ainda a indicação de que, afinal, embora o veto tivesse sido rejeitado pela Câmara, o decreto passou a vigorar no Distrito Federal, e de que, em seguida, um projeto que ampliava ao Brasil inteiro as determinações desse decreto foi apresentado à Câmara dos Deputados, mas "os acontecimentos de 10 de novembro de 1937 fizeram com que o projeto fosse adiado por tempo indeterminado" (NASCENTES, 2003: 316).

Insisto, ainda, na lembrança de que um decreto como o do Marquês de Pombal (ou de uma tentativa como essa última referida) constitui amostra de como os documentos oficiais de ação escolar marcam posições e direções quanto à consideração do papel da escola na sociedade, e especialmente quanto ao estatuto da "língua" que se há de levar à escola.

A essa questão se dedica este capítulo.

Propostas oficiais e definição de padrão linguístico na comunidade

A petição generalizada dos pobres mortais de que lhes seja dada sempre garantia de "acerto" nas suas produções linguísticas, especialmente naquelas que implicam submissão a julgamento (provas, documentos do intercurso de trabalho, publicações, etc.) tem levado a ações de patrulha indiscriminadas e tem levado também (esporadicamente, é verdade) a tentativas de resolver por decreto questões de uso linguístico.

A primeira amostra que trago, de data recente, é a do Projeto de Lei n. 5.154, de 2005, de autoria do deputado João Herrmann Neto[*], que "extingue o emprego do acento grave indicativo da ocorrência da crase da preposição a com outros vocábulos". Cabe indicar, já de início, que, no "mérito educacional e cultural", o Projeto recebeu parecer desfavorável do relator da Comissão de Educação e Cultura, com indicação, entre outras coisas (a que voltarei adiante), de que a evolução da língua "se dá pelo uso e costume, pela tradição, pela inovação e, claro, pelas regras linguísticas, que são criadas e vão se impondo por um processo histórico-cultural, independente, obviamente, do ordenamento jurídico de uma nação".

Aparentemente, o Projeto trata de simples indicação ortográfica, e, nesse sentido se poderia entender que até caberia um regramento regido por lei. Entretanto, os documentos de estabelecimento de ortografia que temos em nossa história mostram que ao legislador cabe aceitar e aprovar textos de fixação ortográfica emanados de comissões de especialistas e referendados pelos órgãos competentes na função. Disso, aliás, fala o parecer denegativo do Projeto, registrando que o que se admite são "normas jurídicas que exprimem

---

[*] Comentei a questão na matéria "A crase fora da lei", do jornalista Josué Machado, publicada na revista *Língua portuguesa*, n. 2. São Paulo: Segmento, out./nov. 2005a, p. 30-35.

a vontade do legislador de reconhecer decisões da Academia Brasileira de Letras – ABL, estas baseadas em pareceres e estudos linguísticos".

A análise da justificativa do Projeto de Lei n. 5.154 mostra um estilo marcadamente impressionista que chega ao máximo na última linha, quando cataloga como "simplificação maravilhosa" aquilo que se poderá obter se a proposta for aprovada. Essa indicação, que se segue à afirmação de que o Projeto de Lei "representará, caso seja aprovado, grandes benefícios para as crianças, jovens e adultos em fase escolar", é um contraponto à dramática abertura do texto, que pergunta: "Quantas pessoas sabem empregar corretamente o acento grave, indicativo da crase?".

Nessa ligação entre a dificuldade que apresenta o uso do acento indicativo de crase (primeira linha) e o efeito de anulação dessa dificuldade esperado da aprovação da lei (última linha), assenta-se toda a justificativa desse Projeto que pretende legislar sobre a língua portuguesa no Brasil, inscrevendo-a firmemente no conjunto de problemas que afligem o país. Fica abrigado nesse percurso o argumento de que "se leva um tempo enorme e infindáveis repetições para se ensinar o uso da crase (sic!)".

Se a justificativa for entendida como legítima, os deputados ficam devendo ao povo muitos outros Projetos de Lei, porque as dificuldades do povo com o bom uso da língua são muitas, e nem está comprovado que "os problemas com a crase são o erro mais comum em qualquer tipo de texto", como afirma a proposta. Por outro lado – e, aí, talvez, esteja falando o "espírito público" do legislador! – a aprovação desse Projeto vai permitir ao governo desobrigar-se de um tremendo dispêndio de verbas e de tempo, que atualmente são gastos para "ensinar o uso da crase (sic!)" nas escolas.

Ocorre que, mesmo que esse fosse o maior problema para o uso da língua portuguesa no Brasil (no Brasil, porque em Portugal a pronúncia distinta do *a* craseado já é um direcionador para a diferença de grafia), essa não é matéria em relação à qual podem partir de leigos as soluções de problemas. Uma tentativa desse tipo, isto é, sem suporte científico de sustentação, só poderia acabar em baralhamento de noções. É realmente o que ocorre nesse texto de Projeto de Lei, embora em toda a sua extensão ele se acautele contra o perigo de entender o termo **crase** como denotador de "acento". E até nisso o autor escorrega, quando fala em "ensinar o **uso** da crase" (grifo meu)!

Mas a exibição máxima da falta de trato com os princípios básicos que regem o funcionamento da língua pode ser patenteada na redação do parágrafo único do art. 1º, que é a seguinte: "A ocorrência da crase da preposição *a* com o artigo, pronome demonstrativo e pronome relativo continuará normalmente, deixando apenas de ser indicada pelo acento grave.". Pasme-se: É entender que algum cidadão, alguma lei, alguma instituição possa ter a prerrogativa de determinar quais os fenômenos, quais os fatos de língua que "continuarão" a ocorrer, a partir da data da "entrada em vigor" de alguma determinação legal. É entender que haja uma possibilidade, mínima que seja, de alguma entidade, ao inverso, decretar: "Vai deixar de existir a crase (= fusão) da preposição *a* com o artigo, o pronome demonstrativo e o pronome relativo."!

Uma iniciativa do tipo que o Projeto pretende teria, em primeiro lugar, de ser cientificamente fundamentada: a evocação de razões teria de partir de questões ligadas à sustentação do sistema linguístico (por exemplo, há estudiosos que defendem, sim, que esse acento grave não se justifica, porque o *a* artigo e o *a* craseado não se distinguem foneticamente, no Brasil). Por isso mesmo, uma iniciativa desse tipo teria de fazer parte de uma simplificação que servisse a uma política global de simplificação das notações diacríticas, que não perdesse de vista o sistema como um todo, tratando coerentemente todos os fatos dentro de um determinado âmbito. De qualquer modo, nunca poderia vir como medida salvadora de alunos (e professores), que, com ela, evitariam a necessidade de estudar tanto!

Cabe, ao final, uma referência ao texto do Parecer do Relator da Comissão de Educação e Cultura, que, ao lado de alguma argumentação bem arrazoada, consegue mostrar, tanto quanto a Justificativa do Projeto, que não cabe ao legislador comum tratar do que não lhe cabe legislar (e do que não se deve legislar). A partir de seu segundo parágrafo, esse parecer finca pé na questão da "norma culta", e por aí trata o caso, distorcendo totalmente o foco da questão linguística da crase e do registro gráfico (ou não) desse fenômeno. O ponto de deslanche é este, cheio de meandros que os especialistas vão ter dificuldade em seguir: "A norma culta, portanto, tem base histórico-cultural, e se apoia em critérios linguísticos, razão pela qual é cultivada e protegida pela Academia Brasileira de Letras. E é importante observar que a norma culta fundamenta-se em regras fonéticas e morfossintáticas que, por sua vez, têm origem numa lógica linguística de caráter antropológico.".

No parecer, a norma culta vai ainda continuar sendo a personagem principal na condução da argumentação, até este desiderato: "O emprego do acento grave como indicativo da crase – um fenômeno linguístico de base fonética e morfossintática – segue, portanto, os cânones da norma culta da língua portuguesa (v. Formulário Ortográfico Nacional) e não de uma norma jurídica. E seria absurdo se fosse o contrário.".

Bem lembrado o "absurdo"!

A segunda amostra que trago liga-se diretamente ao próximo capítulo deste livro, que trata da questão da incorporação de estrangeirismos (especialmente anglicismos) no português e o contexto brasileiro de contendas sobre o tema[*]. O que trago à lembrança (triste lembrança) é o Projeto de Lei n. 1.676 de 1999, de autoria do deputado Aldo Rabelo, que "dispõe sobre a promoção, a proteção, a defesa e o uso da língua portuguesa", determinando:

> Art. 4° Todo e qualquer uso de palavra ou expressão em língua estrangeira, ressalvados os casos excepcionados nesta lei e na sua regulamentação, será considerado lesivo ao patrimônio cultural brasileiro, punível na forma da lei.

Valem os comentários para outros possíveis que surjam com o mesmo tipo de proposta, e a tônica desses comentários se assenta na indicação de que, evidentemente, nenhuma peça de legislação nesse sentido será operante.

Ora, para que, de fato, se cumprisse o que em documentos de tal teor se pretende e se promete, seria necessário que uma lei conseguisse ser um instrumento com tal tipo de força. Bem lembrando: é da essência de uma lei que ela exista para banir o múltiplo que subverte a governabilidade, e não é no domínio da palavra que o múltiplo e o dinâmico devem ser proibidos, ou mesmo evitados.

Sabemos claramente que, por artimanhas de recurso publicitário, podem aparecer aqui e ali empréstimos considerados "desnecessários", mas um termo estrangeiro não entra e não se incorpora na língua se não constituir por si um eficiente recurso de expressão. É gratuita uma observação como a de José Pedro Machado, em *Estrangeirismos em língua portuguesa* (s/d: 9), de que um estrangeirismo é realmente desnecessário "quando houver no nosso léxico elemento capaz de com exatidão designar a mesma ideia, sem o perigo de se confundir com outro vocábulo local". Evidentemente, exatidão de designação de ideias não existe em uma língua natural.

Discutindo a pretensa equivalência entre um termo vernáculo e um determinado estrangeirismo, Aubert (2001: 170) defende o "enriquecimento da

---

[*] Parte das indicações que faço é retomada do artigo "A realidade da incorporação de anglicismos no português do Brasil vista no contexto das atuais contendas sobre o tema", publicado na revista *Ilha do desterro*: A Journal of English and Cultural Studies. Florianópolis: Ed. UFSC, n. 47, 2006b, p. 19-48.

precisão semântico-pragmática" que se pode obter com o termo estrangeiro. Quando comenta a alegada "prática abusiva" que seria o uso do termo estrangeiro se a palavra ou expressão tiver equivalente em língua portuguesa, Aubert (2001: 170) chama a atenção para o fato de que essa "equivalência" tem de ser posta em questão, e exemplifica:

> *Deletar* deve ser eliminado em favor de *apagar*? Se tal eliminação for implementada, perde a língua portuguesa o enriquecimento da precisão semântico-pragmática proporcionada por esta dupla terminológica no domínio da linguagem da informática, posto que *deletar* significa, na maioria dos aplicativos disponíveis, um apagamento recuperável, enquanto que *apagar* ou *eliminar* refere-se à retirada não recuperável da informação.

Eu lembraria alguns casos que considero típicos de uso de estrangeirismo com obtenção de uma precisão semântica envolvida em enquadres pragmáticos, tais como a evocação de uma singular cultura e a inserção em uma singular prática (mercadológica, por exemplo): primeiro lembro a tradicionalmente execrada expressão *alta costura* (já cunhada em português, mas vinda do francês *haute couture*) e a palavra *bistrô* (francês *bistrot*), as quais – e só elas – trazem o *charme* que trazem. E para completar, lembro a incomparável e insuperável parelha *savoir-faire* e *know-how*, o primeiro termo com a característica da sutil *finesse* francesa, e o segundo com a característica do cru pragmatismo norte-americano, ambas as características recuperáveis apenas se fincadas na evocação da origem.

Finalmente, quanto à polêmica que o projeto que esteve no foco das discussões suscitou, cabe observar que, em tal contexto, a questão de política linguística, propriamente, perdeu o centro, e nada se lucrou. Os políticos e a imprensa que vai na sua esteira conseguiram sempre acentuar os temas da política mais genérica: o nacionalismo (e sua exacerbação), o colonialismo (e o pavor de suas garras), a xenofobia (e a falsa ameaça à integridade e à sobrevivência da língua). Trago a sensata apreciação de Faraco (2001c):

> Como no Brasil não temos imigrantes na proporção dos países da Europa Ocidental e dos EUA; como não temos uma questão religiosa (que direcionasse o nacionalismo para um fundamentalismo ao estilo do Afeganistão); como não precisamos disputar espaço por liderança política com nossos vizinhos mais próximos; como nossas manifestações culturais estão, em sua maior parte, constitucionalmente protegidas dos tuteladores e guardiões de plantão, sobrou a presença de palavras estrangeiras para ocupar o lugar do dragão da maldade do nacionalismo requentado (...).

A ela faço eco para lembrar que somos exatamente daqueles países que, por suas condições religiosas, territoriais, políticas e históricas, dificilmente conseguirão recolher justificativas de nacionalismo exacerbado, de reação a colonialismo de fronteira e de experiência particularmente desastrosa de incorporação de estrangeirismos no país.

Aquele velho chavão de que a nossa língua portuguesa "vai mal" nada mais tem sido do que uma manifestação de patrulheiros que pegam beira numa visão que, à luz de uma ciência linguística, não se sustenta. É algo como assumir uma afirmação do tipo desta de Cândido de Figueiredo, do finalzinho do século XIX (FIGUEIREDO,1900: 7): "se da decadência da língua é lícito inferir a decadência da respectiva nacionalidade, Portugal tem decaído muito". E cito essa afirmação para dizer que, nos dias de hoje, desenvolvida a ciência linguística, "já ninguém ousaria falar em mudança linguística como abastardamento ou decadência", desse modo como se vê nessa frase de Cândido de Figueiredo (NEVES, 2003b: 51).

E, mais que tudo, qualquer falante sabe que ninguém fala sua língua nativa, ninguém exerce sua competência linguística regido por textos de lei. Nenhuma evidência, nenhum precedente, nenhum indício mostra que algum povo teme naturalmente leis de banição quando exerce a faculdade da linguagem. Não seria exatamente o povo brasileiro!

Propostas oficiais de parametrização da ação escolar[*]

Breve visão histórica de documentos oficiais de orientação do ensino de Língua Portuguesa no Brasil

Para falar do ensino de Língua Portuguesa no Brasil podemos começar lembrando alguns dos documentos orientadores da situação escolar do país, a partir, mesmo, da Reforma de Francisco Campos (1931), que definia como objetivo do ensino de Língua Portuguesa "proporcionar ao estudan-

---

[*] Este tópico aproveita parte do artigo "O ensino de português em São Paulo", publicado no livro *Língua portuguesa em São Paulo*: 450 anos, organizado por Marilza de OLIVEIRA. São Paulo: Humanitas, 2006f, p. 167-181.

te a aquisição efetiva da língua portuguesa, habilitando-o a exprimir-se corretamente" (ver Moraes, 1995), ou da Reforma Capanema (Exposição de Motivos da Lei Orgânica do Ensino Secundário), de 1942, que dividiu o ensino secundário em 2 cursos – 4 anos de Ginásio e 3 anos de Colégio (Clássico ou Científico) – e cujo principal marco foi recomendar que o ensino secundário tivesse caráter educativo, e não caráter de preparação para o ensino superior. Segundo Guimarães (1999), "dessa concepção decorreu um corolário de relevância fundamental: a metodização do ensino secundário, isto é, a seriação obrigatória dos seus estudos" (p. 16).

Importantes documentos foram a Lei n. 4.024 – Lei de Diretrizes e Bases da Educação Nacional –, de 1961, e a Lei Federal n. 5.692, de 1971, que substituiu a divisão do ensino secundário em Ginasial e Colegial por uma divisão em 2 graus (1º e 2º), fixando um núcleo comum (que interpreta a Lei de Diretrizes e Bases Da Educação Nacional de 1961) e demarcando três grandes áreas de estudo: Comunicação e Expressão, Estudos Sociais e Ciências. Lê-se no projeto:

> A língua portuguesa será encarada como o instrumento por excelência de comunicação no duplo sentido de transmissão e compreensão de ideias, fatos e sentimentos e sob a dupla forma oral e gráfica, o que vale dizer: leitura, escrita e comunicação oral (artigo 3º).

Por essa última Lei, é em Comunicação e Expressão que está a Língua Portuguesa, considerada, pois, especialmente como instrumento de comunicação, ficando valorizada, dentro desse quadro, a língua oral. Dessa época são os livros que se iniciavam marcados por lições da Teoria da Comunicação, conservando, entretanto, as mesmas tradicionais lições do até então chamado "Ensino de Língua Portuguesa".

Há a registrar, ainda, a promulgação de uma nova Lei de Diretrizes e Bases da Educação Nacional, a Lei n. 4.024, de 1996, mas logo a seguir, em 1998, o Brasil teve o seu ensino escolar regido pelos *Parâmetros Curriculares Nacionais* (PCNs). Quanto à parte correspondente à Língua Portuguesa, duas observações centrais devem ser feitas na apreciação geral desse documento:

1) Os PCNs constituem um avanço, do ponto de vista das políticas educacionais, pelo fato de assentarem-se em pressupostos teóricos para enfrentar problemas há muito verificados no domínio das atividades de linguagem.

2) Tanto reflexões teóricas como sugestões metodológicas põem ênfase na utilização da linguagem nas diversas situações sociais, com vista à eficiência do uso linguístico, e, como fim último, com vista ao exercício da cidadania.

Marcuschi (1999: 115), preocupado principalmente com o tratamento da oralidade nesse documento, destaca como positivos os seguintes pontos que aqui resumo: a) o texto é adotado como a unidade básica do ensino; b) a produção linguística é tomada como produção de discursos contextualizados; c) há noção de que os textos – tanto de fala como de escrita – se distribuem num contínuo de gêneros estáveis e são socialmente organizados; d) há atenção para a língua em uso, e na questão do estudo da gramática, frisa-se a relevância da reflexão sobre a língua; e) há especial atenção para a produção e a compreensão do texto (escrito e oral); f) explicita-se a noção da linguagem adotada, com ênfase no aspecto social e histórico; g) há clareza quanto à variedade de usos da língua.

Marcuschi (1999: 128) julga "auspicioso" o destaque dado à oralidade, mas considera que os PCNs não terão aproveitamento direto dos professores, embora se possa esperar que eles constituam orientação para maior cuidado com a oralidade por parte dos autores de livro didático. De minha parte, creio que muito dificilmente a letra morta (registro gráfico) de livros alavancará o trabalho com oralidade, cabendo à ação dos professores essa proeza, cujo modo de condução ainda não está equacionado, nem mesmo pelos linguistas mais interessados, para que os professores se formem nesse sentido.

Uma amostra das tentativas oficiais de orientação de ação escolar no Estado de São Paulo

Acredito que o modo de condução do ensino num determinado momento deve ser avaliado segundo a documentação orientadora vigente, e não apenas a Federal, porque, em determinadas épocas, alguns Estados têm iniciativas de regulamentação ou de orientação teórica e/ou didática que determinam características de procedimentos em sala de aula, seja por ação direta sobre os professores em cursos e treinamentos, seja por ação indireta, especialmente como reflexo da adequação dos livros didáticos à ação governamental. Isso ocorreu, com certeza, no estado de São Paulo, que é o que examina agora, particularmente.

Logo após a Lei Federal n. 5.692 registra-se o aparecimento dos Guias Curriculares – Secretaria da Educação (1975), que trazem propostas para as matérias do Núcleo Comum do Ensino de 1º grau, insistindo, em seus objetivos relacionados aos estudos linguísticos, numa relação necessária entre, de um lado, o expressar-se oralmente, o ouvir, o ler e o escrever, e, de outro lado, o pensar. Posso lembrar ainda, no âmbito do Estado de São Paulo, uma tímida ação da Divisão de Aperfeiçoamento e Atualização de Pessoal, que, em 1977, com quota federal, sem mecanismos de uma ação efetiva, preparou a publicação *Língua Portuguesa* – 5ª a 8ª séries – 1º grau (da qual sou coautora), como parte do Projeto de Capacitação de Recursos Humanos para o Ensino de 1º grau. Ela inclui o "Documento de Base para o Curso de Atualização sobre Língua Oral e Língua Escrita para Professores da Área de Comunicação e Expressão", que buscava atender às diretrizes do Relatório preparado por um Grupo de Trabalho instituído pela Portaria Ministerial n. 18/76 do Ministério da Educação e Cultura, coordenado por Celso Ferreira da Cunha, e do qual faziam parte Eurico Back, Magda Soares, Isaac Nicolau Salum, Antonio Gomes Pereira e Raimundo Nonato da Silva (Secretaria de Estado da Educação, 1977).

Mas o documento diretor que marcou época para o Estado de São Paulo foi a Proposta Curricular para o Ensino da Língua Portuguesa, 1º grau, de 1988, emanada da Secretaria da Educação/Coordenadoria de Estudos e Normas Pedagógicas. Desse documento – fixando-me apenas no 1º grau – devo dizer que constituiu um estímulo à reflexão, visando a uma mudança de ponto de vista e de atitudes em relação à linguagem e à língua. Assim, ele abriga diretrizes nas direções que resumo a seguir:

- Na questão pedagógica. Os objetivos do ensino não podem ser apenas uma lista redigida por técnicos e copiada no planejamento curricular; eles têm de estar presentes como consciência da atividade pedagógica, dando sentido e direção às ações em sala de aula.

- Nas diretrizes metodológicas. Cumpre valorizar as atividades de linguagem ("atividades linguísticas"), às quais devem seguir-se as atividades de reflexão e operação sobre a linguagem ("atividades epilinguísticas"), e num momento certo introduzirem-se as atividades de sistematização gramatical ("atividades metalinguísticas").

- Na questão teórica do objeto de investigação. A atividade linguística é uma atividade humana, e, por isso mesmo, tem três dimensões: a dimensão discursiva (pela qual as expressões se relacionam com a situação real de sua produção), a dimensão semântica (pela qual as expressões se interpretam segundo o sistema cultural de representação da realidade) e a dimensão sintática ou gramatical (pela qual se regram sistematicamente as construções da língua). Consequentemente, a unidade de referência é o texto. E a linguagem é considerada em sua dupla natureza: atividade (comunicativa e cognitiva) e objeto.

- Na questão política. Cabe à escola dar a conhecer à criança que há preconceitos sociais pondo em escala de valores os diferentes registros linguísticos, e que existe uma norma culta para a qual a escola pode e deve dar acesso. E o mais eficiente modo de fazer isso é respeitar a variedade linguística do aluno, dando-lhe condições de uma fala livre, e, consequentemente, crítica.

O texto é altamente reflexivo, mas é linear, denso, especializado, massacrante, enfim, difícil (de que é evidência o fato de que os autores pressentem a dificuldade de leitura e até fornecem uma espécie de glossário de pé de página): com a tessitura de um trabalho acadêmico, ele faz com os professores o que o documento, em toda a sua extensão, prega que não se deve fazer com as crianças, que é assumir um posto dominante, excluir os leitores de uma interlocução, e, praticamente, convidá-los a que se recolham na sua ignorância. Lembre-se que dessa época são os cursos de reciclagem de professores da Coordenadoria de Estudos e Normas Pedagógicas da Secretaria da Educação do Estado de São Paulo – CENP, que tiveram grande abrangência e vigência considerável, mas que, pelas condições reais em que se desenvolveram, não conseguiram levar até os agentes mais diretos da ação escolar as propostas para tal fim preparadas.

Ações efetivas: duas amostras de análise da situação de ensino de Língua Portuguesa no estado de São Paulo

Este é um depoimento sobre o trabalho com a Língua Portuguesa em salas de aula de escolas do estado de São Paulo, particularmente as do ensino oficial, trazendo para suporte das reflexões minha experiência como pesquisadora interessada no tema (com estudos teóricos e pesquisas de campo) e ainda como professora de Língua Portuguesa em Ensino Fundamental e Médio público, por quase duas décadas.

A natureza das pesquisas em amostra

O exame que aqui apresento teve dois procedimentos de análise, levados a efeito com um intervalo de pouco mais de dez anos: o primeiro é uma investigação de campo sobre o modo de condução das atividades com Língua Portuguesa – especialmente com gramática – nas escolas de Ensino Fundamental (2º ciclo) a qual teve como sujeitos professores dessa disciplina da rede estadual oficial de ensino; o segundo é uma investigação das lições gramaticais oferecidas em coleções (5ª à 8ª série) de livros didáticos utilizados na rede estadual oficial de ensino[1].

A escolha da verificação de como se fundamenta e se desenvolve o trabalho escolar com a gramática deveu-se ao fato de que esse é um compartimento muito vulnerável das atividades em Língua Portuguesa, em primeiro lugar porque "gramática" é uma entidade que, no senso comum, está de longa data estigmatizada, e em segundo lugar porque esse estigma não é gratuito, tem fontes muito evidentes, por exemplo o fato de que a sua centração está, especialmente, numa análise metalinguística em si e por si irrefletida e mecânica.

A primeira pesquisa se insere no final da década de 1980, portanto logo após a publicação da Proposta Curricular para o Ensino da Língua Portuguesa, 1º grau – Secretaria da Educação de São Paulo, de 1988, portanto ainda sem uma distância desse documento que tenha permitido aproveitamento, pelos professores, de suas indicações. O mesmo se pode dizer da segunda pesquisa, que foi empreendida em 2000, portanto logo após a conclusão e divulgação dos Parâmetros Curriculares Nacionais (PCNs), de 1998, o que impede que se espere um aproveitamento total de suas diretrizes na elaboração do material.

Seja ou não por esse motivo de pouco tempo para absorção das propostas, a verdade é que, em geral, num caso como no outro, os avanços verificados nas propostas oficiais não aparecem refletidos na ação escolar empreendida.

Primeira pesquisa de amostra: o modo de condução das atividades com Língua Portuguesa, especialmente com gramática

Na primeira investigação trabalhou-se diretamente com 170 professores do então chamado 1º grau (da 5ª à 8ª série), que foram submetidos a dois instrumentos de investigação: questionário e entrevista (resultados tratados em NEVES, 1990).

Buscou-se verificar, em primeiro lugar, "para que" os professores ensinavam gramática, e, correlatamente, "para que" se usava a gramática ensinada.

No que se refere à busca de avaliar as finalidades e sua consecução, as respostas indicaram que, em 50% dos casos, se buscava melhor desempenho, (melhor expressão, melhor comunicação, melhor compreensão), em 30% a preocupação era com a normatividade (maior correção, conhecimento de regras e normas, conhecimento do padrão culto) e em 20% a finalidade era teórica (aquisição de estruturas da língua, melhor conhecimento da língua, conhecimento sistemático da língua, apreensão dos padrões da língua, sistematização do conhecimento da língua).

Quanto ao aproveitamento real das atividades, ficou indicado, em geral, que o que se obtinha era "falar e escrever melhor" (portanto, também melhor desempenho), dirigindo-se esse resultado para sucesso na vida prática, por exemplo, em concursos, apesar de também alguns professores terem indicado que o que se tinha ensinado "não serviu para nada".

No que se refere à busca de avaliar o conteúdo, a investigação mostrou que as aulas de gramática consistiam apenas da transmissão dos conteúdos expostos nos livros didáticos. Nenhuma diligência dos professores no sentido de confrontar as lições de gramática com textos teóricos ou mesmo com gramáticas tradicionais normativas foi registrada.

Então, para que se pudesse avaliar o que os professores consideravam que fosse importante aprender nas aulas de gramática, pediu-se que eles elaborassem cinco exercícios que costumavam passar à classe nas aulas, levando-se em conta que 100% deles haviam declarado que davam exercícios gramaticais aos alunos. Partiu-se da consideração de que a formulação de exercícios pelos próprios professores, no momento da entrevista, sem consulta a livros didáticos, seria a atividade mais reveladora do seu modo de trabalho no campo da gramática. O resultado foi o seguinte, registrando-se apenas os exercícios com o mínimo de 2% de frequência: reconhecer classes de palavras: 31%; reconhecer funções sintáticas: 15%; reconhecer e classificar funções sintáticas: 8,5%; reconhecer e subclassificar classes de palavras: 8%; preencher lacunas com classes de palavras: 4%; classificar verbos quanto à transitividade: 3%; fazer análise sintática: 2,5%; identificar flexões do verbo: 2%; classificar orações.

Verificou-se que os exercícios que envolviam reconhecimento e classificação das classes de palavras e das funções sintáticas (reunidos ou não a outras solicitações) foram responsáveis por mais de 70% do total. As áreas do programa mais contempladas (acima de 2%) foram: classes de palavras: 40%;

sintaxe: 36%; morfologia (flexão, derivação e composição): 11%; semântica: 3,5%; acentuação: 2,5%; silabação: 2%. Entretanto, a análise de cadernos dos alunos empreendida mostrou que a maioria dos exercícios era de funções sintáticas, e não de classes de palavras, o que sugeriu manipulação das indicações fornecidas nos questionários, talvez provocada pelo temor da crítica geral que a escola tem tradicionalmente recebido por centrar sua atenção na análise sintática.

No que se refere à busca de avaliar os procedimentos, obteve-se outro resultado interessante, que foi a confirmação da preocupação tradicional com as definições das entidades gramaticais. Os professores demonstraram considerar importante que os alunos "definissem" essas entidades, e cerca de 50% deles disseram considerar que seus alunos conseguem fazer essas definições. Entretanto, as definições que os professores apresentaram como as que costumavam obter são em geral problemáticas.

Nas respostas relativas ao "como" ensinar, declarou-se opção por trabalho com textos em mais de 50% dos casos, mas, nas entrevistas, pôde-se verificar que esse "partir do texto" nada mais significava do que retirar do texto unidades para análise e catalogação. A grande maioria declarou iniciar as aulas com explicação da matéria e concluir as aulas com exercícios.

Quanto à utilização de manuais de gramática, quase 70% dos professores disseram nas respostas ao questionário que se valiam deles, citando, em geral, manuais de gramática bem tradicionais e obras didáticas. Nas entrevistas, porém, pôde-se comprovar que apenas obras didáticas eram utilizadas pelos professores, não se registrando o hábito de consulta a obras de referência.

Quanto aos livros adotados, verificou-se que todos abrigam parte dedicada à gramática, e que a maioria traz pouca teoria e muitos exercícios. Quase 100% dos professores declararam que se utilizam da parte gramatical que o livro adotado oferece, e em quase 50% dos casos o julgamento do livro adotado foi positivo.

Quanto às dificuldades encontradas nessa tarefa de ensinar gramática, o que os professores fizeram, em suas respostas, foi, em geral, foi responsabilizar os alunos, atribuindo-lhes falta de esforço, de vontade de pensar, de maturidade, de capacidade de abstração, e, afinal, de percepção da utilidade da gramática, aliás uma falta de percepção que faltava a todos os participantes do processo, não apenas aos alunos.

Segunda pesquisa de amostra: a natureza das lições gramaticais oferecidas em livros didáticos utilizados na rede estadual

A segunda investigação (não publicada) teve como objeto as lições gramaticais oferecidas em 10 coleções (da 5ª à 8ª série) de livros didáticos utilizados na rede estadual oficial de ensino em 8 cidades do interior do Estado de São Paulo, região de Araraquara. Ela foi empreendida entre 2000 e 2002, portanto, como já apontei, logo após a conclusão e divulgação dos PCNs, mas antes de um aproveitamento significativo de suas diretrizes na elaboração desse tipo de material.

Na investigação referente às lições gramaticais dos livros didáticos em uso nesse período, considerou-se pertinente escolher tal material para exame dado o fato de que os livros didáticos são (além dos documentos oficiais, quando é o caso) praticamente o único recurso de que dispõem os professores para utilização imediata em sala de aula (e sem necessidade de busca).

Seleciono alguns tópicos que considero importantes na verificação da pertinência do tratamento oferecido, visto na sua relação com o estado, naquele momento, do desenvolvimento da pesquisa linguística e com a natureza do material oficial de orientação (mais especificamente as orientações dos PCNs).

Começo pelo tratamento da língua falada (de que este livro trata no capítulo "Lingua falada e língua escrita"). Não há, nos livros didáticos examinados, nenhum plano geral de consideração da língua falada, sendo esparsas as referências à sua natureza, e, mais que isso, sendo muitas vezes equivocada a sua consideração. De fato, examinando manuais didáticos de ensino do Português em nível nacional, Marcuschi (1997: 40-1) diz que todos eles – mesmo os que se mostram bastante equivocados em suas posições teóricas – têm clareza sobre o papel central da escola no ensino da língua escrita, mas que a inserção de reflexões e dados sobre a língua falada não é fácil.

Com o tratamento oferecido, em geral, fica sugerido que a língua falada é o veículo apenas de desempenho linguístico menor, restrito a conversas coloquiais, sobre temas banais, uma linguagem "fácil", na qual tudo é permitido (NEVES, 2003b: 108-109). Por vezes as observações ficam alocadas na parte referente a vocabulário, ficando sugerido que a variação entre língua falada e língua escrita se centra no léxico. Por exemplo, chama-se a atenção para o registro de gírias ou de variantes regionais em histórias em quadrinhos, mas, em geral e no fundo, com o direcionamento para uma avaliação preconceituosa da fala, que, por menor, abriga essas variantes. Não se contempla reflexivamente a variação sintática, por exemplo, a colocação de pronome oblíquo átono – que, na verdade, na variante brasileira, é semitônico – em início de frase, ou o emprego de pronome *ele* como objeto direto, que sabemos serem devidas à necessidade de harmonização da cadência da frase, na pronúncia brasileira. Essas variações de sintaxe, quando abrigadas para comentário, aparecem como erros, não havendo análise do comportamento, mas, simplesmente, desabonação do uso. Por exemplo, em um determinado livro didático, manda-se que a frase *eu derrubo ela*, dita por uma personagem de narrativa, seja "reescrita segundo as regras da gramática" (grifo meu). Fica, aí, totalmente desconsiderado o fato de que a personagem teria dito a frase em interação oral, não se tratando, portanto, de uma produção escrita, sendo desse modo, inconcebível que se peça que ela seja "reescrita" (= novamente escrita). Até nos casos em que o livro didático registra que construções desse tipo são características da língua falada, ele escorrega na interpretação, propondo, por exemplo, que a construção tida como de língua falada seja "reescrita" "em linguagem "mais correta do ponto de vista gramatical". Há uma evidente discriminação (inconsciente?) da língua falada, confundindo-se modalidade de língua (e consequente nível de formalização) com correção (e consequente legitimação).

No que respeita à variação linguística, os livros didáticos pouco se ocupam da apresentação e discussão desse fato constitutivo da própria linguagem. Nesse campo, o tratamento não se guia pela naturalidade da existência de variedades no funcionamento linguístico. O aluno não é levado a apreciar a existência de possibilidades de adequação do enunciado ao grau de formalidade ou informalidade requerido pela situação, ou seja, não é levado a apreciar a riqueza de possibilidades de uso que permitem que cada falante/escritor constitua singularmente o seu próprio texto da maneira como entender que seja a mais adequada à sua intenção.

Se alguma oportunidade de contato do aluno com diferentes variedades de linguagem efetivamente aparece, no entanto não fica assentado que cada uma delas pode ter alguma adequação a determinada situação de uso, ou seja, que ela constitui um registro apropriado em algum determinado caso.

Quanto à questão da norma linguística, a atenção se dirige quase unicamente à norma culta e formal. As variedades menos formais acabam sendo estigmatizadas, rotuladas como populares e incorretas. Nenhuma atenção se dá à explicação de certas construções muito usuais mas desviantes da norma prestigiada: pronomes retos não preposicionados na posição de objeto; pronomes oblíquos tônicos como sujeito de infinitivo; mistura de formas pronominais de segunda e de terceira pessoa (*tu* e *você*); formas *eu* e *tu* regidas pela preposição *entre*; afrouxamento da vinculação entre o pronome demonstrativo *este* e a primeira pessoa, bem como entre o pronome demonstrativo *esse* e a segunda pessoa; afrouxamento dos parâmetros tradicionais de concordância verbal; afrouxamento dos parâmetros tradicionais de regência verbal.

Confunde-se grau de formalidade com correção/incorreção, ficando implícito sempre que a norma culta é a única desejável, em qualquer situação de uso.

E chegamos às propostas de exercitação. Elas refletem uma atitude bastante convencional, evidentemente alheia a qualquer teoria linguística e a qualquer influência das orientações teóricas disponíveis, a qual desconhece a importância da consideração do uso linguístico:

- Os exercícios restringem-se quase exclusivamente às unidades palavra (48%) e oração (42%); restam 9% para a unidade sintagma e 1% para a unidade texto. A importância do texto é às vezes apregoada no suplemento destinado ao professor, mas nenhum estudo textual é provocado ou sugerido.

- Consequentemente, as entidades e os processos mais frequentemente em exame são classes de palavras (40%) e funções sintáticas (21%)[2], o que confirma os resultados da primeira pesquisa aqui exposta.

- Há, obviamente, certo condicionamento dos tipos de exercícios às unidades em exame, e, assim, como a unidade palavra é a mais contemplada, os exercícios mais frequentes são os de identificação e classificação de palavras e de funções sintáticas: os de apenas identificação e de apenas classificação, que apresentam frequência quase idêntica, atingem 31%, Somados os de identificação com os de outras operações, o registro é de 18%; somados os de classificação com os de outras operações, o registro é de 30%.

- Menos frequentes, na sequência, são os exercícios de: preenchimento de lacunas, redação de frase, reescrita, alteração e substituição (pela ordem).

- Fazendo-se a distribuição por níveis, registra-se o seguinte: no nível da palavra, os exercícios mais frequentes são os de identificação e classificação; no nível da oração, os exercícios mais frequentes são os de reescrita e os de identificação e classificação; no nível do sintagma, os exercícios mais frequentes são os de alteração.

- Comparando-se a frequência dos exercícios de identificação com a dos de classificação, verifica-se que os primeiros são mais frequentes quando se analisa a oração do que quando se analisa a palavra, e que os segundos são mais frequentes quando se analisa a palavra do que quando se analisa a oração, numa relação que se pode considerar quase automática.

Avaliação geral das duas amostras sobre o ensino de gramática nas escolas

No exame, em ambas as pesquisas, a primeira verificação, já evidente sem estudo aprofundado, foi que nenhuma orientação teórica que conduza lições e atividades gramaticais fica implicada, e que praticamente os mesmos tipos de exercícios sugeridos pessoalmente pelos professores na primeira investigação se registram nos livros.

O que consta dos manuais é, afinal, a metalinguagem pela metalinguagem, sem reflexão sobre o uso linguístico, sobre o exercício da linguagem, e sem atenção para o fato de que, afinal, a gramática rege a produção de sentido, governando, pois, a atividade linguística.

A característica geral é de uma gramática nem descritiva – porque não há realmente uma descrição de uso – nem normativa, porque são esporádicas as indicações relativas a "uso obrigatório" ou "bom uso". Entretanto, é praticamente a estas últimas indicações que se reduzem as referências a diferentes variedades de língua, frustrando tudo o que nesse sentido está implicado nas orientações dos PCNs.

Um olhar especial para a orientação oficial em vigência no Brasil. Os Parâmetros Curriculares Nacionais[*]

Por aí se chega ao documento oficial vigente como orientador da ação escolar em nível nacional. E chega-se exatamente em contraponto a noções

---

[*] Este tópico é uma reformulação de parte do artigo "Gêneros: ontem, hoje e sempre", publicado no livro *Aprendizagem de língua e literatura: gêneros e vivências de linguagem*, organizado por Leny da Silva GOMES e Neiva Maria Tebaldi GOMES. Porto Alegre: Ed. UniRitter, 2006, p. 53-82.

desenvolvidas nas diversas partes deste livro. Parto muito especificamente do estudo apresentado no Capítulo "Linguagem e gênero discursivo" da Parte I, que destaca o empenho atual na consideração de gêneros discursivos, para centrar-me no contexto escolar brasileiro, que passou a abrigar essa consideração nos próprios documentos oficiais que orientam e/ou disciplinam as atividades escolares nas aulas de Língua Portuguesa.

É evidente tratar-se, no momento, de uma verdadeira "questão de ordem" o abrigo, nessas atividades, da consideração dos gêneros do discurso, conforme se vê nos *Parâmetros Curriculares Nacionais de Língua Portuguesa, terceiro e quarto ciclos do ensino fundamental* (BRASIL, 1988), a partir deste ponto referidos como PCNs.

Dentro do consenso atual dos estudiosos, os PCNs trazem uma definição de gênero ligada primordialmente às intenções comunicativas, "como parte das condições de produção dos discursos, as quais geram usos sociais que os determinam" (p. 2). Não faltam, pois, a determinar os gêneros, as clássicas "finalidades", que podemos considerar tanto sociais como individuais, entrevendo-se uma motivação funcional que remete às várias propostas que, desde as primeiras décadas do século XX, e no berço da Escola de Praga, se fazem em relação às "funções da linguagem", como as de Bühler, as de Jakobson, e, mesmo, as de Halliday (NEVES, 1997: 9-14). Nos PCNs se afirma, num alinhamento visivelmente bakhtiniano, que os gêneros são determinados historicamente, constituindo formas relativamente estáveis de enunciados disponíveis na cultura, e que são caracterizados pelos seguintes elementos: conteúdo temático (o que é ou pode tornar-se dizível por meio do gênero); construção composicional (a estrutura particular dos textos pertencentes ao gênero); estilo (as configurações específicas das unidades de linguagem derivadas, sobretudo, da posição enunciativa do locutor; os conjuntos particulares de sequências que compõem o texto, etc.). Abriga-se, pois, neste último elemento, e, portanto, abriga-se num dos componentes da categoria "gênero"[3] aquilo que se tem distinguido como "tipo textual", também nomeado "sequência" entidade que é explicitamente apresentada, nos PCNs, como de natureza linguística (nomeadamente, nos PCNs, p. 21: "narrativa, descritiva, argumentativa, expositiva e conversacional").

Temos convivido, na história da educação brasileira – e aqui falo, particularmente do campo da Língua Portuguesa –, com um conjunto de documentos orientadores de ensino alinhados com seu tempo, alguns democraticamente (e reflexivamente) elaborados por estudiosos, outros ditatorialmente preparados por burocratas. Entretanto uns e outros têm-se mantido em um lugar que podemos considerar marginal, em relação à real condução do ensino escolar. Quem não se lembra dos famosos esquemas do "circuito de comunicação", que, com o aparecimento da Teoria da Comunicação, durante alguns anos povoaram, ao lado de histórias em quadrinhos, os livros didáticos, nunca tendo representado, porém, uma real inserção de alunos e professores nos princípios e propostas de uma teoria da comunicação, a qual implicaria que a atividade escolar fosse centrada na língua em função.

Nos dias de hoje, a tônica do documento oficial central é a lição do condicionamento da produção e da recepção linguística ao gênero do discurso: é quase como se se repetisse a lição bakhtiniana de que seria muito difícil ao homem falar se não houvesse gêneros (os *softwares* de nossa máquina?) que dessem condição de modelação para os enunciados. Na verdade, eu reverteria o raciocínio para fazer uma asserção até banal, insistindo em que são as situações de intercomunicação que necessariamente criam gêneros e que é a atividade da linguagem que necessariamente cria gêneros (que passam a existir enquanto forem necessários naquele universo de sociointeração), e nem de longe se pode dar a interpretar que é o gênero que pré-amolda a linguagem de cada um e de todos.

Da leitura, dizem os PCNs que o aluno tem de chegar à proficiência construindo expectativas segundo o gênero que lhe é apresentado, e selecionando os procedimentos de leitura adequados segundo as características específicas desse gênero (p. 49-50), o que significa, ainda conforme o que está nos PCNs, que os textos que são entregues ao aluno oferecem pistas nas quais ele tem de deter-se, para apreender as intencionalidades subjacentes, e proceder a uma leitura eficiente. São preceitos legítimos mas um tanto perigosos, no sentido de que correm o risco, mais uma vez, de, na situação escolar de que dispomos, levar a uma interpretação engessadora das atividades linguísticas na escola, e, mesmo, perturbadoras da compreensão do funcionamento linguístico. Ou seja, sempre correm o risco de levar na direção de lições alheadas do uso natural da linguagem.

São importantes as recomendações de que se faça leitura integral dos textos, de que também haja o cuidado de identificar informações pontuais, de que se compreenda a importância da releitura, de que se compreenda que cada gênero requer leituras diferenciadas, e até de que se identifiquem e corrijam, num texto dado, inadequações "em relação a um padrão estabelecido" (PCNs, p. 55). Entretanto, a maioria desses preceitos – principalmente o último, e em especial pela figura espúria da "correção" – pode reverter seus efeitos esperadamente positivos, se o documento orientador for colocado como peça única de formação de doutrina, isto é, se, mais uma vez, uma avaliação tacanha levar a uma interpretação ao pé da letra, e se mais uma vez se entenderem as aulas de leitura como lugar de caça a inadequações "genéricas" nos textos de leitura. Antes, cabe, por exemplo, captar as características que fazem que uma crônica entre pelo leitor com uma "crônica", e cabe, também, por exemplo, captar em fruição inovações, desvios, marcas destoantes do gênero as quais façam de uma determinada crônica uma peça mais notável do que outra de concepção e realização mais canônica, ou seja, de concepção mais conformada às características que analistas tenham eleito como definidoras do gênero "crônica".

Também é muito boa a indicação que os PCNs fazem referentemente à produção de textos: que escrever um texto em determinado gênero envolve conhecimento do funcionamento desse gênero. Mas também aí há o perigo da reversão do princípio, criando-se a expectativa da necessidade de formatação em moldes, com consequente bloqueio da atividade linguística.

Enfim, esse papel de policiamento, esse vascular, apenas sugerido já é perigosamente negativo, porque, em princípio, temos de entender que a leitura de um texto – e, especialmente de um texto criado por um profissional da palavra, como são, em geral, os autores dos textos lidos nas escolas – mais terá vantagem em servir de mostra de criação de significados e efeitos no discurso do que em servir de campo de garimpo de inadequações em relação à conformidade a um determinado gênero. Afinal, é lição sabida na teoria dos gêneros – já tão trabalhada e desenvolvida – que se prender, simplesmente, a moldes é desconhecer tudo o que já se conquistou nesse campo teórico, assim como na Linguística em geral. Mais que isso, é desconhecer o que já estava estabelecido desde Aristóteles, que falou em "arte" quando falou em gêneros. Aristóteles escreveu sobre gêneros sem abarcar todo o universo dos intercursos linguísticos, limitando-se a campos restritos de atividades específicas com a linguagem, como a poética e a retórica, e, portanto, a campos bastante susceptíveis de estabelecimento de padrões e normatização, campos de certo modo profissionais e de doutrina. Mesmo assim, ao estabelecer padrões, ele não o fez de modo a construir um aparato para descoberta de inadequações de conformidade a um ou a outro gênero. Mais estava em foco montar um sistema de conjunção das características que faziam – e, portanto, fariam – os discursos constituir, segundo sua finalidade, boas peças de cada um dos gêneros – estáveis, mas não imutáveis – que, então, naquele estado de sociedade, eram os que existiam nos campos da poética, e, especialmente, da retórica, entendendo-se especialmente esta (mas também, por exemplo o teatro trágico) como um campo por natureza ritualístico, portanto sujeito a padronização. E nem assim Aristóteles pode ser tido como inspiração para uma visão normativista de julgamento de adequação "genérica" de peças discursivas!

Falando-se de Ensino Fundamental e Médio – e voltando mais uma vez ao início destas reflexões –, hoje, obviamente, ninguém defende reserva de domínio para determinados textos, embora haja divergências quanto ao tamanho da porção que deve caber à "literatura" e aos considerados "bons modelos" nos livros escolares. Essa não é questão para esmiuçar-se neste pequeno espaço, mas a natureza dos gêneros contemplados ou a contemplar (tônica das diretrizes oficiais em vigor) é um bom ponto de partida. Entretanto, o que releva, na conclusão das minhas reflexões – elementares e fracionadas – é o modo como possam ser proveitosos, nas atividades escolares com a linguagem, a compreensão e o aproveitamento da organização de gêneros, a qual se fez naturalmente desde que o homem é homem (um ser dotado de linguagem), como parte natural da reflexão do homem sobre as peças que, com seus interlocutores, ele constrói, em vista de seus fins (ver capítulo "Linguagem e gênero discursivo").

O que se mostra, afinal

Fica um alerta para o fato de que ações governamentais como os PCNs por si sós não bastam, sendo necessárias outras modalidades de intervenção que possibilitem o aproveitamento das propostas. Acima de tudo, é preciso que os conceitos implicados estejam sendo articulados nos cursos de formação de professores, com papel especial para as universidades. Por exemplo, o conceito de linguagem que se manifesta nos PCNs é o de atividade discursiva condicionada ao contexto histórico-social e às circunstâncias enunciativas: "interagir pela linguagem significa realizar uma atividade discursiva; dizer alguma coisa a alguém, de uma determinada forma, num determinado contexto histórico e em determinadas circunstâncias de interlocução" (p. 10).

Constrói-se, pois, uma visão de escrita como um trabalho conjunto de interlocutores, o que atribui ao gênero uma função determinante, e, a partir daí, implica que seja sociointeracionista o critério para seleção de gêneros a serem trabalhados nos diversos momentos (LIMA, 2003: 55). Observe-se que os PCNs conceituam gêneros como formas históricas, relativamente determinadas de enunciados, disponíveis na cultura, que se caracterizam pelo conteúdo temático, pela construção composicional e pelo estilo (p. 10).

O documento afirma:

> A seleção de textos deve privilegiar textos de gêneros que aparecem com maior frequência na realidade social e no universo escolar, tais como notícias, editoriais, cartas argumentativas, artigos de divulgação científica, verbetes enciclopédicos, contos, romances, entre outros (p. 16).

A pergunta é: Como trabalhar com essa proposta um professor que tenha a concepção de texto como nada mais do que um produto com o qual nos relacionamos, e tendo a concepção de língua como um produto do qual nos apropriamos, o que podemos fazer bem ou mal? (LIMA, 2003: 62, que cita GERALDI, 1997). Não se trata apenas do perigo de "confusão epistemológica", como indica a autora (p. 63), mas trata-se, principalmente, de falta de uma preparação mínima para valorização de embasamento teórico das intenções e ações educativas.

Lembre-se, afinal, o que é que fica implicado na visão encontrada para o que se considera o "padrão" no uso linguístico, sem dúvida, o nó a desatar no tratamento escolar da gramática. Se, de um lado, se encontra uma implicação legítima do papel da escola na apresentação, na divulgação e na explicação da norma padrão, de outro lado há uma consideração ilegítima de que essa norma deva ser considerada ideal a alcançar uniformemente em qualquer episódio de uso linguístico. Tal posição configura uma noção de desempenho linguístico que afronta toda a reflexão que a teoria linguística já empreendeu em sua trajetória.

Notas

[1] O exame documental das lições foi feito em conjunto com uma orientanda de mestrado, Sandra Regina de Andrade, que, em 2002, defendeu dissertação intitulada *O tratamento da gramática nos livros didáticos de português*. A pesquisa ligada à que empreendi entre 2000 e 2002 nos livros didáticos foi continuada, entre 2004 e 2005, por uma orientanda de Iniciação Científica, Renata Margarido, que confrontou as lições de gramática de livros didáticos com: (i) o registro de usos efetivos da língua portuguesa oferecido na obra *Gramática de usos do português* (NEVES, 2000); (ii) o texto dos Parâmetros Curriculares Nacionais (PCNs) do 3º e 4º ciclos do Ensino Fundamental e o texto da Proposta Curricular para o ensino de língua portuguesa; (iii) duas gramáticas normativas tradicionais.

[2] Outros processos são muito pouco analisados. Concordância, regência e derivação, por exemplo, aparecem com taxa acima de 5% apenas na 8ª série.

[3] Pode-se fazer uma correspondência, embora frouxa, desse componente com a *léxis* de Aristóteles, termo, aliás, frequentemente traduzido como *estilo*. Não se esqueça que a *léxis*, também para os gregos vinha como um elemento essencial do "dizer" (*légein*): Platão diz, na *República* (392 c), que, examinar o *lógos* é examinar "o que se deve dizer (*há te lektéon*) e examinar a *léxis* é examinar "como se deve dizer" (*hos lektéon*).

A incorporação de estrangeirismos no português e o contexto das contendas sobre o tema.
Uma reflexão sobre a controvérsia, apoiada em análise de dados*

> A gente prevê que o nosso próximo passo será oficializar o inglês como língua do Brasil, com estatuto paralelo ao do português. E não é rabugice de velha escriba, é constatação fria e baseada nos fatos. (....) O mal é sem remédio, ai de nós! Ou 'hélàs', como se dizia no tempo em que o francês era chique. Em *miamês* não sei como é.
> (Rachel de Queiroz)

Falo aqui de estrangeirismos sem colocar o foco no aspecto político da questão. Não interferem centralmente na investigação determinações de políticas de planejamento linguístico e não há uma perspectiva intervencionista, mas, preferentemente, procede-se a uma verificação das escolhas das formas pelos usuários da língua. No exame dos dados, o que faço, centralmente, é cotejar os usos das formas com as recomendações tradicionais sobre a incorporação de estrangeirismos, na linha do que está desenvolvido no livro *Guia de uso do português*. Confrontando regras e usos (NEVES, 2003a). Ao final, apenas comento algumas questões gerais ligadas a movimentos sociopolíticos de condenação da incorporação de estrangeirismos, questão também contemplada em um dos tópicos do capítulo "Diretrizes oficiais e ação efetiva" deste livro.

---

* Este capítulo constitui uma adaptação do artigo "A realidade da incorporação de anglicismos no português do Brasil vista no contexto das atuais contendas sobre o tema", publicado na revista *Ilha do desterro*: A Journal of English and Cultural Studies. Florianópolis: Ed. UFSC, n. 47, jul./dez. 2006b, p. 19-48.

Entretanto, o próprio estudo da submissão dos neologismos ao sistema do português não se desvincula de uma regulagem politicamente determinada, embora não tenhamos no Brasil organismos oficiais incumbidos de fixar princípios reguladores (linguísticos, sociolinguísticos, metodológicos). Obviamente, não fica desconsiderado o papel de registro oficial que tem o nosso *Vocabulário Ortográfico da Língua Portuguesa*. Não se desconhece, também, a proposta, em Portugal, em 1943, da criação de um Instituto de Língua Portuguesa, que, "entre outras finalidades, deveria proteger a língua portuguesa contra o uso abusivo de estrangeirismos" (ALVES, 2000: 119). Quanto a órgãos reguladores em outros países, Schmitz (1988) refere-se à Academia da Língua Hebraica, do Estado de Israel, à Académie de la Langue Française, da França, ao Conseil de la Langue Française, do Canadá e à Real Academia Española, da Espanha.

A natureza do exame

O propósito central do projeto de investigação de usos em que se insere este estudo foi documentar e analisar, do ponto de vista do processamento linguístico, a utilização e a incorporação de estrangeirismos de todas as procedências na língua portuguesa. Entretanto, por sugestão das polêmicas em curso e pela própria realidade, que mostra a incorporação maciça de empréstimos do inglês, procedi, neste trabalho, a uma especialização do objeto, limitando a análise aos anglicismos[1], com a finalidade de confrontar comportamentos e verificar especificidades, já, então, buscando alguma inserção e emolduramento no seio da batalha sobre política linguística em que se transformou a questão na voz dos envolvidos. Nesse embate, um lado é representado por forças de poder político constituído ou de trânsito fácil na mídia, e, de outro lado, por vozes que só aparecem também com força política porque seus argumentos – que na verdade são lições – carregam a eminência do saber linguístico sobre os fatos.

Vou delimitar a questão a alguns dos tópicos recorrentes na questão, com atenção especial para a questão da cobertura de noções na estrutura semântica da língua, e, não sem intenção, deixo para o final a questão política, que não é menor, mas é diferente e mais distante da linha central de investigação que venho fazendo.

O que dizem os dados

Vamos primeiro aos fatos, aos resultados numéricos e qualitativos da pesquisa. A primeira verificação que a análise busca é o modo de incorporação dos estrangeirismos (neste caso especial, dos anglicismos), o que significa, basicamente, documentar os modos de adaptação do neologismo ao sistema fonológico e ortográfico, e os modos de adaptação do neologismo às regras morfossintáticas. É diretriz inicial a verificação da frequência, organizada segundo tais modos de incorporação, o que permite mapear a proporção que tomaram – até o momento da coleta e da investigação – os diversos destinos possíveis, quais sejam:

a) uso exclusivo da forma original inglesa;

b) concorrência entre a forma original, inalterada graficamente, e uma forma com grafia aportuguesada;

c) concorrência entre a forma original, inalterada graficamente, e uma forma traduzida ou equivalente em português;

d) uso exclusivo de forma aportuguesada/portuguesa de palavras originadas de palavra estrangeira, com desaparecimento total da forma gráfica original.

Os resultados numéricos são extremamente similares para estrangeirismos em geral e para anglicismos em particular.

No exame da distribuição dos usos de palavras estrangeiras encontram-se os seguintes resultados:

a) só grafia original: 51%;

b) só grafia aportuguesada: 8%;

c) grafia original concorrendo com grafia aportuguesada: 24%;

d) grafia original concorrendo com palavras traduzidas/correspondentes portuguesas: 17%.

No exame da distribuição dos usos de palavras inglesas encontram-se os seguintes resultados:

a) só grafia original: 52%;

b) só grafia aportuguesada: 6%;

c) grafia original concorrendo com grafia aportuguesada: 23%;

d) grafia original concorrendo com palavras traduzidas/correspondentes portuguesas: 19%.

Chama a atenção o fato de mais de 50% dos casos serem, em ambas as investigações, representados por palavras que apenas se usam com a forma gráfica original inglesa, o que poderia sugerir, numa análise desavisada, subserviência e passividade dos usuários. Por outro lado, entretanto, é observável que em nenhum caso se mantém fonema estranho ao sistema do português, o que significa que, como era de esperar, essas palavras foram de imediato submetidas às regras fonológicas da língua. Aliás, esse é o caminho natural dos empréstimos, que, assim, entram na língua de chegada sem alterar seu sistema fonológico, e, portanto, sua organização. Observe-se que vários estudiosos apontam esse fato, por exemplo, Fiorin (2001: 115), que exemplifica com a pronúncia "róti dógui", para o inglês *hot dog*.

O resultado é o que se pode ver no Quadro 1, que representa uma pequena amostra.

QUADRO 1

Palavras originais	Número	Palavras originais	Número
apartheid	272	baby-doll	34
backup	23	banner	13
best-seller	407	bit	349
blues	512	boom	346
boy	301	brownie	5
brunch	39	bug	49
byte	9	cheddar	14
closet	45	country	1
crack	294	derby	8
doping	304	download	37
ecstasy	62	flat	165
free shop	52	freelance	1
hacker	42	hippie	157
hit	348	iceberg	168
jazz	1766	jet-ski	65
joystick	49	kart	102
laser	592	leasing	342
marshmallow	13	megawatt	25

Palavras originais	Número	Palavras originais	Número
microchip	6	pager	43
palmtop	5	scanner	101
show	5834	show-room	44

Além disso, trata-se especialmente de nomes de produtos (por exemplo, *backup, banner, brownie, ecstasy, marshmallow, palmtop, scanner*) ou de técnicas (por exemplo, *doping, download, leasing*), para muitos dos quais facilmente se pode prever vida efêmera, já que a velocidade das descobertas do mundo moderno proverá, em muitos casos, a substituição desses produtos e técnicas por outros. Cabe citar o que dizem Garcez e Zilles (2001):

> (....) é importante notar que, embora pareça fácil apontar, hoje, *home banking* e *coffee break* como exemplos claros de estrangeirismos, ninguém garante que daqui a alguns anos não estarão sumindo de bocas e mentes, como o *match* do futebol e o *rouge* da moça; assim como ninguém garante que não terão sido incorporados naturalmente à língua, como o *garçom* e o *sutiã*, o *esporte* e o *clube* (p. 18).

Da "vida linguística curta" de alguns empréstimos também fala Boulanger (1986), ao analisar o procedimento dos lexicógrafos franceses no registro de estrangeirismos.

O segundo grupo em frequência (23%) é aquele em que a forma gráfica original inglesa convive com uma palavra aportuguesada, de que há amostra no Quadro 2.

QUADRO 2

Formas - grafia original	Formas - grafia aportuguesada	N° grafia original	N° grafia adaptada	Total	% grafia original	% grafia adaptada
bang-bang	bangue-bangue	5	40	45	11,11%	88,89%
baseball	beisebol	16	260	276	5,80%	94,20%
box	boxe	218	4065	4283	5,09%	94,91%
bulldog	buldogue	9	15	24	37,50%	62,50%
cartoon	cartum	71	45	116	61,21%	38,79%
cocktail	coquetel	132	521	653	20,21%	79,79%
container	contêiner	12	50	62	19,35%	80,65%
corner	córner	48	29	77	62,34%	37,66%
cowboy	caubói	67	78	145	46,21%	53,79%

Formas - grafia original	Formas - grafia aportuguesada	Nº grafia original	Nº grafia adaptada	Total	% grafia original	% grafia adaptada
crack	craque	1	482	483	0,21%	99,79%
cricket	críquete	2	26	28	7,14%	92,86%
dandi	dândi	1	36	37	2,70%	97,30%
destroyer	destróier	8	11	19	42,11%	57,89%
dollar	dólar	9	2347	2356	0,38%	99,62%
drink	drinque	43	130	173	24,86%	75,14%
film	filme	162	8699	8861	1,83%	98,17%
football	futebol	51	14443	14494	0,35%	99,65%
gang	gangue	107	279	386	27,72%	72,28%
gangster	gângster	10	74	84	11,90%	88,10%
goal	gol	3	2151	2154	0,14%	99,86%
hamburguer	hambúrguer	118	149	267	44,19%	55,81%
hollerith	holerite	1	20	21	4,76%	95,24%
jeep	jipe	43	246	289	14,88%	85,12%
jockey	jóquei	110	132	242	45,45%	54,55%
ketchup	catchup	62	10	72	86,11%	13,89%
knock-out	nocaute	2	157	159	1,26%	98,74%
layout	leiaute	44	1	45	97,78%	2,22%
lead	lide	23	8	31	74,19%	25,81%
lord	lorde	121	188	309	39,16%	60,84%
lunch	lanche	15	243	258	5,81%	94,19%
milk shake	milk-shake[2]	40	29	69	57,97%	42,03%
milord	milorde	1	2	3	33,33%	66,67%
	Total	1555	34966	36521	4,26%	95,74%

Um resumo numérico da amostra está no Quadro 2A.

QUADRO 2A

	Grafia original	Grafia adaptada
Número de Palavras	6	26
Porcentagem	18,75%	81,25%
Número de ocorrências	1555	34966
Porcentagem	4,26%	95,74%

Verifica-se que, havendo aportuguesamento, a forma adaptada ao português prevalece maciçamente sobre a forma original, que é praticamente alijada dos contextos: não apenas as formas aportuguesadas são as que prevalecem em mais de 80% do conjunto de palavras da amostra como também, de um total de 36.521 de ocorrências, 34.966 (quase 96%) são representadas por palavras aportuguesadas, o que limita a cerca de 4% o total de ocorrências na forma original inglesa, quando há competição com aportuguesamento de formas. Podemos capitalizar esse dado para a afirmação de que o fato frustra o temor por muitos demonstrado de aniquilamento do vernáculo pela adoção de palavras estrangeiras. Cite-se novamente o trabalho de Garcez e Zilles (2001: 19-20):

> De resto, os elementos estrangeiros que surgem do contato linguístico muitas vezes têm vida curta, como as gírias, ou são incorporados de modo tão íntimo à língua que os acolhe, pelos processos normais de mudança linguística, que em duas gerações nem sequer são percebidos como estrangeiros. Com efeito, os que conhecem a língua de origem nem reconhecem seus elementos quando usados como empréstimos.

E, só para lembrar palavras francesas (a ameaça na época da grande força cultural do idioma francês), poder-se-ia perguntar, hoje, quem é que sente como empréstimos palavras como *hotel, trem, restaurante, crochê*, ou quem é que se incomoda com as formações *audacioso* e *pretensioso*, tidas como galicismos por João Ribeiro (RIBEIRO, 1933).

Acresce que os poucos casos (pouco mais de 20%) em que a forma original inglesa é numericamente mais usada se constituem de palavras que:

a) ou oferecem dificuldade para aportuguesamento, como, por exemplo, *ketchup*, que, para possibilidade de registro de fonema vocálico realmente semelhante ao original inglês da primeira sílaba (/ɛ/) necessitaria, em português, de registro gráfico com *qu*, uma grafia que seguramente seria considerada estranha[3].

b) ou envolvem uma particularidade bem formal, como a exigência de um acento gráfico, para que a forma se configure como portuguesa, como, por exemplo, *corner/córner*, palavra na qual a falta de acento agudo pode muito bem deixar de ser avaliada dentro da problemática de incorporação de empréstimos, que é a que aqui nos ocupa;

c) ou, finalmente, trata-se de palavras de um corpo de termos técnicos que tem a mantê-los, tais como moldados na forma inglesa, o fato de fazerem parte de um conjunto de curso comercial internacional; são, na verdade, quase nomes próprios, como, por exemplo, *layout* e *lead* (esta última palavra, ainda, com o complicador de um choque homonímico entre a forma aportuguesada e o substantivo português pré-existente **lide**).

Um terceiro grupo (19% do total) é aquele em que a forma gráfica original inglesa convive com uma palavra portuguesa traduzida ou semanticamente equivalente, de que há amostra no Quadro 3.

QUADRO 3

Formas – grafia original	Formas portuguesas correspondentes	N° grafia original	N° traduzidas	Total	% grafia original	% correspondentes
aplomb	desenvoltura	10	219	229	4,37%	95,63%
baby-sitter	babá	24	313	337	7,12%	92,88%
background	pano de fundo	45	259	304	14,80%	85,20%
black	câmbio negro	20	37	57	35,09%	64,91%
corner	escanteio	48	476	524	9,16%	90,84%
dancing	discoteca	35	156	191	18,32%	81,68%
deadline	prazo de entrega	7	78	85	8,24%	91,76%
display	mostruário	30	25	55	54,55%	45,45%
double face	dupla face	2	17	19	10,53%	89,47%
e-mail	correio eletrônico	177	232	409	43,28%	56,72%
franchising	franquia	424	458	882	48,07%	51,93%
freezer	congelador	45	26	71	63,38%	36,62%
front	frente de batalha	214	23	237	90,30%	9,70%
full time	tempo integral	18	163	181	9,94%	90,06%
gentleman	cavalheiro	43	255	298	14,43%	85,57%
grapefruit	toranja, toronja	9	4	13	69,23%	30,77%
happening	evento	34	4834	4868	0,70%	99,30%
hard disk	disco rígido	8	313	321	2,49%	97,51%
hard rock	roque pesado	57	82	139	41,01%	58,99%
hobby	passatempo	404	136	540	74,81%	25,19%
host	anfitrião	8	564	572	1,40%	98,60%
hot dog	cachorro-quente	7	75	82	8,54%	91,46%
living-room	sala de estar	60	106	166	36,14%	63,86%
lobby	antessala	915	74	989	92,52%	7,48%
make-up	maquilagem	32	160	192	16,67%	83,33%
open market	mercado aberto	283	59	342	82,75%	17,25%
pocket book	livro de bolso	1	18	19	5,26%	94,74%
pop art	arte popular	30	48	78	38,46%	61,54%
ranking	classificação	2116	2041	4157	50,90%	49,10%
replay	reprise	33	139	172	19,19%	80,81%

Formas – grafia original	Formas portuguesas correspondentes	Nº grafia original	Nº traduzidas	Total	% grafia original	% correspondentes
timer	temporizador	17	4	21	80,95%	19,05%
weekend	fim de semana	91	1198	1289	7,06%	92,94%
	Total	5247	12592	17839	29,41%	70,59%

Um resumo numérico da amostra está no Quadro **3A**.

QUADRO 3A

	Grafia original	Palavras correspondentes
Número de Palavras	9	27
Porcentagem	25,00%	75,00%
Número de Ocorrências	5247	12592
Porcentagem	29,41%	70,59%

Novamente se verifica que as palavras traduzidas para o português, ou palavras portuguesas semanticamente correspondentes às do inglês, representam grande maioria (75% da amostra), e que, portanto, em apenas 25% dos casos a forma inglesa é a que prevalece sobre a forma portuguesa. Além disso, observa-se que, no total de ocorrências, a forma traduzida, ou a correspondente em português, apresenta valor numérico altamente significativo (12.592 em 17.839, ou seja, cerca de 71%).

Por outro lado, pode-se até alegar que 25% de uso de palavras originais inglesas é muito, nesse tipo de proporção. Entretanto, a manutenção da forma inglesa, em muitos dos casos, ao invés de constituir fator de consideração de alta receptividade de termos estrangeiros, pode ser vista como constituição de jargões de especialidade, dentro daquela mesma necessidade de constituição de conjuntos de denominações de objetos, produtos e técnicas a que fiz referência ao comentar o Quadro 1. O uso da forma inglesa como tal passa atestado de que a palavra ainda é sentida como estrangeira, como empréstimo, como termo técnico, e por razões reais dificilmente substituível naquele campo de especialidade.

Verifica-se que facilmente se podem invocar razões pragmáticas, aparentemente estranhas ao funcionamento linguístico (razões concretas e reais de mercado, dir-se-ia), que impedem a desconsideração do termo inglês[4]. Por exemplo:

a) nem todo *mostruário* é exatamente um *display*, e nem toda *antessala* é um *lobby*.

b) *congelador*, na verdade, não é exatamente o mesmo que *freezer*, e *baby-sitter* não é o mesmo que *babá*[5];

c) *hobby* é termo mais específico, tanto semanticamente como pragmaticamente, do que *passatempo*, e o mesmo ocorre entre *timer* e *temporizador* e entre *ranking* e *classificação*.

A incorporação da forma estrangeira por adaptação gráfica, sem que esteja mantido o uso da forma gráfica original, está em 6% do total (**Quadro 4**).

QUADRO 4

Palavras originadas do inglês usadas apenas na forma portuguesa	Número de palavras
casimira	33
debênture	31
estória	169
flerte	61
foxtrote	5
fã	892
fã-clube	165
nocaute	157
pônei	11
rinque	14
rosbife	30
sanduíche	271
teste	3589
tílburi	12
time	9173
trólebus	39
voleibol	29
xerife	150

Esse baixo porcentual contrasta com os 23% de casos em que a grafia estrangeira se encontra competindo com a forma aportuguesada.

Quanto à submissão às regras fonológicas e gráficas do português, fato acentuado no início do comentário ao gráfico apresentado, verificaram-se os seguintes processos adaptativos:

a) omissão de fonema, como em *hambúrguer*, do original (ingl.) *hamburguer*: a consoante aspirada inicial *h* desapareceu ao adaptar-se ao sistema linguístico português;

b) substituição de fonema, operada por meios como:

b1) acomodação ao sistema fonológico português, como em (ingl) *rayban* / reɪ-bæn/ : o fonema /eɪ / passou a /aɪ/ e o fonema /æ/ passou a /ã/; e *hambúrguer*: o fonema /æ/ passou a /ã/.

b2) atribuição da pronúncia portuguesa à grafia original, mantendo-se, assim, em português, a mesma grafia da língua original, como na palavra *interface* (em inglês, /'ɪntəfeɪs/) que, em português, é pronunciada /inter'fasi/ (esquema favorecido pelo fato de, no português, existirem os dois elementos, *inter* e *face*).

c) introdução de fonema, especialmente no fim da palavra (por *paragoge* ou *epítese)*, como em (ingl.) *ketchup* › *ketchup(i)*[6], ou no início de palavra (por prótese, como em *spray* > *(i)sprei*[7]).

d) manutenção de fonema, com adaptação da grafia portuguesa, para representação do fonema original, como em *lead* > l<u>i</u>de; *football* > f<u>u</u>teb<u>o</u>l; e *baseball* > b<u>ei</u>seb<u>o</u>l[8].

e) deslocação do acento, como em (ingl.) *baseball* > beiseb<u>o</u>l, além da palavra *hamburguer*, já citada acima, que passou a hamb<u>úr</u>guer.

f) introdução de grafema – lid<u>e</u>[9] e fut<u>e</u>bol.

Uma interpretação dos fatos

Os resultados obtidos na investigação empreendida indicam, em primeiro lugar, que nenhuma palavra se mantém com feição fonológica estranha à língua portuguesa, e que nenhuma palavra aportuguesada se mantém com feição gráfica discrepante das regras ortográficas do português, o que testemunha o perfeito funcionamento das regras de incorporação de vocábulos.

Observe-se que, numa lição normativa sobre a necessidade de adaptação ao vernáculo do "neologismo", Souza Lima, reservando a denominação *estrangeirismo* às palavras que contrariem as regras de boa formação, preceitua:

> O neologismo, para ser legítimo, deve ter boa analogia, isto é, não contrariar as leis de formação das palavras vernáculas. Será, do contrário, um *vício de*

linguagem denominado *barbarismo*; ou *estrangeirismo*, se provier de outro idioma (SOUZA LIMA, 1945 [1937]: 389).

E merece ser lembrada, como exemplo, a seguinte lição de Gonçalves Viana, que, em suas *Apostilas aos dicionários portugueses*, teve grande preocupação com o aportuguesamento de palavras de origem estrangeira:

> QUARZO, QUARÇO, QUARTZO. É já tempo de aportuguesar de todo este vocábulo que, faz parte integrante da nomenclatura mineralójica, escrevendo-se *quarzo*, sem o *t*, ou *quarço*, se se preferir por estar mais próximo da pronúncia alemã de *quartz*, convém saber *cuartçe* Os espanhóis escrevem *cuarzo*, pronunciando o *z* quási como o nosso *ç*. A. J. Gonçálvez Guimarães empregou a forma estranjeirada *quartzo*, o que admira, pois com maior escrúpulo procurou nacionalizar a nomenclatura geolójica. No Suplemento ao *Novo Dicionário* já se aconselham as duas formas aportuguesadas a que me refiro aqui (GONÇALVES VIANA, 1906, tomo II: 309).

Por outro lado, registre-se que o fato de prevalecerem casos de manutenção da forma gráfica original sem o registro de palavra correspondente portuguesa – ressaltado que isso ocorre especialmente em palavras que denominam produtos ou técnicas de introdução recente na cultura – deixa evidente que nesses casos os usuários têm consciência de que se trata de simples empréstimos (literalmente, isto é, com expectativa de "devolução") de formas estrangeiras para cumprimento conjuntural da função de denominação de entidades, e de que se trata, portanto, de formas sentidas como marginais no léxico português.

Ora, como dizia nosso mestre Said Ali na sua *Gramática secundária*, "a adoção de estrangeirismos se fez em todas as épocas, sempre que no vocabulário da língua não se encontrava termo perfeitamente adequado ao conceito novo" (SAID ALI, 1966: 226). Do mestre é, ainda, esta lição perfeita:

> As ideias modernas reclamam novos vocábulos para sua expressão, e é de todo impossível escrever um capítulo sobre hodiernas instituições sociais ou políticas sem recheá-lo de neologismos criados ou vulgarizados nestes últimos cem anos. Os clássicos portugueses se hoje ressuscitassem, precisariam, para entender-nos, do auxílio de um elucidário de milhares de palavras.
> Toleram os puristas, quando muito, algumas novidades recentes, mas em geral entendem que se deve restabelecer o antigo bom uso. Muitas vezes, em troca de um estrangeirismo ou de um termo de legitimidade suspeita se oferecem à escolha seis ou oito expressões portuguesas correntes nos escritores clássicos. Mas o povo insiste em manter e preferir a locução moderna. É quando associa a esta locução uma ideia muito clara e muito precisa, que

> não percebe ou já não consegue perceber em nenhum dos vocábulos que lhe apresentamos em substituição. Debalde se condena *detalhe, detalhar*, usados há 150 anos em boca portuguesa e brasileira, e se propõe *particularidade, circunstância, pormenor, pormenorizar, minudência, miudeza, minúcia. Detalhe* é um francesismo expressivo, insinuante e afortunado. Logrou entrada fácil em todos os idiomas cultos: inglês, alemão, russo, sueco, dinamarquês, italiano, espanhol e português. E está a parecer que nunca mais o deportarão nem as forças unidas dos puristas de todas estas nações.
> (...)
> Com o tempo e a decisão da maioria vencem-se repugnâncias linguísticas as mais justas. Se *proposital* e *propositado* não morrerem ambos, não será de admirar que venha a prevalecer justamente o termo menos recomendável ou menos recomendado agora. Quem é que, depois de tantos anos de *anexação*, se lembra hoje de protestar contra este mal cunhado neologismo, quando por outra parte dizemos *conexão*, e podíamos reclamar se restituísse *anexão*, tirado diretamente do latim? (SAID ALI, 1957: 190-191).

Do mesmo teor é este outro trecho do pronunciamento do mesmo livro:

> O emprego de termos novos, completamente desconhecidos do passado, é de necessidade absoluta para dar nome às invenções e descobertas modernas, aos usos e costumes próprios do nosso tempo, bem como para expressar os conceitos novos que se criaram nos diversos campos dos conhecimentos humanos e nas instituições políticas, sociais e econômicas.
> Muitos dos neologismos importados são expressões internacionais empregadas com o mesmo sentido em outros idiomas e tendo apenas as modificações de pronúncia e terminação reclamadas pela índole da respectiva língua: *telégrafo, fotografia, radiogramma, telefone, sociologia, biologia, linguística, legitimismo, morfinismo, tungstênio, volfrânio, aeroplano, revólver, torpedeira, júri, clube, altruísmo*, etc. (SAID ALI, 1966: 226).

Do primeiro dos trechos citados destaco a frase: "É quando [o povo] associa a esta locução uma ideia muito clara e muito precisa, que não percebe ou que já não consegue perceber nenhum dos vocábulos que lhe apresentamos em substituição.". Aí está o fulcro da questão, que é eminentemente semântico: do estoque de palavras e expressões que tem à disposição na sua competência comunicativa para atuar linguisticamente, o falante escolhe espontaneamente aquela que, naquele ponto, melhor signifique o que ele quer significar, isto é, dentro do elenco dos (aparentemente) sinônimos que poderiam caber num determinado ponto do enunciado, ele fará a escolha que, segundo seu julgamento, lhe garanta que a interpretação de seu parceiro de interlocução seja a mais próxima possível da sua intenção comunicativa e expressiva (para lembrar o modo de interação verbal proposto na Gramática Funcional, como em DIK, 1989; 1997; explicitado em NEVES, 1997).

Uma avaliação dos fatos

Avaliados os resultados de análise obtidos, a observação mais relevante para o enquadramento da questão na discussão de política linguística efervescente no momento é que aos nossos linguistas que mais se envolveram nos debates bastou o raciocínio que o conhecimento da ciência linguística lhes concede fazer para aduzir todos os argumentos fortes que estão revelados nos dados observados no uso de anglicismos entre nós.

Coletei algumas das lições de alguns linguistas que se envolveram – ou a mídia envolveu – nas discussões[10] e verifiquei que:

1) o essencial do que eles dizem, do ponto de vista linguístico, é o que a história da língua realmente mostra, sem pruridos criados ao arrepio da própria vida da língua;

2) o essencial do que eles dizem, do ponto de vista político, mais faz cobrar das forças politicamente constituídas a implementação de uma legítima ação política de defesa da língua, do que negar a essas forças que tal ação lhes compete.

Algumas das conclusões que aqui posso trazer do trabalho de cunho linguístico que empreendi nas duas etapas estão exatamente abrigadas nos fatos invocados pelos linguistas que se expuseram nas controvérsias a que se deu tanto destaque na mídia nos últimos tempos. Há a lamentar o fato de que, infelizmente, se deu voz e vez aos estudiosos da linguagem quase exclusivamente por força do fato oficial e público da existência de um projeto de lei sobre a matéria (Projeto de Lei n. 1.676, de 1999, de autoria do deputado Aldo Rabelo), do qual se trata de modo bastante geral no capítulo anterior deste livro, "Diretrizes oficiais e ação efetiva". Contra essa tentativa de regramento oficial, as intervenções dos linguistas, infelizmente, mais soaram junto ao público como reações de classe do que como explanações de fatos cientificamente avaliados e assentados, o que, realmente, foram.

Nem mesmo por determinação de patrulheiros se governam manutenções ou descartes de empréstimos. Nunca é demais lembrar que indicações respaldadas na autoridade do próprio Mário Barreto (*Através do dicionário e da gramática; Fatos da língua portuguesa; Últimos estudos; Novos estudos de língua portuguesa*) se frustraram no andamento da história de galicismos, anglicismos, castelhanismos e italianismos que então se condenavam. Algumas dessas palavras como *nourisson* ("criança de peito"), *sobriquet* ("alcunha") ou *pronunciamento* (por *amotinamento*) desapareceram completamente da língua, outras como *restaurante* e *eclosão* estão absolutamente incorporadas, e essa acomodação (seja o descarte seja a incorporação) se fez naturalmente, pelo povo, pelos usuários, sem interveniência e sem influência de legisladores ou de controladores. Como diz Faraco (2001a):

> Uma simples passada de olhos (...) pela história do português (como de qualquer outra língua) revela, com absoluta transparência, que os estrangeirismos nunca constituíram problema: os falantes, sem a tutela de ninguém e sem leis esdrúxulas, sempre souberam gerir a dinâmica do empréstimo lexical.

A título de curiosidade, pode-se, ainda, invocar o *Glossário de Fr. Francisco de S. Luís*, obra elogiada no *Dificuldades da língua portuguesa* (SAID ALI, 1957 [1908]: 189-190) "pela abundância de conceitos judiciosos", na qual se criticavam, entre outros, usos absolutamente correntes hoje, como: o de *jornal*[11] por *diário*; o de *progredir*[12] por *ir por diante, fazer progressos*; o de *população*[13] por *povoação*; o de *rotina*[14] por *trilha, usança*[15].

Com certeza o aspecto semântico da questão é determinante para a compreensão da sistemática de incorporação natural de termos estrangeiros na língua. Nesse sentido, esta observação de Aubert (2001: 170) merece ser lembrada:

> Em outros termos, ainda que nos primeiros momentos o elemento estrangeiro adentre a língua receptora como um corpo aparentemente estranho, na ausência de outros fatores de dominação (fatores demográficos, militares, subjugação educacional e similares), só deita raízes e se difunde quando passa a integrar o sistema receptor, quando passa, portanto, a fazer parte integrante da estrutura da língua, quando, portanto, adquire significados e sentidos não mais do idioma original e sim do idioma de recepção. Neste processo, embora mantenha aparência de palavra estrangeira, desvincula-se da estrutura semântica de origem, podendo tornar-se, inclusive, irreconhecível para a comunidade da língua de partida.

De fato, mesmo que entre na língua com a função de denominar determinada atividade para a qual se poderia cunhar um termo vernáculo, e, portanto, mesmo que entre como termo estranho, como é o caso de *office-boy*, qualquer termo estrangeiro vai, na nova língua, ocupar um determinado lugar num determinado recorte de campo de noções que já se encontra organizado (embora sempre em equilíbrio instável), isto é, ele entra num determinado espaço dentro de uma estrutura semântica equilibrada da língua de chegada, estrutura com certeza diferente daquela da língua de saída: como diz Aubert (2001), as tarefas do *office-boy* brasileiro e do seu equivalente estadunidense ou britânico não são as mesmas.

É assim também que, como aponta Said Ali no trecho citado (SAID ALI, 1957: 190-191) e como lembram todos os estudiosos que buscam apontar a naturalidade da incorporação de estrangeirismos nas línguas de cultura, a proposta de substituição de determinados termos estrangeiros, já incorporados, por termos vernáculos, feita por alguns patrulheiros, é absolutamente insatisfatória, já que, em cada par, os dois termos não ocupam exatamente a mesma zona na organização linguística de noções da língua de chegada. Alguns exemplos já foram dados, mas ainda é o caso, por exemplo, das seguintes sugestões de substituição que Schmitz registra: *panqueca* por *waffle*, *camisolinha* por *baby-doll*, *japona* por *blazer*, *prancha* por *surf* (SCHMITZ, 1988).

Outra evidência do baralhamento a que têm estado sujeitas certas manifestações de repúdio a termos de origem estrangeira é a desconsideração de que certas incorporações, como as que simplesmente atribuem novo significado a termo já existente na língua (o chamado "neologismo semântico", ou "empréstimo semântico"), representam o que de mais natural o funcionamento linguístico tem: a radiação metafórica do significado. É o caso evidente de termos do português que, no domínio da informática, assumem um significado de inspiração inglesa, como *clicar*, *configurar*, *justificar*, *navegar*, *rodar*, *servidor*.

O que se mostra, afinal

Da coleta que empreendi, lembro apenas quatro dos argumentos invocados por aqueles que julgam necessário patrulhamento de alguma ordem no sentido de combater e banir os anglicismos da língua portuguesa. Nenhum desses argumentos mostrou ter sustentação nos dados da análise, como já haviam demonstrado, só com o raciocínio guiado por uma reflexão segura sobre o funcionamento da linguagem, alguns dos linguistas que entraram no embate.

1) A invasão dos estrangeirismos descaracteriza a língua.

É absolutamente funcional o processo adaptativo dos empréstimos. Eles se submetem imediatamente às regras fonológicas do português: é evidente que fonemas se omitem, se substituem (por acomodação ao sistema fonológico português ou por atribuição da pronúncia portuguesa à grafia original), ou se introduzem, mas nenhum falante precisa dominar a fonologia do inglês para se fazer entendido no uso dos execrados anglicismos que estão por aí. Nem muito menos ocorre que um falante abandone a sintaxe e os processos morfológicos de sua língua para incorporar os empréstimos de outra.

2) A invasão dos anglicismos dificulta a comunicação do homem do povo.

Os problemas apontados nos debates só envolvem o léxico, e, muito frequentemente, trata-se de nomes de circulação tão marcadamente setorial que apenas determinadas classes de indivíduos estão expostos ao convívio com tais formas. Ora, essa exposição é vivência, e na vivência o falante aprende e incorpora naturalmente os termos, usando-os sem dificuldade enquanto eles tiverem realmente presença nos ambientes cuja frequência gerou o aprendizado e a incorporação. Encontro em Possenti (2001) a seguinte ilustração desse argumento que invoco: "(...) certamente, é verdade que, hoje, um camponês não compreenderá a palavra 'printar', p. ex., mas é porque não usa computador, e não porque o termo é inglês ou porque ele é camponês". Observo que aí se cita especialmente o verbo *printar* porque ele consta, na Justificativa do Projeto do deputado Aldo Rebelo, entre as palavras que fazem

> supor que estamos na iminência de comprometer, quem sabe até truncar, a comunicação oral e escrita com o nosso homem simples do campo, não afeito às palavras e expressões importadas, em geral do inglês norte-americano, que dominam o nosso cotidiano (p. 166).

Assim, os problemas em geral se concentram em áreas que podemos chamar de **marginais**, porque representam bolhas de desenvolvimento tecnológico ou de tendências de consumo acopladas a esse desenvolvimento, por isso mesmo em geral efêmeras e de uma instabilidade que não constitui nenhuma ameaça ao equilíbrio que reconhecidamente caracteriza as línguas naturais. Afinal, ignorância do significado de um ou outro termo é o que sempre terá qualquer dos falantes de uma língua, já que o conjunto do léxico da própria língua não é compreensível para todos e para cada um dos falantes, mesmo os que dominam um extenso vocabulário. Entrando em uma análise crítica da questão, Possenti (2001) diz que mais grave do que o fato de que um camponês não entende os termos que vêm do inglês é o fato de que nosso homem do campo (e também da cidade e mesmo o bem escolarizado) não compreende o texto de uma bula de remédio, de uma procuração, de um contrato de aluguel, quem sabe de um projeto de lei... (p. 166).

Na verdade, os estrangeirismos, se bem vistos, facilmente se diluem no contingente do léxico desconhecido que nenhum falante pode dizer que não tem.

3) A invasão dos estrangeirismos aprofundaria o fosso social num país tão "socialmente desequilibrado" como o Brasil.

Na verdade, o fato de alguns termos ingleses (sem tradução e sem adaptação) reconhecidamente fazerem parte de conjuntos de termos profissionais ou técnicos restritos não é o que vai estigmatizar indivíduos: ou os indivíduos vão estar fora desses contextos porque social, cultural e politicamente a eles não se integram, ou terão acesso ao uso das palavras inglesas pertencentes a esse universo e delas se utilizarão até o momento em que os produtos e técnicas se substituam por outros e as palavras desapareçam junto com o produto nomeado.

4) A invasão de estrangeirismos ameaça a soberania nacional.

Como diz Schmitz, para alguns "os estrangeirismos, especialmente os anglicismos, refletem (...) uma subserviência política e econômica ao capitalismo e ao imperialismo do mundo globalizado" (SCHMITZ, 2002: 68).

Entretanto, por maior que seja o contingente de palavras de um determinado idioma estrangeiro no momento em uso, nenhum grupo delas vai desequilibrar campos básicos constituídos, aqueles que regulam as atividades vitais do homem, independentemente de especializações de atividades e de idiossincrasias de modos particulares de criação de bens.

Pelo contrário, uma estagnação total de incorporação de estrangeirismos em algum momento da história da língua é que deveria assustar política e culturalmente. Que tipo de nação seria aquela cujo léxico conseguisse permanecer engessado, alheio e imune ao influxo de avanços tecnológicos de outras nações? À parte a possibilidade de uma invasão maciça por ocupação territorial e dominação política, a hipotética ausência de incorporações poderia, sim, representar absoluto descarte da nação como entidade cultural e política. Soberania nacional nunca se obteve por decreto, muito menos um decreto emanado do próprio governo que perde a soberania.

Notas

1. Na continuação das investigações, desenvolveu-se, na mesma linha e também para os anglicismos, a dissertação de Mestrado da orientanda Mayra Fernanda Borceda, defendida em 2006, com o título de *A incorporação de empréstimos ingleses no português do Brasil: processos de adaptação* (UNESP – Araraquara).
2. É pelo uso do hífen (que é como vem sendo escrita a palavra) que incluo como "aportuguesada" essa forma, embora no segundo elemento dela ainda se mantenha representação gráfica inglesa.
3. Observe-se, no Quadro 2, que o registro gráfico dessa palavra que vem sendo feito no Brasil é *catchup* (com **a** na primeira sílaba), registro que não reflete a pronúncia usual da vogal, mas que contorna a estranheza de um registro com *qu* inicial.
4. Ao aspecto semântico-pragmático da questão voltarei mais adiante.
5. Observe-se que José Pedro Machado (MACHADO, s/d), comentando o caso desse termo inglês, lembra que *ama-seca* (em português de Portugal) não é seu equivalente.
6. Na sua observação sobre a pronúncia portuguesa "róti dógui", Fiorin (2001: 115) explica essas vogais finais pelo fato de que "em nosso sistema fonológico não há travamento silábico em T e G". Observo que também não há em P, como se verifica na pronúncia *ketchup(i)*. Na própria grafia essa adaptação é evidente, como se aponta em *f)*, a seguir.
7. Na grafia, essa adaptação para o português se traduz pela letra **e** inicial, como em *escore, eslaide, esnobe, estande, estêncil; estresse*. Trata-se de um processo que reflete a índole da língua, repetindo a passagem de palavras latinas (iniciadas pelo chamado "s impuro") para o português, como em *espécie, espectro, esplêndido, espontâneo, estrela*.
8. Nessa adaptação eliminam-se as letras *k, w, y*, que não estão abrigadas no alfabeto gráfico do português. São casos do tipo de *basquetebol, copidesque, jérsei, sanduíche, uísque, caubói*. Todas essa adaptações (e outras) estão apontadas em Neves (2003a).
9. Acréscimo no final, como esse, também representa a ausência de travamento silábico com determinadas consoantes, em português: para o final T, temos grafias como *faroeste, flerte, nocaute*; para o final G, grafias como *buldogue, gangue, ringue*; para o final P, grafias como *clipe, jipe*; e para outros finais consonantais do inglês, grafias como *copidesque, drinque, clube, recorde, filme, surfe, turfe*. Todas essas adaptações (e outras) estão apontadas em Neves (2003a).
10. Lembrem-se, entre outros, Carlos Aberto Faraco, John Robert Schmitz, José Luiz Fiorin, Sírio Possenti Ana Maria Zilles e Pedro Garcez.
11. Assim diz a lição: "JORNAL: por *diário* he palavra franceza, que nos não era necessaria; e sem embargo de ser hoje mui usada, até de pessoas doutas, não a julgamos adoptavel, maiormente attendendo à homonymia, que se deve evitar, quanto possivel for, por ser um sinal infallivel de pobreza da linguagem." (p. 189).
12. Assim diz a lição: "PROGREDIR: He vocabulo trazido de novo à nossa lingua, à imitação dos francezes, que também o tomarão do latim *progredi*. (...). Não o julgamos de absoluta necessidade." (p. 189).
13. Assim diz a lição: "POPULAÇÃO: (POPULATION) Os nossos bons escritores dizião com melhor analogia *povoação*; comtudo não reprovamos *população*, que tem a seu favor o uso frequente, e algumas boas auctoridades modernas." (p. 189-190).
14. Assim diz a lição: "RUTINA OU ROTINA: He gallicismo desnecessario, e porêm mui vulgarmente usado." (p. 190).
15. Assim fala Said Ali desses "vocábulos que escandalizavam os zeladores do falar castiço, no começo do século XIX": "Grande parte, como previa, adotou-se sem dificuldade; outros, que lhe pareciam inaceitáveis, acham-se hoje de tal modo incorporados ao português, que já ninguém se lembra de discutir sobre a sua legitimidade ou, sequer, de a pôr em dúvida" (SAID ALI, 1957: 189).

Bibliografia

ACHARD, Pierre. Un ideal monolingue. In: VERMES, Geneviève; BOUTET, Josiane (orgs.). *France, pays multilingue 2*. Paris: L'Harmattan, 1987, pp. 38-58.

ALÉONG, Stanley. Normas linguísticas, normas sociais: uma perspectiva antropológica. In: BAGNO, Marcos (org.). *Norma linguística*. São Paulo: Loyola, 2001 [1983], pp. 145-74.

ALVES, Ieda. *Um estudo sobre a neologia lexical*: os microssistemas prefixais do português contemporâneo. São Paulo, 2000. Tese (Livre-docência). Universidade de São Paulo.

ANDRADE, Sandra Regina. *O tratamento da gramática nos livros didáticos de português*. Araraquara, 2002. 227 p. Dissertação (Mestrado em Linguística) – Faculdade de Ciências e Letras, Campus de Araraquara, Universidade Estadual Paulista "Júlio de Mesquita Filho".

ARISTOTE. *De l'interprétation.* Paris: Vrin. Trad. Jules Tricot, 1936.

_____. *Les seconds analytiques*. Nouvelle traduction et notes par Jules Tricot. Paris: J. Vrin, 1947.

_____. *Rhéthorique*. Tome I: Texte établi et traduit par Médéric Dufour. Société D'Édition. Paris: Les Belles Lettres, 1967.

_____. *Politique*. Texte établi et traduit par J. Aubonnet. 2. ed. Paris: Les Belles Lettres, 1968.

_____. *Poétique*. Texte établi et traduit par J. Hardy. Paris: Les Belles Lettres, 1969.

_____. *Topiques*. Texte établi et traduit par J. Brunschvig. Paris: Les Belles Lettres, 1973.

_____. *Métaphysique*. Nouvelle traduction et notes par Jules Tricot. Paris: J. Vrin, 1993.

_____. *Les réfutations sophistiques*. Paris: Vrin. Trad. par Louis-André Dorion, 1995.

ARISTÓTELES; HORÁCIO; LONGINO. *A poética clássica*. Trad. Jaime Bruna. São Paulo: Cultrix, 1990.

ASHBY, William; BENTIVOGLIO, Paola. Preferred Argument Structure in Spoken French and Spanish. *Language Variation and Change* 5, 1993, pp. 61-76.

AUBERT, Francis Henrik. Preconceitos linguísticos subjacentes ao Projeto de Lei n° 1676/99. In: URBANO, Hudinilson et al. (orgs.). *Dino Preti e seus temas*: oralidade, literatura, mídia e ensino. São Paulo: Cortez, 2001, pp. 160-72.

AUROUX, Sylvain. *A revolução tecnológica da gramaticalização*. Campinas: Ed. Unicamp, 1992.

_____. *A filosofia da linguagem*. Campinas: Ed. Unicamp, 1998.

_____. *La raison, le langage et les normes*. Paris: PUF, 1998.

BAGNO, Marcos (org.). *Norma linguística*. São Paulo: Loyola, 2001.

_____ (org.). *Linguística da norma*. São Paulo: Loyola, 2002.

BAILLY, Anatole. *Dictionnaire grec-français*. Paris: Librairie Hachette, 1950.

BAKHTIN, Mikhail. *Estética da criação verbal*. Trad. Maria Ermantina Galvão Gomes Pereira. São Paulo: Martins Fontes, 1992 [1953].

_____. Gêneros do discurso. In: *Estética da criação verbal*. Trad. Maria Ermantina Galvão Pereira. São Paulo: Martins Fontes, 1992 [1979].

BARATIN, Marc. L'identité de la pensée et de la parole dans l'ancien stoïcisme. *Langages*, n. 65, 1982, pp. 9-21.

BARRETO, Mário. *Novos estudos da Língua Portuguesa*. 2. ed. Rio de Janeiro: Livraria Francisco Alves, 1921.

_____. *Através do dicionário e da gramática*. 1. ed. Rio de Janeiro: Livraria Quaresma Editora, 1927.

_____. *Últimos estudos*. 3. ed. Rio de Janeiro: Epasa, 1944.

_____. *Fatos da Língua Portuguesa*. 2. ed. Rio de Janeiro: Orgs. Simões, 1954.

BARROS, Diana Luz Pessoa de. *Teoria semiótica do texto*. São Paulo: Ática, 1990.

BASTOS, Neusa Barbosa (org.). *Língua portuguesa*: reflexões lusófonas. São Paulo: Educ, 2006.

BEAUGRANDE, Robert-Alain de; DRESSLER, Wolfgang Ulrich. *Einfuhrung in die Textlinguistik*. Tubingen: Niemeyer, 1981.

BECHARA, Evanildo. *Moderna gramática portuguesa*. 37. ed. Rev. e ampl. Rio de Janeiro: Lucerna, 1999.

BENTIVOGLIO, Paola. Spanish Preferred Argument Structure across Time and Space. *D.E.L.T.A.*, v. 10, n. esp., 1994, pp. 277-93.

BENVENISTE, Émile. *Problemas de linguística geral*. São Paulo: Ed. Nacional/EDUSP, 1976.

BERRINI, Beatriz. O português do Brasil: heranças e invenções – 500 anos. In: BASTOS, Neusa Barbosa. *Língua portuguesa*. Uma visão em mosaico. São Paulo: Educ, 2002, pp. 33-42.

BIBER, Douglas. *Variation across Speech and Writing*. Cambridge: Cambridge University Press, 1988.

BIDERMAN, Maria Tereza Camargo. *Notas para um Projeto em Lexicografia*. São Paulo: Mimeo, 2005.

BLOOMFIELD, Leonard. *Language*. New York: Henry Holt, 1933.

BLÜDHORN, Hardarik. Zur Semantik kausaler Satzverbindungen: Integration, Fokussierung, Definitheit und modale Umgebung. In: *Studi Linguistici e Filologici Online*. Rivista Telematica del Dipartimento di Linguistica dell'Università di Pisa (SLiFO) 3.2, 2006, pp. 311-38.

BORBA, Francisco da Silva. *Organização de dicionários*. Uma introdução à lexicografia. São Paulo: Ed. Unesp, 2003.

BOSI, Alfredo. *História concisa da Literatura Brasileira*. 40. ed. São Paulo: Cultrix, 1994 [1970].

BOULANGER, Jean Claude. *Aspects de l'interdiction dans la lexicographie française contemporaine*. Tubingen: Max Niemeyer Verlag, 1986.

BRANDÃO, Claudio. *Sintaxe clássica portuguesa*. Belo Horizonte: Imprensa da Universidade de Minas Gerais, 1963.

BRIDI, Marlise Vaz. Literatura e identidade. *Cadernos de Pós-Graduação em Letras UPM*, v. 2, n. 1, 2002, pp. 9-13.

BUTLER, Christopher. *Structure and Function*: a Guide to the Three Major Structural-Functional Theories. Amsterdam/Philadelphia, John Benjamins, 2003.

CAMPOS, Carmen Lúcia; SILVA, Nilson Joaquim. *Lições de GRAMÁTICA para quem gosta de LITERATURA*. São Paulo: Panda Books, 2007.

CAMPOS, Haroldo de. *O sequestro do barroco na formação da literatura brasileira*: o caso Gregório de Mattos. Salvador: Fundação Casa de Jorge Amado, 1989.

CARNEIRO RIBEIRO, Ernesto. *Serões gramaticais ou Nova gramática portuguesa*. 6. ed. Bahia: Progresso, 1956 [1. ed. 1890].

CARVALHO, Antonio Carlos Silva de. *Analogia*: história, conceituação e aplicação. São Paulo, 2002. Tese (Doutorado em Letras Clássicas) – Departamento de Letras Clássicas e Vernáculas da Faculdade de Filosofia, Letras e Ciências Humanas, Universidade de São Paulo.

CAVALIERE, Ricardo. *Fonologia e morfologia na gramática científica brasileira*. Niterói: Ed. UFF, 2000.

CEGALLA, Domingos Paschoal. *Dicionário de dificuldades da língua portuguesa*. 2. ed. rev. e ampl. Rio de Janeiro: Nova Fronteira, 1999.

CHAFE, Wallace. *Significado e estrutura linguística*. Trad. Maria Helena de Moura Neves et al. São Paulo: Livros Técnicos e Científicos, 1979 [1970].

_____. *Discourse, Consciousness, and Time:* the Flow and Displacement of Conscious Experience in Speaking and Writing. Chicago: University of Chicago Press, 1994.

_____ (ed.). *The pear stories*. Norwood: Ablex, 1980.

CHARAUDEAU, Patrick. Les conditions d'une typologie des genres télévisuels d'information. *Réseaux*, v. 81, 1997, pp. 81-101.

_____. La problemática de los géneros. De la situación a la construcción textual. *Revista Signos*. v. 37, n. 56, 2004, pp. 23-39.

CHIERCHIA, Gennaro. *Semântica*. Trad. Luis Arthur Pagani; Lígia Negri; Rodolfo Ilari. Campinas: Ed. Unicamp, 2003.

CHRISTINO, Beatriz Protti. *Português de gente branca* – certas relações entre língua e raça na década de 1920. São Paulo, 2001. Dissertação (Mestrado em Semiótica e Linguística Geral) – Faculdade de Filosofia, Letras e Ciências Humanas, Universidade de São Paulo.

CIAPUSCIO, Guiomar. La noción de género en la Linguística Sistémico Funcional y en la Linguística Textual 1. *Revista Signos*, v. 38, n. 54, 2005, pp. 31-48.

CORBEIL, Jean Claude. Elementos de uma teoria da regulação linguística. In: BAGNO, Marcos (org.). *Norma linguística*. São Paulo: Loyola, 2001 [1983], pp. 175-201.

COSERIU, Eugênio. *Competencia linguística*. Elementos de la teoria del hablar. Trad. espanhola de Francisco Meno Blanco. Madrid: Gredos, 1992 [1988].

COUSIN, Jean (ed.) *Études sur Quintilien*. Amsterdam, 1967, tomo 1 (1. ed.: Paris, 1935).

COUTINHO, Afrânio. *Introdução à literatura no Brasil*. Rio de Janeiro: Bertrand do Brasil, s/d.

_____. *A polêmica Alencar-Nabuco*. Rio de Janeiro: Tempo Brasileiro, 1965.

COUTO, Mia. Três fantasmas mudos para um orador luso-afónico. In: VALENTE, André (org.). *Língua portuguesa e identidade*: marcas Culturais. Rio de Janeiro: Caetés, 2007, p. 18.

CROFT, William. *Tipology and Universals*. Cambridge: Cambridge University Press, 1990.

CRUZ, Claudio. A prosa de Lima Barreto: o que quer essa língua? In: SILVA, Fábio Lopes; MOURA, Heronides Maurílio de Melo (orgs.). *O direito à fala*. A questão do preconceito linguístico. Florianópolis: Insular, 2000.

CUNHA, Celso. *Língua portuguesa e realidade brasileira*. Rio de Janeiro: Tempo Brasileiro, 1970.

_____. *Gramática do português contemporâneo*. 8. ed. rev. Rio de Janeiro: Padrão, 1980. [1. ed. 1972; Belo Horizonte: Bernardo Álvares].

DIK, Simon Cornelis. *The Theory of Functional Grammar*. Dordrecht/Providence: Foris Publications, 1989 (1989a).

_____. *The Theory of Functional Grammar*. Ed. by Kees Hengeveld. Berlin/New York: Mouton de Gruyter, 1997.

DU BOIS, John W. Competing Motivations. In: HAIMAN, John. (ed.) *Iconicity in Syntax*. Amsterdam: John Benjamins, 1985, pp. 343-65.

_____. The Discourse Basis of Ergativity. *Language*, n. 63, 1987, pp. 805-55.

DUARTE, Maria Eugênia Lamoglia. Do pronome nulo ao pronome pleno: a trajetória do sujeito no português do Brasil. In: ROBERTS, Ian; KATO, Mary Aizawa (orgs.). *Português brasileiro*: uma viagem diacrônica. Campinas: Ed. Unicamp, 1996, pp. 107-28.

DUTRA, Rosália. The Hybrid S-Category in Brazilian Portuguese: Some Implications for Word Order. *Studies in Language* 11 (1), 1987, pp. 163-80.

EGGINS, Suzanne. *An Introduction to Systemic Functional Linguistic*. London: Printer, 1994.

EGGINS, Suzanne; MARTIN, James Robert. El contexto como género: una perspectiva linguística funcional. *Revista Signos*, v. 36, n. 54, 2003, pp. 185-205.

ENGLAND, Nora; MARTIN, Laura. *Issues in the Applications of Preferred Argument Structure Analysis to Non-Pear Stories*. MS: Cleveland State University, s/d.

FARACO, Carlos Alberto (org.). *Estrangeirismos*. Guerras em torno da língua. 2. ed. São Paulo: Parábola, 2001 (2001a).

_____. Nacionalismo requentado. *Folha de S. Paulo*, 1º jul. 2001 (2001c). Caderno Mais!.

_____. Norma-padrão brasileira. Desembaraçando alguns nós. In: BAGNO, Marcos (org.). *Linguística da norma*. São Paulo: Loyola, 2002, pp. 37-61.

FARIA, Isabel Hub. Política linguística da língua portuguesa: o que está a mudar e o que é preciso mudar. *Veredas*, v. 4, n. 1, 2000, pp. 9-19.

FAUCONNIER, Gilles. *Mental Spaces*: Aspects of Meaning Construction in Natural Language. Cambridge: Cambridge University Press, 1994.

FAVERO, Leonor Lopes et al. A correção do texto falado: tipos, funções e marcas. In: NEVES, Maria Helena de Moura (org.). *Gramática do português falado*: Novos estudos. Campinas: Ed. Unicamp/Humanitas/Fapesp, v. VII, 1999, pp. 53-76.

FERNANDES, Francisco. *Dicionário de verbos e regimes*. 14. ed. Rio de Janeiro/Porto Alegre/São Paulo: Globo, 1955 [1. ed. 1940].

FERREIRA, Aurélio Buarque de Hollanda. *Pequeno dicionário brasileiro da língua portuguesa*. Rio de Janeiro: Civilização Brasileira, 1938.

FIGUEIREDO, Cândido. *Lições práticas da língua portuguesa*. 3. ed. Lisboa: Ferreira, v. 1, 1900.

FIORIN, José Luiz. Considerações em torno do projeto de Lei nº 1676/99. In: FARACO, Carlos Alberto (org.). *Estrangeirismos*. Guerras em torno da língua. 2. ed. São Paulo: Parábola, 2001, pp. 107-25.

_____. *Elementos de análise do discurso*. 13. ed. rev. e ampl. São Paulo: Contexto, 2005.

_____. A lusofonia como espaço linguístico. In: BASTOS, Neusa Barbosa (org.). *Língua portuguesa*: reflexões lusófonas. São Paulo: Educ, 2006, pp. 25-47.

FIRTH, John Rupert. *Papers in Linguistics 1934-1951*. London: Oxford University Press, 1957.

GARCEZ, Pedro; ZILLES, Ana Maria. Estrangeirismos, desejos e ameaças. In: FARACO, Carlos Alberto (org.). *Estrangeirismos*. Guerras em torno da língua. 2. ed. São Paulo: Parábola, 2001, pp. 15-36.

GARCIA, Angel Lopez. *Gramática del español* I. La oración compuesta. Madrid: Arco Libros, 1994.

GERALDI, João Wanderley. Concepções de linguagem e ensino de português. In: *O texto na sala de aula*. São Paulo: Ática, 1997, pp. 39-56.

GIVÓN, Talmy. *Syntax I*. New York: Academic Press, 1984.

_____. *Syntax*: A Functional-Typological Introduction. Amsterdam: John Benjamins, 1990.

_____. Serial Verbs and the Mental Reality of "Event": Grammatical vs. Cognitive Packing. In: TRAUGOTT, Elizabeth Closs; HEINE, Bernd. (eds.) *Approaches to Grammaticalization*. Amsterdam/Filadélfia: John Benjamins, v. 1, 1991, pp. 81-127.

_____. *Functionalism and Grammar*. Amsterdam/Philadelphia: John Benjamins, 1995.

GÓIS, Carlos. *Sintaxe de regência*. 5. ed. Rio de Janeiro/São Paulo/Belo Horizonte: Gráfica Sauer, 1943.

GONÇALVES VIANA, Aniceto dos Reis. *Apostilas aos dicionários portugueses*. Tomos I e II. Lisboa: Livraria Clássica Editora/A. M. Teixeira, 1906.

GUIMARÃES, Elisa. O ensino de língua portuguesa na memória da escola brasileira: aspectos da história de uma disciplina. In: GÄRTNER, Ederhard; HUNDT, Christine, SCHÖNBERGER, Axel (orgs.). *Estudos sobre o ensino da língua portuguesa*. Frankfurt am Main: TFM, 1999.

HAIMAN, John. The Iconicity of Grammar: Isomorphism and Motivation. *Language*, v. 56, n. 3, 1980, pp. 515-40.

_____. Iconic and Economic Motivation. *Language*, v. 59, 1983, pp. 781-819.

_____. *Iconicity in Syntax*. Amsterdam/Philadelphia: John Benjamins, 1985.

HALL, Stuart. *A Identidade cultural na pós-modernidade*. Trad. Tomaz Tadeu da Silva; Guacira Lopes Louro. 10. ed. Rio de Janeiro: DP&A, 2005.

HALLIDAY, Michael Alexander Kirkwood. Categories in theTtheory of Grammar. *Word*, v. 17, n. 3, p. 241-292. Reprinted in part in Kress (ed.), 1961, pp. 52-72.

_____. Class in Relation to the Axes of Chain and Choice in Language. *Linguistics*, v. 2, 1963, pp. 5-15.

_____. *Explorations in the Functions of Language*. London: Edward Arnold, 1973.

_____. *Language as Social Semiotic*. The Social Interpretation of Language and Meaning. London: University Press, 1978.

_____. *An Introduction to Functional Grammar*. London: Edward, Arnold, 1985.

_____. *Text and Context*: Aspects of Language in a Social Semiotic Perspective. (Sophia Linguistica 6 [1980]). Tokyo: Sophia University, Linguistic Institute for International Communication, Sophia Linguística, 1989.

_____. *An Introduction to Functional Grammar*. 2. ed. London: Edward Arnold, 1994.

HALLIDAY, Michael Alexander Kirkwood; HASAN, Ruqaya. *Cohesion in English*, London: Longman, 1976.

_____. *Language, Context, and Text*: Aspects of Language in a Social-Semiotic Perspective. Oxford: Oxford University Press, 1989.

HALLIDAY, Michael Alexander Kirkwood; MCINTOSH, Angus; STREVENS, Peter. *The Linguistic Sciences and Language Teaching*. London: Longman, 1964.

HASAN, Ruqaya. Text in the Systemic-Functional Model. In: DRESSLER, Wolfgang. (ed.) *Current Trends in Textlinguistics*. Berlin: Walter de Gruyter, 1977, pp. 228-246.

_____. The Nursery Tale as a Genre. *Nottingham Linguistic Circular* (Special Issue on Systemic Linguistics). v. 13, 1984, pp. 71-102.

HAUGEN, Einar. Dialeto, língua, nação. In: BAGNO, Marcos (org.). *Norma linguística*. São Paulo: Loyola, 2001, pp. 97-114.

HENGEVELD, Kees; MACKENZIE, John Lachlan. *Functional Discourse Grammar*: A Typologically-Based Theory of Language Structure. Oxford: Oxford University Press, 2008.

HENRIQUEZ, Cláudio Cezar; PEREIRA, Maria Teresa Gonçalves (orgs.). *Língua e transdisciplinaridade*. Rumos, conexões, sentidos. São Paulo: Contexto, 2002.

HJELMSLEV, Louis. *Prolegómenos a una teoria del lenguaje*. Madrid: Gredos, 1984 [1961].

HOPPER, Paul Joseph; THOMPSON, Sandra. Transitivity in Grammar and Discourse. *Language*, n. 56(2), 1980, pp. 251-99.

HOPPER, Paul Joseph; TRAUGOTT, Elizabeth Closs. *Grammaticalization*. Cambridge: Cambridge University Press, 1993.

HOUAISS, Antônio. Prefácio. In: BARRETO, Afonso Henriques Lima. *Vida urbana*: artigos e crônicas. São Paulo: Brasiliense, 1956, pp. 9-35.

_____. Língua e realidade social. *Revista do Instituto de Estudos Brasileiros*. São Paulo, n. 22, 1980, pp. 53-60.

HYMES, Dell. Models of the Interaction of Language and Social Setting. *Journal of Social Issues*. v. 23, 1967, pp. 8-28.

_____. On Communicative Competence. In: PRIDE, John; HOLMES, Janet. (Eds.) *Sociolinguistics*. Harmondsworth: Penguin, 1972, pp. 269-93.

JUBRAN, Clélia Cândida Abreu Spinardi. Funções textuais-interativas dos parênteses. In: NEVES, Maria Helena de Moura (org.). *Gramática do português falado*: Novos estudos. Campinas: Ed. Unicamp/Humanitas/Fapesp, v. VII, 1999, pp. 131-58.

KATO, Mary Aizawa. Como, o que e por que escavar? In: ROBERTS, Ian; KATO, Mary Aizawa. *Português brasileiro*: uma viagem diacrônica. 2. ed. Campinas: Ed. Unicamp, 1996, pp. 13-27.

KOCH, Ingedore Grunfeld Villaça. Segmentação: uma estratégia de construção do texto falado. In: NEVES, Maria Helena de Moura (org.). *Gramática do português falado*: Novos estudos. Campinas: Ed. Unicamp/Humanitas/Fapesp, v. VII, 2002, pp. 29-52.

KRESS, Gunther (ed.) *Halliday*: System and Function in Language. London: Oxford University Press, 1976.

KUMPF, Lorraine. Preferred Argument in Second Language Discourse: A Preliminary Study. *Studies in Language*, v. 16, n. 2, 1992, pp. 369-403.

LABOV, William. *Sociolinguistics Patterns*. Philadelphia: Pennsylvania University Press, 1972.

LABOV, William; WALETZKY, Joshua. Narrative Analysis and Oral Versions of Personal Experience. In: HELM, June (Ed.) *Essays on the verbal and visuals arts*. Seattle: Washington University Press, 1967, pp. 12-45.

LEAL, Antônio Henriques. *Locubrações*. Lisboa: Livraria Popular de Magalhães, 1874.

LEÃO, Ângela Vaz. Formação da língua literária brasileira: século XIX. *Revista do Instituto de Estudos Brasileiros*. São Paulo, n. 22, 1980, pp. 77-96.

LEHMANN, Cristian. Towards a Tipology of Clause Linkage. In: HAIMAN, John; THOMPSON, Sandra (eds.) *Clause Combining in Grammar and Discourse*. Amsterdam: John Benjamins, 1988, pp. 181-225.

LEROY, Maurice. *As grandes correntes da linguística moderna*. Trad. Izidoro Blikstein e José Paulo Paes. São Paulo: Cultrix, 1971 [1967].

LERSCH, Laurenz. *Die Sprachphilosophie der Alten*. Bonn: H. P. König, 1938.

LESSA, Luiz Carlos. *O modernismo brasileiro e a língua portuguesa*. 2. ed. Rio de Janeiro: Grifo, 1976.

LIDDELL, Henry George; SCOTT, Robert. *A Greek-Englisk Lexicon*. Oxford: Clarendon Press, 1968.

LIMA, Regina Célia Paschoal. Concepções de escrita nos PCNs de Língua Portuguesa em um curso de formação de professores. *Trabalho de Linguística Aplicada*. Campinas. v. 41, jan./jun. 2003, pp. 51-64.

LONG, Anthony. *La filosofía helenística*. Madrid: Alianza Universidad, versión española de P. Jordán de Urries, 2001.

LUCCHESI, Dante. Norma linguística e realidade social. In: BAGNO, Marcos (org.). *Linguística da norma*. São Paulo, Loyola, 2002, pp. 63-92.

_____. *Sistema, mudança e linguagem*: um percurso na história da linguística moderna. São Paulo: Parábola, 2004.

LUFT, Celso Pedro. *Dicionário prático de regência verbal*. São Paulo: Ática, 1987.

MACHADO, José Pedro. *Estrangeirismos em língua portuguesa*. Lisboa: Editorial Notícias, s/d.

MALHADAS, Daisi; DEZOTTI, Maria Celeste Consolin; NEVES, Maria Helena de Moura. *Dicionário grego-português*. São Paulo: Ateneu, v. 1, 2006.

MALINOWSKI, Bronislaw. The Problem of Meaning in Primitive Languages, Supplement I. By Charles Kay Ogden & Ivor Armstrong Richards (eds.). *The Meaning of Meaning*. New York: Harcourt Brace, 1923.

MARCUSCHI, Luiz Antônio. *Análise da conversação*. São Paulo: Ática, 1986.

_____. Concepção de língua falada nos manuais de português de 1º e 2º graus: uma visão crítica. *Trabalho de Linguística Aplicada*. Campinas. v. 30, jul./dez. 1997, pp. 39-79.

_____. O tratamento da oralidade nos PCNs de Língua Portuguesa de 5ª a 8ª séries. *Scripta*. v. 2, n. 4, 1999, pp. 114-29.

_____. A repetição na língua falada como estratégia de formulação textual. In: KOCH, Ingedore Grunfeld Villaça (org.). *Gramática do português falado*: Desenvolvimentos. Campinas: Ed. Unicamp/Humanitas/Fapesp, v. VI, 2002, pp.105-41.

MARTIN, James Robert. *English Text*: System and Structure. Amsterdam: John Benjamins, 1992.

MATEUS, Maria Helena Mira. Se a língua é um fator de identificação cultural, como compreender que uma língua viva em diferentes culturas? In: HENRIQUEZ, Cláudio Cezar; PEREIRA, Maria Teresa Gonçalves (orgs.). *Língua e transdisciplinaridade*. Rumos, conexões, sentidos. São Paulo: Contexto, 2002, pp. 263-82.

MATHIESSEN, Christian. Introduction to Funcional Grammar. By HALLIDAY, Michael Alexander Kirkwood. Review Article. *Language*. v. 65, n. 4, 1989, pp. 862-871.

MATHIESSEN, Christian; THOMPSON, Sandra. The Structure of Discourse and 'Subordination'. In: HAIMAN, John.; THOMPSON, Sandra. (eds.) *Clause Combining in Grammar and Discourse*. Amsterdam: John Benjamins, 1988, pp. 275-329.

MATTOSO CAMARA JR., Joaquim. *Problemas de linguística descritiva*. 2. ed. Petrópolis: Vozes, 1969.

MCINTOSH, Angus; STREVENS, Peter. *The Linguistic Sciences and Language Teaching*. London: Longman, 1964.

MEILLET, Antoine. L'évolution des formes grammaticales. *Linguistique Historique et Linguistique Générale*. Paris: Libraire Honoré Champion, 1965 [1912], pp.130-48.

MELO, Gladstone Chaves de. *Iniciação à filologia portuguesa*. 2. ed. Rio de Janeiro: Acadêmica, 1957.

MELO E SOUSA, Antonio Cândido de. *Formação da literatura brasileira*. Momentos decisivos. 2. ed. Belo Horizonte/São Paulo: Itatiaia, v. 2, 1975.

MEYER, Michel. *Questões de retórica*: linguagem, razão e sedução. Lisboa: Edições 70, 1998.

MÓDOLO, Marcelo. As construções correlatas. In: ILARI, Rodolfo; NEVES, Maria Helena de Moura (orgs.). *Gramática do português falado*. Classes de palavras e processos de construção. Campinas: Ed. Unicamp, v. II, 2009 [2008], pp. 1089-102.

_____. Categorias de 'foco', 'inclusão', 'quantidade', 'intensidade' e a gramaticalização dos pares conjuncionais correlativos. In: CASTILHO, Ataliba Teixeira de. *Notícias sobre o Projeto Caipira*. Disponível em: www.fflch.usp.br/dlcv/lport/pdf/linha_projeto_caipira.pdf. Acesso em: 6 se. de 2009.

MONTANARI, Franco. *Vocabolario della lingua greca*. Trento: Loescher, 1999.

MORAES, Lígia Corrêa. O ensino da gramática: problemas e propostas. *Linha d'Água*, n. esp., 1995, pp. 119-23.

MORAIS, Clóvis Barleta de. A correlação em português. In: *Estudos de filologia e linguística*. Em homenagem a Isaac Nicolau Salum. São Paulo: T. A. Queiroz/Ed. Universidade de São Paulo, 1981, pp. 207-17.

NADÓLSKIS, Hêndricas. Lima Barreto. In: PINTO, Edith Pimentel (org.). *O escritor enfrenta a língua*. São Paulo: FFLCH-USP, 1994, pp. 41-9.

NASCENTES, Antenor. *O problema da regência:* regência integral e viva. 2. ed. Rio de Janeiro: Freitas Bastos, 1960.

_____. *Estudos filológicos*. Volume dedicado à memória de Antenor Nascentes organizado por Raimundo Barbadinho Neto. Rio de Janeiro: Academia Brasileira de Letras, 2003.

NEVES, Maria Helena de Moura. *Gramática na escola*. São Paulo: Contexto, 1990.

_____. *A estrutura argumental preferida em inquéritos do NURC*. Ms. 1994.

_____. *A gramática funcional*. São Paulo: Martins Fontes, 1997.

_____. *Gramática de usos do português*. São Paulo: Ed. da Unesp, 2000.

_____. *A gramática*: história, teoria e análise, ensino. São Paulo: Ed. Unesp, 2002.

_____. *Guia de uso do português*: confrontando regras e usos. São Paulo: Ed.Unesp, 2003a.

_____. *Que gramática estudar na escola?* Norma e uso na língua portuguesa. São Paulo: Contexto, 2003b.

_____. A regência verbal e seu campo de estudo. In: NEGRI, Lígia, FOLTRAN, Maria José; OLIVEIRA, Roberta Pires de (orgs.). *Sentido e significação*: em torno da obra de Rodolfo Ilari. São Paulo: Contexto, 2004a, pp. 48-76.

_____. Funcionalismo e linguística do texto. *Revista do Gel*. Araraquara, v. 01, 2004b, pp. 71-89.

_____. A crase fora da lei. Revista *Língua Portuguesa*, n. 2. São Paulo: Segmento, 01 out. 2005a, pp. 30-5.

_____. *A vertente grega da gramática tradicional*: uma visão do pensamento grego sobre a linguagem. 2. ed. rev. São Paulo: Ed. Unesp, 2005b.

_____. O Brasil no contexto da construção de uma identidade linguística no mundo lusófono. In: RIO-TORTO, Graça Maria; FIGUEIREDO; Olívia Maria; SILVA, Fátima (orgs.). *Estudos em homenagem ao Professor Doutor Mário Vilela*. Porto: Faculdade de Letras da Universidade do Porto, v. II, 2005c, pp. 643-56.

_____. Os segredos do adjetivo. Revista *Língua Portuguesa*, n. 3. São Paulo: Segmento, 01 dez. 2005d, pp. 46-7.

_____. A posse dos possessivos. Revista *Língua Portuguesa*, n. 9. São Paulo: Segmento, 01 jul. 2006a, pp. 50-2.

_____. A realidade da incorporação de anglicismos no português do Brasil vista no contexto das atuais contendas sobre o tema. In: revista *Ilha do desterro*: A Journal of English and Cultural Studies. Florianópolis: Ed. UFSC, n. 47, 2006b, pp. 19-48.

_____. Gêneros: ontem, hoje e sempre. In: GOMES, Leny da Silva; GOMES, Neiva Maria Tebaldi (orgs.). *Aprendizagem de língua e literatura*: gêneros e vivências de linguagem. Porto Alegre: Ed. UniRitter, 2006c, pp.53-82.

_____. Na base da piada – como uma simples anedota pode ajudar a reflexão da linguagem. Revista *Língua Portuguesa*, n. 12. São Paulo: Segmento, 27 out. 2006d, pp. 45-8.

_____. Pavor injustificado. Revista *Língua Portuguesa*, n. 8. São Paulo: Segmento, 01 jun. 2006e, pp. 50-1.

_____. O ensino de português em São Paulo. In: OLIVEIRA, Marilza de (org.). *Língua Portuguesa em São Paulo*: 450 anos. São Paulo: Associação Editorial Humanitas, 2006f, pp.167-81.

_____. *Texto e gramática*. São Paulo: Contexto, 2006g.

_____. Um personagem revelado. Revista *Língua Portuguesa*, n. 5. São Paulo: Segmento, 01 mar. 2006h, pp. 48-9.

_____. A gramática e suas interfaces. Revista *ALFA*, 1(51), Número especial comemorativo dos 45 anos, 2007a, pp. 81-98.

_____. Reflexions sur l'experience grecque du langage. In: GUIMARÃES, Elisa; BARROS, Diana Luz Pessoa de (eds). *History of Linguistics 2002*, v. 110. Amsterdam/Philadelphia: John Benjamins, 2007b, pp.171-182.

_____. Não irrite seus clientes. Revista *Venda Mais*. São Paulo: Quantum, 18 jun. 2007 (2007c). Disponível em: http://www.vendamais.com.br/php/materia.php?id=42233. Acesso em: 29 jan. de 2010.

_____. A difusa zona adverbial. In: Revista *ALFAL* – Linguística. v. 20, 2008a, pp. 25-47.

_____. A língua portuguesa em questão: uso, padrão e identidade linguística. In: BASTOS, Neusa Barbosa (org.). *Língua portuguesa*: lusofonia – memória e diversidade cultural. São Paulo: Educ, 2008b, pp. 173-96.

_____. Analogia e anomalia na história das ideias linguísticas. In: CAVALIERE, Ricardo. (org.). *Entrelaços entre textos*: miscelânea em homenagem a Evanildo Bechara. Rio de Janeiro: Nova Fronteira, 2008c, pp. 152-170.

_____. Ninguém estremeça. In: BARROS, Diana Luz Pessoa de; FIORIN, José Luiz (orgs.). *A fabricação dos sentidos*. Estudos em homenagem a Izidoro Blikstein. São Paulo: Paulistana/Humanitas, 2008d, pp. 267-86.

_____. A obra de Fernão de Oliveira: Uma *téchne* do uso linguístico no século XVI. In: ABAURRE, Maria Bernadete Marques; PFEIFFER, Claudia; AVELAR, Juanito (orgs.). *Fernão de Oliveira*: um gramático na história. Campinas: Pontes, 2009a, pp. 35-42.

_____. Fala e escrita: a mesma gramática? In: PRETI, Dino (org.). *Oralidade em textos escritos*. Projeto paralelo 10 – NURC/SP. São Paulo: Humanitas, 2009b, pp. 19-40.

_____. Como reconhecer na escola a nossa língua como 'instrumento vivo' (Mário de Andrade) que constitui 'a nacionalidade do pensamento' (José de Alencar). In: BASTOS, Neusa Maria Barbosa. *Língua Portuguesa*: Cultura e Identidade Nacional. São Paulo: Educ, 2010 (no prelo).

_____. *Lições de gramática de usos do português*. São Paulo: Contexto, 2010 (no prelo).

_____ (org.). *Gramática do português falado*: Novos estudos. Campinas: Ed. Unicamp/Humanitas/Fapesp, v. VII, 1999.

NEVES, Maria Helena de Moura; ANDRADE, Sandra Regina. A norma linguística em livros didáticos do português. *Estudos Linguísticos*, Publicação em CD-ROM, v. XXX, 2001, pp.1-7.

NEVES, Maria Helena de Moura; BORBA, Francisco da Silva. A gramatiquinha de Mário de Andrade. Texto e Contexto. São Paulo: Livraria Duas Cidades. Resenha. *Cadernos de Estudos Linguísticos*, v. 21, 1992.

NEVES, Maria Helena de Moura; BRAGA, Maria Luiza. Hipotaxe e gramaticalização: uma análise das construções de tempo e de condição. *D.E.L.T.A.*, v. 14, n. esp., 1998, pp.191-208.

NEVES, Maria Helena de Moura; HATTNHER, Marize Mattos Dall'Aglio. Construções comparativas. In: ABAURRE, Maria Bernadete Marques; RODRIGUES, Ângela Cecília Souza (orgs.). *Gramática do português falado*. Campinas: Ed. Unicamp, v. VIII, 2002, pp. 123-83.

NICHOLS, Johanna; TIMBERLAKE, Alan. Grammaticalization as retextualization. In: TRAUGOTT, Elizabeth Closs; HEINE, Bernd (eds.). *Approaches to Grammaticalization*. Amsterdam/Philadelphia: John Benjamins, 1991, pp. 129-46.

NOGUEIRA, Júlio. *Programa de português*. Gramática. 2. ed. São Paulo: Nacional, 1944.

PAGOTTO, Emílio Gozze. Norma e condescendência: ciência e pureza. *Línguas e instrumentos linguísticos*, n. 2, 1998, pp. 49-68.

PAUL, Hermann. *Princípios fundamentais da história da língua*. Trad. Maria Luísa Schemann. Lisboa: Calouste Gulbenkian, 1966 [1880].

PEIRCE, Charles. *Obra lógico-semântica*. Trad. espanhola. Madrid: Taurus, 1987.

PEREIRA, Marcos Aurélio. *Quintiliano gramático:* O papel do mestre de Gramática no Instituto Oratória. São Paulo: Humanitas/ FFLCH/ USP, 2000.

PEZATTI, Erotilde Goretti. Estrutura argumental preferida em português. *Estudos Linguísticos* 25, 1996, pp. 695-701.

PICCHIA, Paulo Menotti del. *Poesias* (1907-1946). São Paulo: Martins, 1958.

PINTO, Edith Pimentel. *O português do Brasil*: textos críticos e teóricos, 1-1820/1920, fontes para a teoria e a história. Rio de Janeiro: Livros Técnicos e Científicos; São Paulo: Edusp, 1978.

_____. Panorama: a definição da língua no Brasil. *Revista do Instituto de Estudos Brasileiros*, São Paulo, n. 22, 1980, pp. 27-34.

_____. *O português do Brasil*: textos críticos e teóricos, 2: 1929/1945: fontes para a teoria e história. Rio de Janeiro: Livros Técnicos e Científicos; São Paulo: Edusp, 1981.

_____. *A gramatiquinha de Mário de Andrade*. Texto e contexto. São Paulo: Duas Cidades, 1990.

_____ (org.). *O escritor enfrenta a língua*. São Paulo: FFLCH/USP, 1994.

PLATON. *Le Cratile*. 4. ed. Paris: Les Belles Lettres, texte établi et traduit par Louis Meridier, 1969.

_____. *Le Sophiste*. 5. ed. Paris: Les Belles Lettres, texte établi et traduit par Auguste Diès, 1969.

_____. *Gorgias*. Texte établi et traduit par Alfred Croiset. Paris: Les Belles-Lettres, 1997.

POSSENTI, Sírio. A questão do estrangeirismo. In: FARACO, Carlos Alberto (org.). *Estrangeirismos*. Guerras em torno da língua. 2. ed. São Paulo: Parábola, 2001, pp. 163-76.

_____. *Os humores da língua*. Agenda 2003. Campinas: Mercado de Letras, 2002.

POYNTON, Cate. *Language and Gender*: Making the Difference. Geelong, Vic: Deakin University Press, 1985.

PROENÇA, M. Cavalcanti. *Augusto dos Anjos e outros ensaios*. Rio de Janeiro: J. Olympio, 1959.

QUINTILIANO. *Instituições oratórias*. São Paulo: Cultura, 1944.

REBOUL, Olivier. *Introdução à Retórica*. 2. ed. São Paulo: Martins Fontes, 2000.

REY, Alain. Prefácio. In: *Dictionnaire de la Langue Française Le Petit Robert*. Paris: Le Robert, 1990.

_____. Usos, julgamentos e prescrições linguísticas. In: BAGNO, Marcos (org.). *Norma linguística*. São Paulo: Loyola, 2001 [1972], pp. 115-144.

RIBEIRO, João. *Gramática portuguesa*. Curso superior. 22. ed. inteiramente refundida. Rio de Janeiro/ São Paulo: Livraria Francisco Alves, 1933.

ROBERTS, Ian; KATO, Mary Aizawa. (orgs.). *Português brasileiro*: uma viagem diacrônica. 2. ed. Campinas: Ed. Unicamp, 1996.

ROBINS, Robert Henry. *General Linguistics*: An Introductory Survey. Londres: Longman, 1964.

_____. *Pequena história da linguística*. Trad. Luiz Martins Monteiro de Barros. Rio de Janeiro: Ao Livro Técnico, 1983.

ROCHA LIMA, Carlos Henrique da. *Gramática normativa da língua portuguesa*. 17. ed. Rio de Janeiro: José Olympio, 1974.

SAID ALI, Manuel. *Dificuldades da língua portuguesa*. 5. ed. Rio de Janeiro: Acadêmica, 1957 [1. ed. 1908].

_____. *Gramática secundária da Língua Portuguesa*. São Paulo: Melhoramentos, 1966.

SAPIR, Edward. *A linguagem*: introdução ao estudo da fala. Trad. e apêndice de Joaquim Mattoso Câmara Jr. São Paulo: Perspectiva, 1980 [1921].

SAUSSURE, Ferdinand de. *Cours de linguistique générale*. 4. ed. Paris: Payot, 1960 [1915].

_____. *Curso de linguística general*. 3. ed. Tradução e prólogo de Amado Alonso. Buenos Aires: Losada, 1959.

SCHMITZ, John Robert. A língua portuguesa e os estrangeirismos. *Leitura*, 07 dez. 1988.

_____. Para que servem os dicionários? Revista *Imprensa*, ano 15, n. 168, jan./fev. 2002, pp. 67-8.

SCHNEUWLY, Bernard. Genres et types de discours: considérations psychologiques et ontogénétiques. In: REUTER, Yves (ed.) *Actes du Colloque de l'Université Charles-De-Gaulle III*. Les interactions lecture-écriture. Neuchâtel: Peter Lang, 1994, pp. 155-73.

SCHULZ, Charles Monroe. Minduim. *O Estado de S. Paulo*, São Paulo, 6 ago. 2006. Caderno 2.

SENNA, Homero. *República das letras*. 2. ed. Rio de Janeiro: J. Olympio, 1968.

SEQUEIRA, Cônego Francisco Maria Bueno de. *A ação da analogia no português*. Belo Horizonte: Imprensa Oficial, 1950.

SIGNORINI, Ignez. Por uma teoria da desregulamentação linguística. In: BAGNO, Marcos (org.). *Linguística da norma*. São Paulo: Loyola, 2002, pp. 93-125.

SILVA, Ana Rosa. *Rachel de Queiroz cronista:* um exame de aspectos literários e linguísticos de sua Última Página em O Cruzeiro. Dissertação (Mestrado em Letras), São Paulo, Universidade Presbiteriana Mackenzie, 2007.

SILVA, Fábio Lopes; MOURA, Heronides Maurílio de Melo (orgs.). *O direito à fala*. A questão do preconceito linguístico. Florianópolis: Insular, 2000.

SILVA NETO, Serafim da. *Fontes do latim vulgar*. 3. ed. rev. Rio de Janeiro: Livraria Acadêmica, 1956.

SILVEIRA, Olmar Guterres da. *A 'Grammatica' de Fernão d'Oliveyra*. Rio de Janeiro: Rio, 1954. Texto reproduzido da 1. ed. (1536). Tese apresentada em Concurso para provimento de uma cadeira de português do colégio Pedro II.

SOARES, Magda. Português na escola: História de uma disciplina curricular. In: BAGNO, Marcos (org.). *Linguística da norma*. São Paulo: Loyola, 2002, pp. 155-78.

SODRÉ, Nelson Wernek. *Introdução à literatura brasileira*: seus fundamentos econômicos. Rio de Janeiro: Civilização Brasileira, 1964.

_____. *História da literatura brasileira*. Seus fundamentos econômicos. 5. ed. Rio de Janeiro: Civilização Brasileira, 1969.

SOUZA LIMA, Mário Pereira. *Gramática portuguesa*. Rio de Janeiro: José Olympio, 1945.

STEINTHAL, Heymann. *Geschichte der Sprachwissenschaft bei den Griechen und Römern*. Berlin: Ferd. Dummler's Verlagsbuchhandlung. Erster Theil, 1863. Zweiter Theil, 1891.

SWALES, John Malcolm. *Genre Analysis*. Cambridge: Cambridge University Press, 1990.

TARALLO, Fernando. *A pesquisa sociolinguística*. São Paulo: Ática, 1986.

_____. Sobre a alegada origem crioula do português brasileiro: mudanças sintáticas aleatórias. In: ROBERTS, Ian; KATO, Mary Aizawa. (orgs.). *Português brasileiro*: uma viagem diacrônica. 2. ed. Campinas: Ed. Unicamp, 1996, pp. 35-68.

TRAUGOTT, Elizabeth Closs; HEINE, Bernd. (eds.) *Approaches to grammaticalization*. Amsterdam/Filadélfia: John Benjamins, v. 1 e v. 2, 1991.

TRAVAGLIA, Luiz Carlos. O relevo no português falado: tipos e estratégias, processos e recursos. In: NEVES, Maria Helena de Moura (org.). *Gramática do português falado*: Novos estudos. Campinas: Ed. Unicamp/Humanitas/Fapesp, v. VII, 1999, pp. 77-130.

VALENTE, André (org.). *Língua portuguesa e identidade*: marcas Culturais. Rio de Janeiro: Caetés, 2007.

VARRÃO, Marco Terêncio. *De lingua latina*. Cambridge, London: Willian Heinemann, 1979.

VARRÓN, Marco Terencio. *La lengua latina*. Introducción, taducción y notas de Luis Alfonso Hernández Miguel. Madrid: Editorial Gredos, Libros V-VI, 1998.

VERMES, Geneviève; BOUTET, Josiane (orgs.). *France, pays multilingue*. 2 v. Paris: Editions L´Harmattan, 1987.

WEINRICH, Harald. *Tempus*: besprochene und erzählte Welt. Stuttgart: Klett, 1964.

WELLEK, Rene; WARREN, Austin. *Theory of Literature*. 3. ed. New York: Harcourt, Brace & World, 1956.

DOCUMENTOS ANALISADOS

BRASIL. Governo Provisório da República dos Estados Unidos do Brasil. *Reforma Campos*. Decreto n. 19.890, de 18 de abril de 1931. Rio de Janeiro, 18 de abril de 1931. In: http://www.histedbr.

FAE.unicamp.br/navegando/fontes_escritas/5_Gov_Vargas/decreto%2019.890-201931%20 reforma%20francisco%20campos.htm. Acesso em: 25 fev. 2010.

_____. Secretaria de Educação Fundamental. *Parâmetros curriculares nacionais*: terceiro e quarto ciclos do ensino fundamental: Introdução aos parâmentros curriculares nacionais. Brasília: MEC/SEF, 1998.

_____. Secretaria de Educação Fundamental. *Parâmetros curriculares nacionais*: terceiro e quarto ciclos do ensino fundamental: Língua Portuguesa. Brasília: MEC/SEF, 1998.

GOVERNO DO ESTADO SÃO PAULO. Secretaria da Educação. Departamento de Recursos Humanos. *Língua portuguesa 5ª a 8ª séries*, 1º grau. São Paulo: Imprensa Oficial do Estado, 1977, 78 p.

_____. Governo Provisório da República dos Estados Unidos do Brasil. *Leis Orgânicas do Ensino Secundário* (Reforma Capanema). Decreto-lei n. 4.244, de 9 de abril de 1942. In: http://www.histedbr.fae.unicamp.br/navegando/glossario/verb_c_reforma_capanema.htm. Acesso em: 25 fev. 2010.

_____. Lei n. 9.131, de 24 de novembro de 1995. Altera dispositivos da Lei n. 4.024, de 20 de dezembro de 1961, e dá outras providências. *Diário Oficial da União*. Edição extra. Brasília, 25 nov. 1995.

_____. Lei n. 9.394, de 20 de dezembro de 1996. Estabelece as Diretrizes e Bases da Educação Nacional. *Diário Oficial da União*. Brasília, v. 134, n. 248, p. 27833-841, 23 dez. 1996.

_____. Lei n. 5.692, de 11 de agosto de 1971. Fixa diretrizes e bases para o ensino de 1º e 2º graus, e dá providências. *Diário Oficial da União*. Brasília, 12 ago. 1971.

_____. Secretaria da Educação. Coordenadoria de Estudos e Normas Pedagógicas. *Proposta Curricular para o ensino da Língua Portuguesa*, 1º grau. São Paulo: SE/CENP, 1988.

_____. Secretaria da Educação. Departamento de Recursos Humanos. *Língua portuguesa 5ª a 8ª séries*, 1º grau. São Paulo: Imprensa Oficial do Estado, 1977, 78 p.

_____. Secretaria da Educação. *Guias curriculares: propostas para as matérias do núcleo comum do ensino do 1º grau*. São Paulo: Imprensa Oficial do Estado, 1975, 231 p.

REBELO, Aldo. *Projeto de Lei n. 1676 de 1999*. Versão Aprovada na CCJ. Dispõe sobre a promoção, a proteção, a defesa e o uso da língua portuguesa e dá outras providências. Sala das Sessões, em 28 de março de 2001. Disponível em: www.partes.com.br/.../PROJETO%20DE%20LEI%20Aldo%20Rabelo.doc. Acesso em: 4 mar. 2010.

OBRAS ANALISADAS

ALENCAR, José de. *Sonhos d'Ouro*. Rio de Janeiro: Garnier, 1872.

_____. *O nosso cancioneiro*. Cartas ao Sr. Joaquim Serra. Introdução e notas de M. Esteves e M. Cavalcanti Proença. Rio de Janeiro: Livraria São José, 1962 [1875].

_____. Pós-escrito a *Diva*. 1º de agosto de 1865. In: *Diva*. Perfil de mulher. 4.ed. Rio de Janeiro: Garnier, 1891, pp. 193-215.

_____. Pós-escrito à segunda edição de *Iracema*. In: *Iracema*. Rio de Janeiro: José Olympio, 1965, pp. 161-181.

ANDRADE, Carlos Drummond de. A rosa do povo. In: COUTINHO, Afrânio (org.). *Obra completa de Carlos Drummond de Andrade*. Rio de Janeiro: Aguilar, 1964.

ANDRADE, Mário de. A língua viva II. In: *O empalhador de passarinho*. 2. ed. São Paulo: Martins, 1955, pp. 211-26.

_____. A língua radiofônica. In: *O empalhador de passarinho*. 2. ed. São Paulo: Martins, 1955, pp. 205-10.

_____. Carta a Sousa da Silveira. In: *Mário de Andrade escreve cartas a Alceu, Meyer e outros*. Coligidas e anotadas por Lygia Fernandes. Rio de Janeiro: Editora do Autor, 1968.

_____. *Mário de Andrade escreve cartas a Alceu, Meyer e outros*. Coligidas e anotadas por Lygia Fernandes. Rio de Janeiro: Editora do Autor, 1968.

_____. *Cartas de Mário de Andrade a Manuel Bandeira*. Rio de Janeiro: Simões, 1958 [1925].

_____. *Macunaíma - o herói sem nenhum caráter*. Obras completas de Mário de Andrade. 4. ed. São Paulo: Martins, 1965 [1928].

_____. *O empalhador de passarinho*. 2. ed. São Paulo: Martins, 1955 [1944].

_____. O movimento modernista. In: *Aspectos da literatura brasileira*. 6. ed. Belo Horizonte: Itatiaia, 2002.

_____. Táxi: fala brasileira. *Diário Nacional*, 25 de maio de 1929. In: Lopes, Telê Ancona (org.). *Táxi e crônicas do Diário Nacional*. São Paulo: Duas Cidades/ Secretaria da Cultura, Ciência e Tecnologia, 1976 [1939].

Bandeira, Manuel. *Libertinagem & Estrela da manhã*. Rio de Janeiro: Nova Fronteira, 2005.

_____. Lira dos cinquent'anos. In: *Antologia Poética*. Rio de Janeiro: Nova Fronteira, 2001.

Barreto, Afonso Henriques de Lima. *Feiras e mafuás*. São Paulo/Rio de Janeiro: Mérito, 1953.

_____. *Correspondência*. São Paulo: Brasiliense, 1956, 2 tomos.

_____. *Vida urbana*: artigos e crônicas. São Paulo: Brasiliense, 1956.

Barros, Manuel de. *Memórias inventadas*: a infância. São Paulo: Planeta, 2003.

Bilac, Olavo. *Antologia de poesia brasileira* – Realismo e Parnasianismo. São Paulo: Ática, 1998.

_____. *Obra reunida*. Rio de Janeiro: Nova Aguilar, 1997.

Buarque, Chico. Disponível em: http://chicobuarque.uol.com.br/construcao/mestre. asp?pg=jooemari_77.htm. Acesso em: 22 jan. 2008.

Caldas, Silvio. Disponível em: www.mpbnet.com.br/musicos/silvio.caldas/letras/ chao_de_estrelas. htm>. Acesso em: 23 jan. 2008.

Diaféria, Lourenço. *A morte sem colete*. São Paulo: Moderna, 1996.

Gil, Gilberto. Disponível em: <http://www.gilbertogil.com.br/sec_discografia_obra.php?id=268>. Acesso em: 23 janeiro de 2008.

Jaf, Ivan. Um futuro singular. In: Campos, Carmen Lúcia; Silva, Nilson Joaquim. *Lições de GRAMÁTICA para quem gosta de LITERATURA*. São Paulo: Panda Books, 2007, pp. 10-4.

Laurentino, André. A lua da língua. In: Campos, Carmen Lúcia; Silva, Nilson Joaquim. *Lições de GRAMÁTICA para quem gosta de LITERATURA*. São Paulo: Panda Books, 2007, pp. 96-8.

Lobato, José Bento Monteiro. *A barca de Gleyre*. Quarenta anos de correspondência literária. São Paulo: Nacional, 1944.

_____. *Cartas Escolhidas*. São Paulo: Brasiliense, 1959, 2 tomos.

_____. *Emília no país da gramática*. 3. ed. São Paulo: Brasiliense, 1952 [1934].

_____. Língua brasileira. *Revista da Academia Paulista de Letras*. Ano IV, n.15, set. 1941, pp. 162-65

_____. O dicionário brasileiro. In: *Onda verde*. 2. ed. São Paulo: Monteiro Lobato e Cia. Eds., 1922, pp. 183-93.

_____. *O macaco que se fez homem*. São Paulo: Monteiro Lobato e Cia., 1923.

_____. *Onda verde*. 2. ed. São Paulo: Monteiro Lobato, 1922.

_____. Prefácio de Éramos seis. In: *Urupês, outros contos e coisas*. 2. ed. São Paulo: Nacional, 1945.

_____. *Urupês*. Contos. São Paulo: Edição da Revista do Brasil, 1918.

_____. *Urupês, outros contos e coisas*. 2. ed. São Paulo: Nacional, 1945.

LOPES, Telê Ancona (org.). *Táxi e crônicas do Diário Nacional*. São Paulo: Duas Cidades/Secretaria da Cultura, Ciência e Tecnologia, 1976.

MACHADO DE ASSIS, Joaquim Maria. *Obra completa*. Organização de Afrânio Coutinho. Rio de Janeiro: José Aguilar, 1959, 3 v.

_____. Neologismos e estrangeirismos. In: CAMPOS, Carmen Lucia da Silva; SILVA, Nilson Joaquim da. (orgs.). *Lições de GRAMÁTICA para quem gosta de LITERATURA*. 1. ed. São Paulo: Panda Books, 2007, pp. 80-4.

MEIRELES, Cecília. Dispersos. In: SECCHIN, Antonio Carlos (org.). *Poesia completa de Cecília Meireles*. Rio de Janeiro: Nova Fronteira, 2001.

MURRAY, Roseana. *Fruta no ponto*. São Paulo: FTD, 1986.

O TEATRO MÁGICO. Disponível em: http://www.oteatromagico.mus.br/index2.php. Acesso em: 24 jan. 2008.

OLIVEIRA, Fernão de. *Gramática da linguagem portuguesa* (1536). Ed. crítica, semidiplomática e anastática. TORRES, Amadeu; ASSUNÇÃO, Carlos (orgs.). Vila Real/Portugal: Centro de Estudos em letras - Universidade de Trás-Os-Montes e Alto Douro, 2007.

QUEIROZ, Rachel de. O bilinguismo emergente. In: CAMPOS, Carmen Lucia da Silva; SILVA, Nilson Joaquim da (orgs.). *Lições de GRAMÁTICA para quem gosta de LITERATURA*. 1. ed. São Paulo: Panda Books, 2007, pp. 72-5.

RAMOS, Graciliano. *Angústia*. Rio de Janeiro: J. Olympio, 1953.

_____. *Linhas tortas*. São Paulo: Martins, 1962.

_____. *São Bernardo*. São Paulo: Martins, 1974.

_____. *Vidas secas*. São Paulo: Martins, 1972.

SCLIAR, Moacyr. Ai, gramática. Ai, vida. In: CAMPOS, Carmen Lúcia; SILVA, Nilson Joaquim. *Lições de GRAMÁTICA para quem gosta de LITERATURA*. São Paulo: Panda Books, 2007, pp. 86-90.

SOUZA, Mauricio de. Turma da Mônica. *O Estado de S. Paulo*. São Paulo, 6 ago. 2006. Caderno 2.

TELES, Gilberto Mendonça. Sonetos do azul sem tempo. In: *O Popular*. Goiânia, 1964.

VERÍSSIMO, Luís Fernando. *As Cobras*. São Paulo: L&PM., 1997, p.7.

VERÍSSIMO, Luís Fernando. Sinais mortíferos. Publicada no jornal *O Estado de S. Paulo*. Disponível em: http://www.scribd.com/doc/6936826/Verissimo-Luis-Fernando-Banquete-com-os-deuses. Acesso em 06 jan. 2009.

OBRAS ANALISADAS REFERENCIADAS POR SIGLAS

AE	*Adolescência e sua educação*. LEÃO, Antônio Carneiro. São Paulo: Companhia Editora Nacional, v. 52, 1950.
A	*Angela ou as areias do mundo*. FARIA, Octavio de. Rio de Janeiro: José Olympio, 1963.
ABC	*ABC de Castro Alves*. AMADO, Jorge. Rio de Janeiro: Record, 1941.
ACM	*Aqueles cães malditos de Arquelau*. PESSOTI, Isaias. 2. ed. Rio de Janeiro: Ed. 34, 1994.
AGF	Agrofolha – *Folha de S. Paulo*. São Paulo, 1986. Diversas edições.
AGO	*Agosto*. FONSECA, Rubem. São Paulo: Cia. das Letras, 1990.
AL	*A lua vem da Ásia*. CARVALHO, Campos de. 3. ed. Rio de Janeiro: Codecri, 1977.
ALE	Além dos marimbus. SALES, Herberto. *O Cruzeiro*. Rio de Janeiro, 1961.
ALF	*O alferes*. PROENÇA, Manoel Cavalcanti. Rio de Janeiro: Civilização Brasileira, 1967.
ANA	*Anarquistas, Graças a Deus*. GATTAI, Zélia. Rio de Janeiro: Record, 1979.
APA	*A paixão transformada, história da medicina na literatura*. SCLIAR, Moacyr. São Paulo: Cia. das Letras, 1996.
ATR	*A transamazônica*. MOTT, Odette de Barros. São Paulo: Atual, 1986.
AVE	*Ave, palavra*. ROSA, João Guimarães. Rio de Janeiro: José Olympio, 1970.
AVI	*A vida secreta dos relógios*. CYTRYNOWICZ. São Paulo: Scritta, 1994.
AZ	*Arroz* – O prato do dia na mesa e na lavoura brasileira. ANSELMI, Renato Vanderlei. 2. ed. São Paulo: Ícone, 1988.
BB	*Balé Branco*. CONY, Carlos Heitor. Rio de Janeiro: Civilização Brasileira, 1966.
BF	*O boia fria*. MELO, Maria da Conceição. Petrópolis: Vozes, 1975.
BH	*Balbino, O homem do mar*. LESSA, Orígenes. Rio de Janeiro: José Olympio, 1970.
BL	*Blecaute*. PAIVA, Marcelo Rubens. São Paulo: Brasiliense, 1986.
BN	*Branca de Neve*. MONIZ, Edmundo. Rio de Janeiro: S. José, 1954.
BP	*Brasileiro perplexo*. QUEIROZ, Rachel de. Rio de Janeiro: Ed. do Autor, 1963.
CA	*Cangaceiros*. REGO, José Lins do. 5. ed. Rio de Janeiro: José Olympio, 1961.
CCA	*Crônica da casa assassinada*. CARDOSO, Lúcio. Rio de Janeiro: Bruguera, 1959.
CCI	*Caixa de cimento*. ESCOBAR, Carlos Henrique. Rio de Janeiro: Civilização Brasileira, 1977.
CEN	*Cenas da vida minúscula*. SCLIAR, Moacyr. Porto Alegre: L&PM, 1991.
CHI	*Chão de infância*. DANTAS, Paulo. São Paulo: Companhia Editora Nacional., 1953.
CHR	*Chico Rei*. AYALA,Walmir. Rio de Janeiro: Civilização Brasileira, 1965.
CPO	*Correio do Povo*. Porto Alegre, maio/out./nov.1980 – set.1990.
CRE	*O crepúsculo do macho*. GABEIRA, Fernando. 5. ed. Rio de Janeiro: Codecri, 1980.
DCM	Carta-posse de Darcy na Academia Brasileira de Letras – Discurso de Cândido Mendes. RIBEIRO, Darcy. Brasília: Senado Federal, 1993.
DM	*Os dez mandamentos*. Vários autores. Rio de Janeiro: Civilização Brasileira, 1965.
EM	*Estado de Minas*. Belo Horizonte, 1992, 1993, 1994. Diversas edições.
EMC	*Eles eram muitos cavalos*. RUFFATO, Luiz. São Paulo: Boitempo, 2001.

ESP	*O Estado de São Paulo.* São Paulo, 1955 – 1958, 1992. Diversas edições.
EX	*Exame.* 1992, 1993. Diversas edições.
FA	*Fatos e Fotos.* Rio de Janeiro: Bloch, 1990, 1993. Diversas edições.
FI	*Ficção e ideologia.* CUNHA, Fernando Whitaker. Rio de Janeiro: Pongetti, 1972.
FR	*Ficção reunida.* CARVALHO, Orlando Geraldo Rego de. Teresina: Meridiano, 1981.
JK	Discursos – Arraial do Cabo. Rio de Janeiro, 3 jan. 1958.
JL	Discursos – J. Lins. Anais da câmara dos deputados. Rio de Janeiro: Serviço Gráfico do IBGE, v. XI, 1958.
JM	*A janela e o morro.* LIMA, Geraldo França. 2. ed. Rio de Janeiro: José Olympio, 1988.
LOB	*O lobisomem e outros contos.* SALES, Herberto. Rio de Janeiro: Civilização Brasileira, 1975.
MAG	*Magia e pensamento mágico.* MONTEIRO, Paula. São Paulo: Ática, 1986. (Série Princípios, 43)
MAR	*Marcoré.* PEREIRA, Antônio. O. Rio de Janeiro: José Olympio, 1965.
MD	*Mandala.* GOMES, Dias. Rede Globo de Televisão, 1988.
MEC	*Memórias do Cárcere.* RAMOS, Graciliano. Rio de Janeiro: José Olympio, 1954.
MEN	*Meninas da noite.* DIMENSTEIN, Gilberto. São Paulo: Ática, 1992.
NBN	*Nos bastidores da notícia.* GARCIA, Alexandre. São Paulo: Globo, 1991.
NOF	*No fundo do poço.* SILVEIRA, Helena. São Paulo: Martins, 1950.
OLG	*Olga.* MORAIS, Fernando. São Paulo: Alfa Omega, 1987.
OMU	*O mundo português.* Rio de Janeiro, 1992. Diversas edições.
ORM	*Orminda.* GARCIA, J. B. 6. ed. Capivari: EME, 1994.
PEM	Pedro Malazarte. KUHNER, Maria Helena. In: *Revista de Teatro.* Rio de Janeiro, n. 469, 1989.
PLA	*Placar.* 1989. Diversas edições.
PP	*O pagador de promessas.* GOMES, Dias. 3. ed. Rio de Janeiro: Civ. Brasileira, 1967.
Q	*Quarup.* CALLADO, Antônio. 2. ed. São Paulo: Círculo do Livro, 1974.
REA	*Realidade.* São Paulo: Abril, 1968, 1989. Diversas edições.
RI	*Imprensa.* São Paulo: Imprensa, 1989. Diversas edições.
SD	*Sete dias a cavalo.* BORBA FILHO, Hermilo. Porto Alegre: Globo, 1975.
SEM	*O senhor do mundo.* FARIA, Octavio de. Rio de Janeiro: José Olympio, 1957.
SI	Senador Pedro Simom – Discursos e Projetos 1993. Discurso de Pedro Simon. Brasília, 1995.
TC	*Toxicologia Clínica e Forense.* ALCÂNTARA, Hermes. Rodrigues. 2. ed. São Paulo: Cia. Lit. Ypiranga, 1985.
TGB	*Tratado geral do Brasil.* SCANTIMBURGO, João de. São Paulo: Universidade de São Paulo, 1971.
TRH	*Trilogia do herói grotesco* (A inconveniência de ser esposa. Da necessidade de ser polígamo). SAMPAIO. Silveira. Rio de Janeiro: Civilização Brasileira, 1961.
VDM	*Veronika Decide Morrer.* COELHO, Paulo. São Paulo: Planeta do Brasil, 2006.
VEJ	*Veja.* São Paulo: Abril, 1979, 1994. Diversas edições.
VI	*Vinte histórias curtas.* DINES, Alberto. Rio de Janeiro: Antunes, 1960.
VID	*Vida doméstica.* Rio de Janeiro: Bloch, set. 1953.

A autora

Maria Helena de Moura Neves licenciou-se em Letras: Português-Grego, em 1970 e em Alemão, em 1974, pela FFCL de Araraquara. Obteve o título de doutor em Letras Clássicas – Grego na FFLCH-USP, em 1978 e o título de livre-docente em Língua Portuguesa no ILCSE-UNESP, Araraquara, em 1984. É professora e orientadora de teses do Programa de Pós-Graduação em Letras da Universidade Presbiteriana Mackenzie e da UNESP de Araraquara.

É autora, coautora e organizadora de diversos livros. Pela Contexto é autora dos livros *Que gramática estudar na escola? Norma e uso na língua portuguesa*, *Texto e gramática* e *Gramática na escola*. É coautora de *Sentido e significação em torno da obra de Rodolfo Ilari*.